윤동주 자세히 읽기

윤동주 자세히 읽기

이상섭 지음

한국문화사

윤동주 자세히 읽기

1판 1쇄 발행 2007년 11월 15일
1판 2쇄 발행 2022년 5월 4일

지 은 이 | 이상섭
펴 낸 이 | 김진수
펴 낸 곳 | 한국문화사
등 록 | 제1994-9호
주 소 | 서울시 성동구 아차산로49, 404호(성수동1가, 서울숲코오롱디지털타워3차)
전 화 | 02-464-7708
팩 스 | 02-499-0846
이 메 일 | hkm7708@daum.net
홈페이지 | http://hph.co.kr

ISBN 978-89-5726-509-3 93800

• 이 책의 내용은 저작권법에 따라 보호받고 있습니다.
• 잘못된 책은 구매처에서 바꾸어 드립니다.
• 책값은 뒤표지에 있습니다.

오류를 발견하셨다면 이메일이나 홈페이지를 통해 제보해주세요.
소중한 의견을 모아 더 좋은 책을 만들겠습니다.

머리말

윤동주 글의 육필 원고가 전부 고스란히 남아 있다는 것은 얼마나 다행한 일인가! 그것은 우리에게 얼마나 귀중한 보물인가! 그럼에도 1999년까지 그 원고들이 모두 세상에 모습을 드러내지 못했던 사정은 얼마나 기막힌 것인가! 내로라하는 한국의 학자와 비평가들은 윤동주의 육필 원고가 있다는 사실을 들으면서도 직접 알아보려 하지 않았으니 얼마나 부끄러워해야 하는가! 원고를 직접 보고 경건하게 보존할 것을 당부한 첫 사람이 하필이면 일본인 학자라는 사실은 우리를 얼마나 당황케 하는가![1] 1999년에 이르러서야 한일 비교문학을 전공하는 한국인 학자와 그 일본인 학자와 원본 연구자를 물색한 끝에 위촉을 할 수 있었던 한국 학자와 유가족 대표 등 네 분의 이름으로 드디어 원고들의 사진과 원고 판독 결과를 한 권의 아주 아름다운 책으로 내놓기까지 불성실한 인쇄본들에 기대어 윤동주가 이러니저러니 했던 우리네 보통 독자들은 얼마나 황당한가![2]

---

[1] 윤동주의 육필 원고의 가치를 처음 알아보고 그 사진판 편집을 주도한 오오무라 마스오는 『윤동주와 한국 문학』(서울: 소명출판, 2001) 75-110쪽에서 그 경위를 다시 소상하게 말하고 있다.

[2] 『사진판 윤동주 자필 시고 전집』의 후기에서 윤동주 유족 대표로 원고를 소장하

나는 1958년 대학생 시절에 정음사에서 나온 『하늘과 바람과 별과 시』(1955)를 사 읽었다. 당시 나는 영시에 쏙 빠져 있어서 우리 시를 별로 많이 읽지 않았지만 유독 윤동주의 시에는 끌리는 바가 있었다. 그 시집은 내가 사 읽은 몇 안 되는 우리 시집이었다. 1970년대에 문학에 관한 글을 쓰면서 윤동주의 몇 작품으로부터 인용도 했다. 그로부터 30년도 훨씬 지난 2002년 봄에 연세대학교의 "윤동주 기념 사업회"에서 나에게 윤동주 기념 강연을 부탁했다. 나는 기꺼이 승낙하고 대학 도서관에서 1995년 문학사상사에서 윤동주 50주기 기념으로 낸 윤동주 전집과 윤동주에 관한 평론 선집 등을 빌려다 보았다. 윤동주의 여러 미발표 작품들과 함께 그의 모든 작품을 새로 읽는 맛이 대단하였다.

나는 한국 현대 문학 전공 학자가 아니다. 외국 문학을 전공한 사람으로서 한국 문학을 아끼는 많은 사람의 하나일 뿐이다. 말의 뜻과 쓰임새에 대한 관심이 좀 남달라 문학 텍스트를 자세히 다루는 편이다. 말의 뜻과 쓰임새에 대한 나의 관심은 남이 보면 엉뚱하게도 사전편찬으로 번져가서 드디어는 국어사전 편찬으로 나를 이끌어 가기도 했다.

나는 작품을 진짜로 자세히 꼼꼼하게 읽는 유일한 방법은 전 작품의 용례색인(concordance)을 만들어 종횡으로 거듭 읽어보는 것이라고 믿는

고 있는 윤인석 씨(윤동주의 조카)는 "몇 편인가의 텔레비전 다큐멘터리 프로그램에 자필 원고가 영상으로 소개되기도 하였다. 하지만 문학 연구자로서 원본을 연구 자료로 삼고자 접근해 오신 분은 한 분도 없었다.... 윤동주에 대해선 더 이상 연구할 것이 없다는 분위기도 생겨났다(351)"고 적고 있다. 처음 원고에 대하여 큰 학자적 관심을 보이고 그것의 귀중함을 알아본 이는 일본인 학자 오오무라 마스오 교수였고, 본격적 연구에 뛰어든 이는 한일 비교문학을 전공하는 왕신영 교수였다고 한다. 왕교수는 "자신이 한국인 학자로서 원본에 접근하는 첫 사람이라는 사실에 놀랐다"고 한다(352). 그러다가 한국 현대문학의 서지학적 연구를 하는 한국인 학자를 물색한 끝에 심원섭 교수를 만나 드디어 성사했다고 하니 무척 다행하다는 생각이 들면서도 수 천 명을 헤아리는 한국 문학자들의 한심스러운 무감각을 통탄하지 않을 수 없다.

까닭에 윤동주 글의 용례색인을 만들 결심을 했다. 작품의 분량이 적다는 사실은 그 일에 크게 고무적이었다. 입력을 시작하여 며칠 걸리지 않아 끝냈다. 이를 연세대학교 언어정보연구원(예전의 한국어 사전 편찬실)에 보내어 이른바 문맥 속의 검색어 KWIC 파일로 만들었다. 그 일이 채 끝나기 전에 시일이 닥쳐왔지만 나 나름으로는 윤동주 시를 제법 자세히 읽은 바를 기초로 하여 강연 원고를 썼다.

그런데 나와 같이 강연을 한 유종호 교수로부터 『사진판 윤동주 자필 시고 전집』이 나와 있다는 말을 듣고

(이런 경우, 내가 "전공자"가 아니어서 그걸 몰랐다는 궁색한 변명이 가능하다) 윤동주 말마따나 "귀틈"이 번쩍 뚫려 당장에 『시고 전집』을 구입하여 살펴보았다. 내가 1955년에 나온 옛 판본에 의거하여 작성한 강연에서 버젓이 우스꽝스런 오류를 저질렀다는 사실과 맞닥뜨리고는 낯 뜨거워 견딜 수 없을 지경이었다.3 그리고 내가 문학사상사 판1995으로 일껏 만들고 있던 윤동주 용례색인을 다시 전부 뜯어 고쳐야 했다. 원고와는 사뭇 다른 데와 편자가 제멋대로 고친 데가 아주 많았다. 그러니 그것을 대본으로 하여 해놓은 일은 모두 헛수고가 되었다. 그래서 다시 『시고 전집』대로 했다. 피할 수 없는 일이매 꾸역꾸역 해냈다. 그러는 동안 나는 윤동주의 글을 어휘별, 문장별로 수십 번 읽은 셈이 되었다. 이쯤 되면 윤동주의 글 전부를 줄줄 외어야 할 것이나 본시 외우는 재간이 모자라 그러질 못한다. 다만 꽤 자세히 읽었다는 자부심은 가질 수 있을 것 같다.

---

3 「이적」의 일절 "발에 터분한 것을 다 빼어 버리고"를 1955 정음사판에서는 "발에 터부한 것을 다 빼어 버리고"로 오식하고 있어 나는 "터부한"을 "taboo한"으로, 즉 발에 "금지된" 것으로 해석하였던 것이다. 그러나 그렇게 해석하면서도 윤동주가 요즘 우리들이 사용하는 그런 영어 단어를 그렇게 썼을까 하는 의심은 있었다.

윤동주가 다니면서 그의 가장 아름다운 작품들을 쓸 수 있었던 연희동산에서 공부하고 또 그와 가장 친했던 정병욱, 장덕순 선생들에게서 배울 수 있었던 나는 큰 행운아이다. 윤동주와 아울러 김도성, 설정식 같은 연희 문과 출신 시인들이 광복 후 연희대학 교수들이 되어 50년대에 내가 배울 수 있었다면 오죽이나 좋았을까 하는 한없는 아쉬움을 늘 느낀다. 이 책은 얼마쯤은 그러한 아쉬움의 표현이기도 하다.

그리고 실은 『윤동주 용례색인』만 만들고 그만 두려다가 많은 내로라하는 사람들이 「팔복八福」, 「간肝」, 「십자가十字架」 같은 작품을 잘 아는 척하면서 은근슬쩍 지나쳐버리거나 명백히 틀린 해석을 자신만만하게 하는 것을 보고는 내 나름으로 그 처절하게 깊은 뜻을 좀더 자세히 파헤쳐 보리라 하여 시작했던 것인데 윤동주의 시와 산문을 전부 꼼꼼히 읽어가는 일로 번졌다. 다만 내 읽기의 대부분이 우수한 평론가와 학자들의 글을 먼저 읽고 쓴 것이 아님을 분명히 밝힌다. 내 읽기를 거의 다 끝내고 나서 여러 비평선집에 들어 있는 훌륭한 글들을 읽었는데 내 읽기와 비슷한 것이 많았지만 조금 다른 것, 아주 다른 것도 적지 않았다.

이 책에서 I 부는 그의 문과 후배일 뿐 아니라 1946년 이래 신촌동, 연희동에서 죽 살아온 내가 윤동주의 연희전문 시절에 대하여 할 만한 말이 있을 것 같아 써본 것이다. II 부는 내가 따로 만든 『윤동주 용례색인』을 이용하여 윤동주의 중심 개념 몇 가지를 다룬 글들이다. III 부는 윤동주의 주요 작품들에 대한 나 자신의 자세한 읽기들이다. 마지막 IV 부는 위에서 말한 윤동주 기념 강연으로 내게는 윤동주 읽기의 처음이요 나중이 되는 내용으로, 앞에서 다룬 작품들을 다시 간략하게 다룬 부분도 포함하고 있다. 이 글들 중 「윤동주의 비유」는 『용례색인』의 쓸

모를 보일 겸 해서 쓴 것으로 국립국어연구원 국어문화학교『바른 국어생활』(2002)에 실렸었고 「'서시'의 시학(1)」은 『시와 시학』(2002.여름)에 실렸던 글이며, IV 부는 연세대의 윤동주 기념 강연 책자(2002.5.10)에 실렸었는데, 모두 이 책의 체재에 맞도록 좀씩 고친 데가 있음을 밝힌다.

2003. 3.

이상섭

  이 책의 간행이 계속 늦어지는 동안 "윤동주의 비유 – 그의 말뭉치에서 본 직유의 성질,"『바른 국어생활』(국립 국어연구원, 2002), "윤동주의 무서운 아이러니: '팔복', '위로', '병원', '간',"『바른 국어 생활』(국립 국어연구원, 2004); "윤동주의 무서운 아이러니: '팔복' 깊이 읽기", (『새 국어 생활』 14권 2호, 2004 여름), "윤동주의 심각한 아이러니: '참회록' 깊이 읽기", (『새 국어 생활』 14권 3호, 2004년 가을), 윤동주의 순교적 비전: '십자가' 자세히 읽기 (『새 국어 생활』 14권 4호, 2004년 겨울), "윤동주의 '또 다른 고향': 자아분열의 비극적 아이러니," (『새 국어 생활』 15권 1호, 2005 봄), "윤동주가 경험한 '이적'" (『새 국어 생활』 15권 2호 2006 여름), "윤동주의 '무서운 시간' 자세히 읽기"(『새 국어 생활』 15권 3호, 2005 가을)라는 제목으로 이 책에서 다루는 내용들을 발표했다.『새 국어 생활』은 국립 국어원에서 내는 계간지이다. 국어원에서 매년 매학기 개강하는 국어문화학교에서 특히 '팔복'에 관한 강의를 여러 차례 했다. 국어문화학교를 담당하시는 김옥순 박사와 계간지를 편집하시는 김문오 박사에게 특별히 감사한다.

2006. 7.

이상섭

 차례

I

1 윤동주의 연희전문학교: 그의 전기에의 한 노트   15

II

2 윤동주의 "하늘", "바람", "별", "시"   35
3 윤동주의 "부끄러움"   58
4 윤동주의 "방"   76
5 윤동주의 비유: 그의 "말뭉치"에서 찾아보다   87

III

6 「서시」의 시학 (1): 하늘과 바람과 별과 시의 구조적 관계   109
7 「서시序詩」의 시학 (2): 시인의 기본적 자세   117
8 「이적異蹟」: 윤동주가 경험한 "이적"   124
9 「자상화」와 「자화상」 사이: 윤동주의 거울   133
10 윤동주의 "무서운" 아이러니: 「팔복」, 「위로」, 「병원」   140
11 「무서운 시간」: 죽음 같은 절망   157

12 「새벽이 올 때까지」: 묵시록적 비전 163
13 「십자가」의 "순교적 비전" 168
14 「또 다른 고향故鄕」: 자아분열의 비극적 아이러니 177
15 「간肝」의 착잡한 아이러니 184
16 「참회록懺悔錄」의 "정치적" 아이러니 196
17 「종시終始」: 수사적 아이러니와 역설 206
18 윤동주의 운율 218

IV

19 영원히 젊은 시인으로 부활하는 윤동주의 '순진'과 '경험' 243

- 인용문헌 256
- 찾아보기 257

I

1 윤동주의 연희전문학교: 그의 전기에의 한 노트

윤동주는 1938년 4월 9일부터 1941년 12월 27일까지 서울 연희전문학교 문과에 다녔다. 본시 1942년 2월에 졸업할 것이었는데 세계 대전을 일으킨 일제가 졸업을 앞당기라고 지시해서 그렇게 됐다. 그의 연전 문과 동창들인 정병욱, 장덕순, 유영 등은 윤동주 회고담들을 남겼다. 여기서 이들을 반복할 필요는 없다.

이 자리에서 필자의 개인적 추억을 말해도 될까?

나는 1946년 3월, 아홉 살 때부터 지금까지 연희전문-연희대학-연세대학 구내 아니면 그 언저리에서 살아왔다. 당시 우리 동네는 지금 세브란스 병원 자리에 있었는데 초가집들이 늘어선 가난한 마을이었지만 초가로 된 낡은 교수 사택들이 섞여 있었고 동네 이름은 그러나 "신촌"이었다. 족제비와 여우가 출몰하는 진짜 촌이었는데 1946년 당시는 윤동주가 불과 4, 5년 전에 보았던 그대로였을 것이다.

윤동주가 1938년 4월부터 1941년 5월까지 3년 이상 산 기숙사는 아직도 내가 늘 지나다니는 길가에 있는 건물이다. (그는 연전 4학년 때에는 지금의 청와대 부근인 종로구 누상동에 있던 소설가 김송金松 집에 하숙했다고 한다.) 그 기숙사는 지금은 연세재단 사무처로 쓰이는 자그마한 3층 돌집인데 그 101호실은 1998년 이후 윤동주 기념 전시실로 쓰이고 있다[1].

기숙사에서 북동쪽으로 약 20미터 떨어진 곳에 식당이 있다. 이 식당 건물은 연희전문 설립자 언더우드Underwood, 원두우 元杜尤 박사의 아들인 원한경元漢慶 박사(우리 사회에 널리 알려진 원일한의 선친이요 내 영문과 동료이던 원한광의 조부)가 광복 직후에 본래 단층이었던 건물에 2층을 증축하여 지금의 모양이 되었다. 그래서 건물 이름도 "한경관"이라고 한다. 2층은 한참 사무실로 쓰였고 필자도 그 한 구석을 한 동안 한국어 사전 편찬실로 이용했지만 지금은 1, 2층 모두 교직원 식당으로 쓰인다. 윤동주는 끼니때마다 그 식당으로 가곤 했을 것이다. 윤동주가 식사하던 자리에서 그의 새까만 후배인 나도 식사를 하면서 간혹 윤동주를 떠올리는 때가 있었다.

광복 후 한 때 그 기숙사 일부는 신학과의 교실 및 사무실로 쓰여 신학 교수였던 필자의 부친이 학생들과 그 앞에서 찍은 사진이 지금도 남아 있다.

1953년 가을, 환도 직후 고등학생이던 나는 연희대학에 다니는 하숙 형들과 같이 저녁 후에 산길을 걸어 그 기숙사로 산책하곤 했다. 거의 냉방이다시피 한 기숙사에는 그들의 몇 친구가 묵고 있었다. 환도 직후

---

[1] 윤동주 기념관은 말이 기념관이지 그에 관한 사진 몇 장을 확대 복사하여 벽에 붙이고 그에 대한 책 몇 권을 늘어놓았을 뿐이다. 게다가 그 방은 윤동주가 쓰던 방도 아니다. 그 일에 관계한 정모 교수에게 나는 서양 대학의 경우를 말하고 윤동주가 썼음 직한 책상, 걸상, 침대 따위를 구하거나 고증을 받아 제작하고 그가 읽었음 직한 책들과 당시의 공책 따위를 수집하여 전시하면 좋겠다고 했지만 아직 되지 않았다.

겨울이라 숲은 정말 깊었고 초저녁부터 여우와 부엉이 우는 소리가 가까이에서 들려오곤 했다. 그때 나는 윤동주란 이름을 들어본 일도 없었다. 수복 직후 연희대학(1946년 9월부터 연희전문학교는 연희대학교가 되었고, 1957년에야 연세대학교가 됐다.)은 학생이 전부 1000명이 못 되었고 교사로는 본관과 그 양쪽의 두 건물밖에 없었으니 윤동주 당시와 다름없었다. 윤동주 당시에 학생은 고작 400여 명이었다고 한다. 그 세 건물은 근세 초창기 서양식 석조 건물이라 지금은 문화재로 지정되어 있다.

그 세 건물 가운데 있는 넓은 뜰은 그제나 이제나 영국 국기(유니언잭) 꼴로 구획이 지어져 있고 거기에 각종 화초를 심었는데 윤동주는 특히 코스모스를 좋아했던 것 같다. 1938년 9월 20일에 쓴 「코스모스」에서 그는 바로 그 정원에 핀 코스모스를 보며 어떤 아가씨를 생각하는 듯하다.

> 청초한 코스모스는
> 오직 하나인 나의 아가씨.
>
> 달빛이 싸늘히 추운 밤이면
> 옛 소녀가 못 견디게 그리워
> 코스모스 핀 정원으로 찾아간다.

코스모스의 수줍은 모습을 보며 "코스모스 앞에서 선 나는 / 어렸을 적처럼 부끄러워지나니"라 했다. "부끄럼"이 그의 마음의 한 소중한 부분이었음을 우리는 알고 있다. 수필 「달을 쏘다」에서도 "귀뚜라미 울음에도 수줍어지는 코스모스 앞에 그윽이 서서 닥터 빌링스의 동상 그림자처럼 슬퍼지면 그만이다"라고 말한다.

그 정원 가운데 서 있는 것은 설립자 언더우드의 동상이었는데 그는 그것을 "닥터 빌링스"의 동상이라고 잘못 말하고 있다. 왜 그렇게 잘못 알고 있었을까? 빌링스Billings는 선교사로 문과 교수였고 초창기 연희전문학교의 부교장이었다. 하여간 어쩐 일인지 윤동주는 그 동상 그림자를 슬프게 보았다. 조용한 가을 교정의 한 가운데에 뉘엿뉘엿한 햇볕을 받아 던져지는 외로운 이방인의 동상의 긴 그림자는 쓸쓸하게 보일 수도 있었다.[2]

윤동주의 네 편의 산문은 모두 이 기숙사에 살 때 쓴 것으로 추정된다. 그는 기숙사에 들어 생활한 첫 해에 「달을 쏘다」를 써서 10월에 『조선일보』 학생란에 발표했다. 그가 발표한 유일한 수필의 첫머리는 이렇다.

> 번거롭던 사위가 잠잠해지고 시계 소리가 또렷하나 보니 밤은 적이 깊을 대로 깊은 모양이다. 보던 책자를 책상머리에 밀어 놓고 잠자리를 수습한 다음 잠옷을 걸치는 것이다. "딱" 스위치 소리와 함께 전등을 끄고 창녘의 침대에 드러누우니 이때까지 밖은 휘양찬 달밤이었던 것을 감각치 못하였었다. 이것도 밝은 전등의 혜택이었을까?
> 나의 누추한 방이 달빛에 잠겨 아름다운 그림이 된다는 것보담도 오히려 슬픈 선창이 되는 것이다. 창살이 이마로부터 콧마루, 입술, 이렇게 하여 가슴에 여맨 손등에까지 어른거려 나의 마음을 간지르는 것이다. 옆에 누운 분의 숨소리에 방은 무시무시해진다. 아이처럼 황황해지는 가슴에 눈을 치떠서 밖을 내다보니 가을 하늘은 역시 맑고 우거진 송림은 한 폭의 묵화다. 달빛은 솔가지에

---

[2] 이 동상은 그 후 일제의 포탄 재료로 공출을 당하여 실려 갔고, 1948년에 다시 세워졌는데 대한민국 건국 직후인 당시 이승만, 김구, 김규식이 새 동상 제막식 때 모두 연희대학교 교정에 초대되어 동석했다. 어린 나도 신촌 일대에 순경이 쫙 깔렸던 그 때를 기억한다. 그게 그 세 거두의 마지막 동석이었다고 한다. 그러나 이 새 동상도 한국 전쟁 중에 연희대학교에 주둔했던 북한군이 폭파하여 없어졌다가 휴전 후 환도하여 세 번째로 다시 세운 것이 지금 보는 대로의 언더우드(H.G. Underwood.)의 동상이다.

솔가지에 쏟아져 바람인 양 솨 소리가 날 듯하다. 들리는 것은 시계 소리와 숨소리와 귀뚜리 울음뿐 벅적 고던 기숙사도 절간보다 더 한층 고요한 것이 아니냐? 나는 깊은 사념에 잠기우기 한창이다.

한 방에 두 사람씩 들어 살던 기숙사는 침대가 있고 잘 때에는 잠옷으로 갈아입는 서양식 생활을 하는 시설이었다. 그로서는 아주 새로운 경험이었을 것이다. 코를 심하게 골던 방 친구는 고종 사촌이었던 송몽규였을 것이다[3]. 이처럼 맑은 밤하늘 달빛이 솔가지에 바람처럼 쏟아져 내리는 모양을 기숙사 창 밖으로 내다보았는가 하면 「비오는 밤」이라는 시에서는 소나무 숲에 불어치는 비바람 소리를 바다의 파도 소리로 듣기도 한다.

> 솨, 철석! 파도 소리 문살에 부서져
> 잠 살포시 꿈이 흩어진다.
> ......
> 불을 밝혀 잠옷을 정성스레 여매는
> 삼경.
> 염원.

이 시 역시 1938년 6월 11일, 그의 연전 신입생 시절에 쓴 작품이다. 잠옷을 정성스레 "여매는" 그는 깔끔한 청년임을 말해준다.

지금도 기숙사 앞에는 아름드리 소나무가 몇 그루 남아 있지만 당시에는 훨씬 더 많았을 것이다. 내가 어렸을 적만 해도 아주 많았다. 기숙사에서 숲속의 샛길로 한참 내려가서 가재와 미꾸라지, 물봉숭아와 돌

---

[3] 송우혜는 『윤동주 평전』 184쪽에서, 윤동주가 이 기숙사 3층에서 송몽규, 강처중과 같이 셋이 한 방을 썼다고 하는데 방이 좁아 어떻게 셋이 들었었는지 모르겠다.

미나리가 지천이던 냇물을 건너면 풀밭 운동장이 되었고 (지금은 개울은 복개되어 사라졌고 넓은 운동장 자리에는 도서관과 공대가 들어섰다) 운동장 옆에 학교 입구(당시에는 교문이란 게 없었다)가 있었고 학교 입구에서 본관 정원 앞까지 길 양옆으로 아름드리 은백양이 줄지어 서 있었다. 70년대 초에 은백양의 수명이 다하고 무슨 병인가가 돌아 모두 죽고 지금은 교정 전체에 병든 나무 몇 그루만 남아 있지만 60년대까지 연희를 드나들던 사람들에게 깊은 인상을 남겼었다. 지금은 은백양 대신 은행나무가 줄지어 서 있는데 이름은 60년대 지어진 이름 그대로 "백양로"다. 그 백양로 오른쪽에 오랜 느티나무가 두 그루 서 있었는데 그 뒤쪽에는 영조의 미움을 사서 죽은 사도세자의 어머니 영빈 이씨의 능인 수경원이 있고 그 앞에 아주 큰 능참봉의 기와집이 있던 것을 윤동주는 보았을 것이다. 사변 때 불타 없어지고 늙은 느티나무들도 없어졌다. (수경원 바로 그 자리에 연세대 루스 채플이 들어섰다.) 연희대학 입구를 나서면 그 맞은편에 경의선 철둑이 가로막고 있는 것은 오늘과 같다. 다만 그 밑의 굴다리는 당시에는 한쪽으로 개울이 흐르는 침침한 터널이었다. 창천동 쪽에서는 이 터널을 지나서야 연희에 드나들 수 있었다.

소나무 가지 사이로 비치는 달빛의 인상이 지금까지 내게 남아 있다면 그것은 바로 연희의 숲속에서 얻은 것일 터이다. 윤동주에게도 그 달빛은 유난히 인상적이었나 보다. 그는 달빛 속의 기숙사를 처음에는 "슬픈 선창"으로 상상했다가 차차 창 밖의 광경에 취하여 그것을 한 폭의 묵화로 본다. 때는 코스모스 피는 가을. 그는 살그머니 일어나 바깥으로 산책을 나선다. 어느 못가에 이르러 돌팔매를 한다. (이 연못에 대하여서는 아래에서 더 할 말이 있다.)

「화원에 꽃이 핀다」는 글은 기숙사를 마치 언제나 각색 꽃이 만발한 화원으로 심상하는 내용이다.

　　나는 이 귀한 시간을 슬그머니 동무들을 떠나 단 혼자 화원에 거닐 수 있습니다. 단 혼자 꽃들과 풀들과 이야기할 수 있다는 것이 얼마나 다행한 일이겠습니까? 참말 나는 온정으로 이들을 대할 수 있고 그들은 나를 웃음으로 맞아줍니다. 그 웃음을 눈물로 대한다는 것은 나의 감상일까요? 고독, 정적도 확실히 아름다운 것임에 틀림이 없으나, 여기에 또 서로 마음을 주는 동무가 있는 것도 다행한 일이 아닐 수 없습니다. 우리 화원 속에 모인 동무들 중에, 집에 학비를 청구하는 편지를 쓰는 날 저녁이면, 생각하고 생각하던 끝, 겨우 몇 줄 써 보낸다는 A군, 기뻐해야 할 서류(통칭 월급봉투)를 받아든 손이 떨린다는 B군, 사랑을 위하여서는 밥맛을 잃고 잠을 잊어버린다는 C군, 사상적 당착에 자살을 기약한다는 D군… 나는 이 여러 동무들의 갸륵한 심정을 내 것인 것처럼 이해할 수 있습니다. 서로 너그러운 마음으로 대할 수 있습니다. 나는 세계관, 인생관, 이런 좀더 큰 문제보다 바람과 구름과 햇빛과 나무와 우정, 이런 것들에 더 많이 괴로워해 왔는지도 모르겠습니다. 단지 이 말이 나의 역설이나 나 자신을 흐리우는 데 지날 뿐일까요.

　　일반은 현대 학생 도덕이 부패했다고 말합니다. 스승을 섬길 줄을 모른다고들 합니다. 옳은 말씀들입니다. 부끄러울 따름입니다. 하나 이 결함을 괴로워하는 우리들 어깨에 지워 광야로 내쫓아버려야 하나요? 우리들의 아픈 데를 알아주는 스승, 우리들의 생채기를 어루만져 주는 따뜻한 세계가 있다면 박탈된 도덕일지언정 기울여 스승을 진심으로 존경하겠습니다. 온정의 거리에서 원수를 만나면 손목을 붙잡고 목 놓아 울겠습니다.

　　세상은 해를 거듭 포성에 떠들썩하건만 극히 조용한 가운데 우리들 동산에서 서로 융합할 수 있고 이해할 수 있고 종전의 ○가 있는 것은 시세의 역효과일까요? 봄이 가고, 여름이 가고, 가을, 코스모스가 훌훌히 떨어지는 날 우주의 마지막은 아닙니다. 단풍의 세계가 있고 이상이견빙지履霜而堅氷至 서리를 밟거든 얼음이 굳어질 것을 각오하라가 아니라, 우리는 서릿발에 끼친 낙엽을 밟으면서 멀리 봄이 올 것을 믿습니다. 노변에서 많은 일이 이뤄질 것입니다.

윤동주는 개나리, 진달래, 앉은뱅이, 코스모스 등 진짜 꽃들이 피는 꽃밭 이야기를 하다가 어느 틈에 동무들이 이야기꽃을 피우는 기숙사 이야기로 넘어간다. 밖에는 눈이 쌓였는데 화로 주변에 모여 이야기꽃을 피우는 동무들은 또 하나의 다정한 꽃밭이 된다. 늙은 교수의 강의가 "따분하고 졸리고 한 때 한 시간의 휴강은 진실로 살로 가는 것"이어서 "노트 장을 적시는 것보다 우한충동牛汗充棟에 묻혀 글줄과 씨름하는 것보다 더 명확한 진리를 탐구할 수" 있는 곳이 거기다. 이를 교수에 대한 학생의 예의의 부족이라 매도하지 말라는 것이다. 당시는 중일전쟁에 이어 제2차대전이 발발하던 때라 무척 뒤숭숭한 세상이지었만 노변에서 동무들끼리 이루는 꽃밭에서 봄을 기다릴 수 있다. 진짜 교육은 교실에서보다 동년배들의 기숙사 공동생활에서 이루어진다.[4] 그래서 서양에서는 "대학"을 "콜리지college"(미국 발음으로 칼리지)라 하는데 이 말은 생활공동체를 뜻하는 "콜레기움collegium"에서 온 말이다.

「별똥 떨어진 데」 역시 기숙사 생활이 배경으로 되어 있는 듯하다. 밤중에 "어디로 가야 하느냐?" 하는 답답한 마음으로 바라보는 나무의 의연한 모습을 아주 부러워하는 내용이다.

> 이 밤도 과제를 풀지 못하여 안타까운 나의 마음에 나무의 마음이 점점 옮아오는 듯하고, 행동할 수 있는 자랑을 자랑치 못함에 뼈저리는 듯하나 나의 젊은 선배의 웅변이 왈, 선배도 믿지 못할 것이라니 그러면 영리한 나무에게 나의 방향을 물어야 할 것인가? 어디로 가야 하느냐? 동이 어디냐, 서가 어디냐, 남이 어디냐, 북이 어디냐? 아차! 저 별이 번쩍 흐른다. 별똥 떨어진 데가 내가 갈 곳인가 보다. 하면 별똥아! 꼭 떨어져야 할 곳에 떨어져야 한다.

---

[4] 윤동주와 비슷한 시기에 연전 문과를 다닌 유영이 「연희전문 시절의 윤동주」의 글에 그 정황이 잘 묘사되어 있다. 송우혜, 182쪽 참조.

기숙사에서 만나는 선배의 충고도 믿을 수 없어 혼자 고민하고 있는 윤동주의 모습이 보이는 듯하다. 밤에 혼자 기숙사 앞에서 하늘을 쳐다보고 있을 때 별똥이 흐른다. 그는 별똥 떨어지는 데에 보화가 있다는 옛말을 떠올린다.

「종시」는 외딴 기숙사의 일상 풍경을 있는 그대로 묘사한다.

> 일찍이 서산대사가 살았을 듯한 우거진 송림 속, 게다가 덩그렇이 살림집은 외따로 한 채뿐이었으나 식구로는 굉장한 것이어서 한 지붕 밑에서 팔도 사투리를 죄다 들을 만큼 모아 놓은 미끈한 장정들만이 욱실욱실하였다. 이곳에 법령은 없었으나 여인 금납구였다. 만일 강심장의 여인이 있어 불의의 침입이 있다면 우리들의 호기심을 적이 자아냈고 방마다 새로운 화제가 생기곤 하였다. 이렇듯 수도 생활에 나는 소라 속처럼 안도하였던 것이다.

묘향산 보현사처럼 서산대사 같은 큰스님이 수도를 했을 만큼 우거진 송림 속에 외딸은 독채 기숙사가 있었다. 또 정말 절간의 수도승처럼 비슷한 연령의 팔도 청년 남자들만이 모여 있었다. 윤동주는 그런 기숙사 속에서 "수도 생활"을 하듯 "안도하였던 것이다."

「종시」는 이 소라 속 같은 기숙사에서 벗어나 가까운 신촌역에서 서울역까지 기차로 나들이를 하며 세상을 관찰하는 이야기이다. 다정다감한 젊은 윤동주는 기숙사 생활을 즐긴 것이 분명하다.

그러나 그가 3년쯤 뒤인 1941년 5월에 기숙사를 나와 문안 누상동 김송의 집에 하숙할 때에 쓴 「돌아와 보는 밤」에 보면, 하숙방은 기숙사의 방과는 사뭇 분위기가 다르다.

> 세상으로부터 돌아오듯이 이제 내 좁은 방에 돌아와 불을 끄옵니다. 불을 켜두는 것은 너무나 피로롭은 일입니다. 그것은 낮의 연장이옵기에.

이제 창을 열어 공기를 바꾸어 들여야 할 텐데 밖을 가만히 내다보아야 방안과 같이 어두워 꼭 세상 같은데 비를 맞고 오던 길이 그대로 비속에 젖어 있사옵니다.

비 내리는 골목길의 피로. 그는 학교에서 비속을 걸어 종로구 누상동에 있는 하숙집에 돌아왔을지 모른다. 당시 아현동에서 광화문까지 전차를 타거나 신촌역에서 서울역까지 기차를 탄다 해도 걷는 거리는 꽤 됐다. 요즘 사람은 절대로 걸어서 가지 않을 거리이다. 그가 몸만 피로한 것이 아니라 마음의 피로에 지쳐 있을 때, 늙은 의사가 전혀 진단할 수 없던 "이 지나친 시련, 이 지나친 피로(「병원」)"라는 기이한 병이 깊었던 때였다. 좁은 하숙방의 답답함은 창을 열어도 골목길의 답답함으로 연장될 뿐이었다. 기숙사에서는 전등불을 끄면 창 밖은 선창 아니면 묵화, 또는 파도치는 바닷가 같기도 했었다.

더욱이 그가 동경 유학 시 혼자 묵었던 하숙집의 "육첩방"은 언제나 "남의 나라"라는 의식을 버리지 못하게 했다(「쉽게 씌어진 시」). 하기는 그런 하숙집 주인이 일본 경찰의 끄나풀이 되어 한국 학생들이 주고받는 말을 엿듣고 재판에서 이를 그에 대한 증거로 제시했다. 그런 하숙방에서 그는 매우 쓸쓸하여 옛 기숙사 생활이 자꾸 생각났던 모양이다.

내 모든 것을 돌려보낸 뒤
허전히 뒷골목을 돌아
황혼처럼 물드는 내 방으로 돌아오면 (「흰 그림자」)

봄은 다 가고 동경 교외 어느 조용한 하숙방에서, 옛 거리에 남은 나를 희망과 사랑처럼 그리워한다. (「사랑스런 추억」)

또한 그는 연희 기숙사 생활 중에 문안에 가려고 자주 이용하던 신촌역을 못내 그리워한 듯하다.

> 봄이 오던 아침, 서울 어느 조그만 정거장에서
> 희망과 사랑처럼 기차를 기다려,
>
> 나는 플랫폼에 간신한 그림자를 떨어뜨리고
> 담배를 피웠다.
>
> 내 그림자는 담배 연기 그림자를 날리고,
> 비둘기 한 떼가 부끄러울 것도 없이
> 나래 속을 속속 햇빛에 비춰 날았다. (「사랑스런 추억」)

여기서 "서울 어느 조그만 정거장"은 물론 신촌역을 가리킨다.[5] 그러나 동경에서는 "기차는 아무런 새로운 소식도 없이 / 나를 멀리 실어다 주어……. 오늘도 기차는 몇 번이나 무의미하게 지나가고" 그는 외로움과 그리움에 젖을 뿐이다. 아무 "부끄럼" 없이 자유롭게 날던 비둘기 떼가 생각나는 것이다. "부끄럼"은 그에게 이렇게 중요한 말이다. 그 부끄럼 없던 신촌역, 연희 동산에 "아아 젊음은 오래 거기 남아 있거

---

[5] 지금도 그 옛날의 모습을 그대로 유지하고 있는 신촌역에서 서울역("경성역")까지는 약 3km밖에 안 된다. 당시에는 그냥 걷지 않으면 대중교통 수단으로 이용할 수 있는 것은 그 기차뿐이었다. 지금의 이대 앞(대현동)과 북아현동(충정로) 두 곳에 꽤 긴 기차 터널이 있다. 이 터널은 수필 「종시」의 끝 부분에서 아주 중요한 상징으로 등장한다. 친구의 친구는 아마 기숙사 뒷산 너머 연희동에서 하숙하던 친구였으리라. 지금도 연희동에는 수많은 하숙집이 있다. 기숙사에서 약 15분 거리에 신촌역이 있다. 최근 신촌역을 어떤 대기업이 최신식 쇼핑몰로 개발했는데 서울 부근에 오로지 하나 남은 옛날 경의선의 고색창연한 역사를 그대로 보존하고 있다. 충분히 역사적 의의가 있는 건물이다.

라" 하는 그리움의 탄식으로 그는 이 시를 맺는다.

윤동주는 신촌역에서 기차를 타지 않고 직접 걸어서 문안 나들이도 했을 것이다. "문안"이라는 말은 당시 한양성 사대문 밖에 살던 사람들이 사대문 안을 가리켜 하던 말인데 필자도 어릴 적에 썼지만 지금은 안 쓴다. 지금의 신문로("새문안길")에 있는 새문안 교회는 새로 난 문 안쪽에 세운 교회란 뜻이다. 기차를 타지 않을 경우에 윤동주는 지금의 봉원동의 개울을 건너 이화여전을 지나 북아현동의 능안 마을을 거쳐 서대문 쪽으로 해서 "문안"으로 갔을 것이다. 나 자신도 지금의 이대 후문 근처에 살면서[6] 서울 시내에 갈 때에는 으레 그 길로 다녔다.

그는 기숙사에서 좀 떨어진 연희전문의 최초 건물인 목조 치원관[7]을 지나거나 뒷산을 넘어 연희궁 쪽으로 나다녔을 수도 있다. 창내 마을(지금의 창천동)과 그곳에 연전 학생들을 위한 하숙집들이 많이 있었다. 지금의 연희동은 그때는 정말 농사짓는 시골이었다. 전두환, 노태우 두 군 출신 전직대통령이 사는 이 동네를 전에는 연희궁 또는 궁골이라고 했다. 조선조 중기까지 임금이 매사냥 등 바람 쏘이러 성 밖에 나와 머물던 행궁 자리가 거기 있다. 유명한 장희빈이 내쫓겨 머물다가 사약을 받았다는 곳이다. 지금도 깨진 옛 기왓장들을 더러 볼 수 있다[8].

또는 그는 교문 앞 경의선 철도 아래 개울물 흐르는 굴다리를 지나

---

[6] 1946년 3월에 월남하여 처음 지금 연세대 의대 강당이 들어선 자리에 있던 낡은 초가 교수 사택에서 살았다. 이듬해 지금의 이대 후문 건너편 지금은 이화여대의 소유로 되어 있는 하니솔B 터에 있던 새 집으로 이사해서 1964년까지 살았다.
[7] 지금 이과대 신관 자리에 있었는데 오래 빈집으로 있다가 사변 때 불타 없어졌다. 윤동주 당시에는 "보명학교"(아이들끼리는 "보미핵교")라는 아동 교육기관이 들어 있었다.)
[8] 지금 연세대 정문 안쪽에 "연희궁터" "서잠실터"라는 석비를 해세웠는데 틀린 말이다. 그 근처를 궁골이라 한 적도, 유적도 전혀 없다. 궁골과 유적은 지금의 연희 2동이었다.

창천동으로, 또는 창내 개울을 따라 서강 쪽(지금의 창전동. 서강대교 북단)으로 나다녔을지 모른다. 지금은 복개되었지만 50년대까지도 창천동 복판으로 창내9라는 개울이 흘렀고 창내 마을 한 쪽 경의선 철도 옆에 그 지역 유일한 큰 벽돌집인 창천감리교회 예배당10이 있었고 그 주변 밭 사이에 주로 초가집들이 들어서 있었다. 제법 큰 개울 창내에는 송사리, 붕어가 노니는 동네 빨래터였다. 그 언저리에 하숙집들이 있었다.

또는 연희궁 궁골 가운데를 흐르던, 예전에 유명한 빨래터 송장내(지금은 복개되어 볼 수 없지만 사러가 쇼핑 옆으로 흘렀다.)를 따라 지금의 연남동, 합정동쪽으로 친구 하숙생들을 만나거나 산책하러 다녔던 것 같다. 지금의 홍익대 앞 서교동, 연남동, 합정동 일대를 당시에는 "잔다리"라 했다. 이를 일제 말에 억지 한자로 옮겨 "세교정細橋町"이라 했다가 그 후에 동이 너무 넓어져서 동교동, 서교동으로 나눴다. 1960년대 초까지는 나 자신도 그렇게 산책하곤 했다. 그가 연희전문에 입학한 직후 1938년 5월 10일에 처음 쓴 시 「새로운 길」은 바로 그가 그처럼 기숙사에서 근처 동네로 걷는 모습을 보여주는 듯하다.

> 내를 건너서 숲으로,
> 고개를 넘어서 마을로,
>
> 어제도 가고 오늘도 갈
> 나의 길 새로운 길.
>
> 민들레가 피고 까치가 날고

---

[9] '창내'를 일제가 억지로 '창천滄川'으로 고쳐 썼다.
[10] 1926년에 붉은 벽돌로 지었던 이 예배당은 1991년에 큰 예배당으로 증축되었다. 필자는 1946-47년에 이 교회의 유년주일학교에 다녔고, 지금은 장로이다.

아가씨가 지나고 바람이 일고

　　나의 길은 언제나 새로운 길
　　오늘도… 내일도…

　　내를 건너서 숲으로,
　　고개를 넘어서 마을로.

　정말로 내를 건너면 숲이 나오고 고개를 넘으면 마을이 있던 데가 적어도 1950년대까지 연대 부근이었다. 지금 이대 후문 건너편(지금의 봉원동)에 살던 나 자신도 내(당시에는 이미 노천 하수도 시설이 되었었고 지금은 복개되어 자취도 없지만)를 건너 작은 숲을 지나 고개를 넘어 북아현동 마을을 지나 새문안(지금의 신문로)에 있던 중학교엘 다녔다. 민들레, 까치가 있었고 이화여대 교정에는 물론 아가씨들이 차고 넘쳤다. 나도 한참은 이대 교정을 통과해서 북아현동 능안길("아기능"이 있었는데 해방 후 이장되고 그 자리에 중앙여고 – 계원 예술대가 들어섰다)로 다녔다.

　연희전문학교에 갓 들어온 북간도 출신의 이 청년은 산책을 좋아해서 기숙사에 숙소를 정하고는 근처 동네를 두루 돌아다녔던 모양이고 문안 나들이를 하기 위해 신촌역에서 기차를 타거나 지금의 세브란스 병원 앞 굴다리를 통해 신촌역 앞을 지나 큰고개(대현)를 넘어 아현동(애오개)을 지나 서소문으로 해서 시내에 가거나 내와 숲을 지나 이화여전 교정을 통해 고개를 넘어 북아현동, 서대문으로 해서 시내에 갔을 것이다. 필자는 기차는 타지 못하고 늘 걸었다. 당시에는 거의 누구나 그랬다. 그래서 40년대 말 내가 다닌 창천국민학교 학생 중에는 20리 길인 종로에 가보지 못한 아이도 있었다. 왕복 40리 길, 걸어 봤자 다리만 아프고 생기는 것 없었으니까. 광복 직후 잠시 신촌역에서 아현동 전차 다니는 데까지 조랑말이 끄는 승합 마차가 있었다. 엉덩이에 말똥 받는 큰 기저귀를 찬 작은 말을 보던 생각이 난다. 카바이드 가스로 다니던 버스도 있었다. 그러나 그런 교통수단은 우리 같은 아이들은 아예 탈 엄두도 못 냈다. 동대문, 종로, 아현동으로 해서 마포까지 다니던 서울의 전차는 1968년 가을에 없어졌다.

「투르게네프의 언덕」은 아마도 지금의 이대 앞에서 아현동으로 가는 큰고개(대현)를 넘다가 겪은 일을 소재로 한 듯하다.

> 나는 고갯길을 넘고 있었다… 그때 세 소년 거지가 나를 지나쳤다.
> 첫째 아이는 잔등에 바구니를 둘러메고, 바구니 속에는 사이다 병, 간즈메 통, 쇳조각, 헌 양말짝 등 폐물이 가득하였다.
> 둘째 아이도 그러하였다.
> 셋째 아이도 그러하였다.

지은 날짜가 일제의 소화 14년 9월이라니 서기로는 1940년 9월이겠다. 그때 윤동주는 3학년생으로 투르게네프의 이름난 산문시 「거지」를 본떴다고 하지만 실상은 그 시에 대한 윤동주 나름의 비판을 담고 있기도 하다[11]. 어쨌든 그는 큰고개(지금의 대현동 마루턱)에서 실지로 경험한 사실을 말하고 있다고 생각된다. 그 당시 그 고개는 지금보다도 훨씬 높아 거기가 "경성부"의 경계였고 신촌 일대는 아직도 경기도 고양군 연희면이나 용강면에 속했다. 그 고개 남쪽 언덕은 서울에서도 악명 높던 빈민촌, 이른바 아현동 산7번지라는 데였다. 필자도 1946년 봄 38선을 넘어 서울역에 도착했을 때 신촌 연희전문 교수 사택(지금 의대 건물 자리)을 향하여 피난민 보따리를 실은 손수레 뒤를 따라 그 황량하기 짝

---

[11] 송우혜, 『윤동주 평전』(세계사, 1998), 203-207쪽에 우수한 해석이 있다.

없던 고갯길을 넘던 일을 생생히 기억한다. 그때는 이미 일제 말기에 지금 보듯 고개를 푹 낮추고 길을 넓게 뚫어 신촌 일대를 "경성부京城府"에 소속시킨 뒤였다. 일제는 지금의 서울, 조선 시대의 한양漢陽을 "경성京城"으로 고쳐 불렀다. 경성을 확대하기 위하여 일제가 대전 중에 강행한 토목 공사였는데 요즘 같으면 큰 터널을 뚫었을 것이다. 지금은 웨딩드레스 가게들이 즐비하지만 당시에는 길고 긴 고갯길에 뿌연 먼지가 한없이 일고 길 옆과 언덕 위에 오막살이들이 다닥다닥 붙어 있었다. 아마도 밤에 그런 집들을 보고 "어둠 속에 깜박깜박 졸며 다닥다닥 나란히한 초가들이 아름다운 시의 화사가 될 수 있다는 것은 벌써 지나간 제너레이션의 이야기요, 오늘에 있어서는 다만 말 못하는 비극의 배경이다"(「별똥 떨어진 데」)라고 썼음 직하다. 신촌에서는 그 고개를 넘어 한참 걸어 평지로 내려가야 아현동 전찻길이 되었다. 그 고갯길을 넘다가 윤동주가 폐물 수집하는 거지 아이들을 만났다는 것은 이상한 일은 아니다. 사실 내가 다니던 창천국민학교에도 윤동주가 만났음직한 남루를 걸친 아이들이 수두룩했다.

"잔다리"(지금의 서교동)에는 넓은 논 가운데 꽤 큰 연못이 있었다. 수필 「달을 쏘다」에서 그는

> 발걸음은 몸뚱이를 옮겨 못가에 세워 줄 때 못 속에도 역시 가을이 있고 달이 있다. 그 찰나 가을이 원망스럽고 달이 미워진다. 더듬어 돌을 찾아 달을 향하여 죽어라고 팔매질을 하였다. 통쾌! 달은 산산이 부서지고 말았다. 그러나 놀랐던 물결이 잦아들 때 오래잖아 달은 도로 살아난 것이 아니냐?

라고 쓰고 있는데 바로 이 넓은 못은 잔다리에 있던 넓은 늪이었기 쉽다. 기숙사 생활이 답답하면 한 20분쯤 들길을 걸어 거기까지 산책을 했을 것이다. 1970년대 초 거기가 택지로 변하기 전에는 나 자신도 가

끔 거기까지 산책을 했고 그 둘레에 앉은 낚시꾼들을 구경했다. 또는 지금의 연대 사회과학대(건축 초기에는 이공학관)의 우람한 돌집이 서기 전 그 자리에 있던 논 옆에 물웅덩이들을 말하는 건지도 모르겠으나 작은 웅덩이 물에 힘껏 돌팔매질을 한다는 것은 어울리지 않는다.

「이적異蹟」에도 이 못이 등장하는 것 같다.

> 내사 이 호숫가로
> 부르는 이 없이
> 불리어 온 것은
> 참말 이적이외다.
>
> ‥‥‥
>
> 하나, 내 모든 것을 여념 없이
> 물결에 씻어 보내려니
> 당신은 호면으로 나를 불러내소서.

이 시는 1938년 6월 19일에 지은 것으로 되어 있으니까 윤동주가 연희전문 1학년 첫 학기 때 쓴 것이다. 즉 그가 기숙사에 살면서 잔다리의 넓은 논 한가운데 있는 못가로 저도 모르게 걸어 왔다가 성경에서 읽은 갈릴리 호수 위에서 벌어진 이야기(마태복음 14장 24절 이하)를 떠올린 것으로 볼 수 있다.[12]

이처럼 연희의 교정과 기숙사와 신촌 일대는 윤동주의 시와 산문에 아주 뚜렷한 자취들을 남기고 있다. 지금까지도 꽤 많이 남아 있는 당시의 지형지물과 당시에 대한 기억들은 윤동주 읽기에 큰 도움이 된다. 우리가 윤동주를 귀중하게 여긴다면 이 밖의 자취들도 찾아내어 자세히 더듬어보는 노력이 필요하겠다.[13]

---

[12] 「이적」에 대해서는 8.에서 자세히 다룬다.

---

[13] 송우혜가 『윤동주 평전』에서 그 일을 아주 많이 잘 했다. 내 개인적 경험담도 조금 더함이 될 것이다.

II

2 윤동주의 "하늘", "바람", "별", "시"

하늘과 바람과 별과 시는 윤동주가 자선 시집의 이름으로 쓸 만큼 중요한 심상들이었음을 우리는 안다. 그것들은 또한 「서시」의 기본적 구조를 이룰 뿐 아니라 윤동주의 글 전체의 기본이 된다는 것이 필자의 생각이다. 다음에서 이를 확인해 보기로 한다. 나 개인 용도로 만들어 쓰고 있는 『용례색인』에서 우선 "하늘"을 모두 따오기로 한다. 이에는 제목에 쓰인 "하늘"도 들어 있다.

1 「남쪽 하늘」2
2 하늘 복판에 알 새기듯이 이 노래를 부른 자가 누구뇨?
「삶과 죽음」
3 천막 같은 하늘 밑에서 떠들던 소나기 그리고 번개를 「창공」
4 귀여운 산비둘기 일곱 마리 하늘 끝까지 보일 듯이 맑은 주일날
「비둘기」
5 명랑한 봄 하늘 가벼운 두 나래를 펴서 요염한 봄 노래가 좋더라.

「종달새」

6 하늘 다리 놓였다. 알롱알롱 무지개.　　　　　　　「햇비」

7 바람이 나뭇가지에 소올소올, 아저씨 햇님이 하늘 한가운데서 째앵 째앵.　　　　　　　　　　　　　　　　　　　　「봄」1

8 우중충한 오월 하늘 아래로 바닷빛 포기 포기에 수 놓은 언덕으로.
　　　　　　　　　　　　　　　　　　　　　　　「풍경」

9 모가지를 드리우고 꽃처럼 피어나는 피를 어두워 가는 하늘 밑에 조용히 흘리겠습니다.　　　　　　　　　　　　　　「십자가」

10 남쪽 하늘 저 밑엔 따뜻한 내 고향　　　　　　「고향집」

11 고민에 짜들고 녹음의 권태에 시들고, 가을 하늘 감상에 울고,
　　　　　　　　　　　　　　　　　　　「화원에 꽃이 핀다」

12 『하늘과 바람과 별과 시』
13 눈은 하늘과 성벽 경계선을 따라 자꾸 달리는 것인데　「종시」
14 바다도 푸르고 하늘도 푸르고 바다도 끝없고 하늘도 끝없고
　　　　　　　　　　　　　　　　　　　　　　　「둘 다」
15 하늘도 푸르고 바다도 끝없고 하늘도 끝없고　　「둘 다」
16 손 들어 표할 하늘도 없는 나를 어디에 내 한 몸 둘 하늘이 있어 나를 부르는 것이요?　　　　　　　　　　　　「무서운 시간」
17 벼룻장 엎어 놓은 하늘로 살 같은 비가 살처럼 쏟아진다.
　　　　　　　　　　　　　　　　　　　　　　　「소낙비」
18 까마귀 떼 지붕 위로 자꾸 날아 지난다. 쑥쑥, 꿈틀꿈틀 북쪽 하늘로,
　　　　　　　　　　　　　　　　　　　　　　　「황혼」
19 주름잡힌 얼굴을 어루만지며 물끄러미 하늘만 쳐다봅니다.
　　　　　　　　　　　　　　　　　　　　　「기왓장 내외」
20 아마도 진실한 세기의 계절을 따라 하늘만 보이는 울타리 안을 뛰쳐

21 오로지 하늘만 바라고 뻗어질 수 있는 것이 무엇보다 행복스럽지 않으냐? 「별똥 떨어진 데」
22 어린 영은 쪽나래의 향수를 타고 남쪽 하늘에 떠돌 뿐
「남쪽 하늘」2
23 내사… 북쪽 하늘에 나래를 펴고 싶다. 「황혼」
24 눈이 오다 물이 되는 날, 잿빛 하늘에 또 뿌연 내, 「이별」
25 바다에 돌 던지고 하늘에 침 뱉고 「둘 다」
26 땅에서 오를 때보다 하늘에 높이 떠서는 빠르지 못하다.
「비행기」
27 계절이 지나가는 하늘에는 가을로 가득 차 있습니다.「별 헤는 밤」
28 어둔 방은 우주로 통하고 하늘에선가 소리처럼 바람이 불어 온다.
「또 다른 고향」
29 하늘에 침 뱉고 바다는 벙글 하늘은 잠잠. 「둘 다」
30 돌담을 더듬어 눈물짓다 쳐다보면 하늘은 부끄럽게 푸릅니다. 「길」
31 어느 이랑에서나 즐겁게 솟쳐. 푸르른 하늘은 아른아른 높기도 한데… 「봄」2
32 밤이다. 하늘은 푸르다 못해 농회색으로 캄캄하나
「별똥 떨어진 데」
33 눈을 치떠서 밖을 내다보니 가을 하늘은 역시 맑고 「달을 쏘다」
34 죽는 날까지 하늘을 우러러 한 점 부끄럼이 없기를, 「서시」
35 내 경건한 마음을 모셔 들여 노아 때 하늘을 한 모금 마시다.
「소낙비」
36 가만히 하늘을 들여다보려면 눈썹에 파란 물감이 든다. 「소년」
37 차라리 성벽 위에 펼친 하늘을 쳐다보는 편이 더 통쾌하다.

38 문득 하늘을 쳐다보니 얄미운 달은 머리 위에서 빈정대는 것을
「종시」

「달을 쏘다」

39 텐트 같은 하늘이 무너져 이 거리를 덮을까 궁금하면서 「산상」

40 우물 속에는 달이 밝고 구름이 흐르고 하늘이 펼치고 「자화상」

41 우물 속에는 달이 밝고 구름이 흐르고 하늘이 펼치고 파란 바람이 불고
「자화상」

42 나뭇가지 위에 하늘이 펼쳐 있다. 「소년」

43 어디에 내 한 몸 둘 하늘이 있어 나를 부르는 것이요?
「무서운 시간」

44 여기에 푸른 하늘이 높아지고 빨간 노란 단풍이
「화원에 꽃이 핀다」

위에서 보듯 "하늘"은 44번이나 쓰였고 그가 남긴 모든 글의 낱말 빈도 순위로 보면 11째이고 일반 명사로서는 첫째이다. 이렇듯 그의 의미의 지도에서 "하늘"은 바로 중심 기점이 된다는 것을 알 수 있다. 물론 우리의 일상 언어생활에서도 "하늘"은 매우 중요하다. 그러나 국립국어원 현대국어 빈도조사에서 "하늘"은 빈도 순위가 362째이니 우리의 일상생활에서보다 윤동주는 "하늘"을 훨씬 더 중요하게 썼다는 것이 확실하다. 윤동주보다 한 세대 먼저 살았던 한용운의 『님의 침묵』에서도 "하늘"의 빈도 순위는 28째이니 시인들이 "하늘"을 일상어에서보다 훨씬 많이 쓰는 것은 사실인 듯하지만 윤동주는 한용운보다도 훨씬 더 많이 쓴 것이 분명한 만큼 그에게 "하늘"은 특별한 심상이요 개념이었다고 하겠다.

위의 44개의 용례를 의미 별로 나누어 본다. 물론 해석상의 차이가

있을 수 있고 뜻이 겹치는 용례도 있다.

첫째로, "2 하늘 복판에 알 새기듯"에서 보듯, 하늘은 지상 위에 한없이 높이 펼쳐져 있어 환하고 자유로운 공간을 가리킨다. 가장 일반적인 뜻이다. 위의 용례에서 이에 속하는 것은 1, 2, 4, 5, 6, 7, 10, 11, 14, 15, 18, 21, 22, 23, 26, 27, 31, 33, 36, 42, 44 등이다.

둘째로, "3 천막 같은 하늘 밑에서 떠들던 소나기"나 "20 아마도 진실한 세기의 계절을 따라 하늘만 보이는 울타리 안을 뛰쳐"에서 볼 수 있는 바와 같이 머리 위에 펼쳐지지만 어딘가 한정된 듯한 공간이라는 뜻으로 역시 일반적이지만 첫째의 뜻과는 다소 다른 뜻을 나타내므로 윤동주의 특별한 시적 의도가 얼마쯤 부가되어 있다고 볼 수 있다. 이에 속한다고 볼 수 있는 용례는 3, 8, 13, 17, 19, 20, 6, 7, 18, 19, 24, 25, 29, 32, 37, 38, 39 등이다.

셋째로, "35 내 경건한 마음을 모셔 들여 노아 때 하늘을 한 모금 마시다"에서 볼 수 있듯이 상상적 내지 상징적 공간으로서의 활짝 열린 하늘을 뜻하는바, 9, 12, 16, 28, 30, 34, 35, 40, 41, 43 등이 그 예이다. 가장 윤동주다운 뜻을 함축한다고 할 수 있다.

여기서는 하늘의 여러 뜻 중, 윤동주의 독특한 하늘을 이루는 이 셋째 뜻을 보다 깊이 논의한다. 실제에 있어 이 셋째 무리에 속한 각 용례도 서로 함축이 다르다는 것을 미리 전제한다.

이미 이 책 여러 곳에서 "34 죽는 날까지 하늘을 우러러 한 점 부끄럼이 없기를 (「서시」)"의 "하늘"이 절대적 순결, 결백의 명백한 표준을 상징함을 언급하였으므로 다시 부연하지 않는다. 다만 이 "하늘"이 물리적 공간을 뜻하지 않는다는 사실을 다시금 상기할 필요는 있다. 이와 비슷하게 초월적 순결과 자유를 상징하는 뜻으로 "30 돌담을 더듬어 눈물짓다 쳐다보면 하늘은 부끄럽게 푸릅니다 (「길」)"에서 "하늘"이 씌었는데 이에는 첫째 뜻, 곧 밝고 자유로운 공간으로서의 "하늘"의 심상이 살아 있어 앞의 34의 하늘과 달라진다. 34의 하늘은 심상으로서의 성격이 줄어 거의 추상적 관념이 되어 있다. 깨끗함과 자유와 새로움과 생명의 본질을 뜻하는 하늘은 "35 내 경건한 마음을 모셔 들여 노아 때 하늘을 한 모금 마시다. (「소낙비」)"에서 볼 수 있다. 하늘은 최고의 이상적 상태를 상징하지만 한 모금의 신선하고 시원한 물이라는 물질로도 심상되어 있다. "40 우물 속에는 달이 밝고 구름이 흐르고 하늘이 펼치고"에서 "하늘"은 유년 시절에 위를 쳐다보아도 보이고 우물 속을 내려다보아도 있던 하늘이다. 물에 비친 하늘은 몇 모금이라도 마실 수 있는 하늘이었다. 이들은 윤동주의 "좋은" 하늘들이고 모두 첫째 부류에서 가져온 심상들이다.

　그러나 "9 모가지를 드리우고 꽃처럼 피어나는 피를 어두워 가는 하늘 밑에 조용히 흘리겠습니다."의 "하늘"은 맑고 환한 한껏 자유로운 하늘이 아니라 어두워가고 따라서 부자유스러워가는 듯한 "무서운" 하늘이다. 하늘은 다분히 부정적 배경을 이룬다. 어둡더라도 가을밤이나 달밤은 신선하고 광활한 느낌을 주는데 이 하늘은 오로지 어두워가고 좁아갈 뿐이다. 빛이 없어져 쓸쓸하고 무서워지는 하늘이며 차차 어둠 자체가 되어 하늘은 부재하게 될 것이다. "16, 43 손 들어 표할 하늘도 없는 나를 어디에 내 한 몸 둘 하늘이 있어 나를 부르는 것이요?"에는 하늘은 어둡다 못해 아예 부재한다. 하늘은 본시 머리 위에 무한히 넓게 환하게 펼쳐 있어 쳐다보기만 해도 얼마든지 보이던 것이지만, 지금 시인에게는 손을 펼 수도 없고 자기의 작은 몸을 의탁할 공간도 되지 못한다. (이 시에 대해서는 달리 더 논의한다.) "28 어둔 방은 우주로 통하고 하늘에선가 소리처럼 바람이 불어온다."에서도 하늘은 어둠 속에 묻혀 어디에 있는지 확실히 알 수 없고 다만 무슨 소리 같기도 한 바람이 거기서 불어오는 듯할 뿐이다. 역시 하늘은 부재하지 않나 하는 의심을 받고 있다. 이들 어두운, 또는 존재가 의심스러운 하늘들은 아마도 위의 둘째 부류의 하늘의 심상이 심화 변형되어 윤동주 특유의 상징이 된 것이라 생각된다. 「서시」의 하늘이나 『하늘과 바람과 별과 시』의 하늘은 이러한 부정적, 부재의 하늘을 극복하고 다시 절대적 순수의 표상이 된 것이라 할 수 있다.

다음에는 "바람"의 여러 뜻을 알아본다. 윤동주는 그의 글에서 "바람"을 30번이나 썼는데 이는 빈도 순서로서는 20째가 되니 확실히 그가 애용한 말이다. 국어연구원 조사에는 빈도 순서가 478째인 사실과 비교가 된다.

바람의 일상적인 뜻은 "느낄 수 있는 정도의 공기의 움직임" 내지 "공기의 이동이라는 기상의 현상"이다. 그런 기본 뜻을 얼마쯤 유지하면서도 시인 자신이 부가한 특수한 의미를 함축하도록 쓰인 예도 있다.

1 「햇빛 · 바람」
2 바람부는 새벽에 장터 가시는 「창 구멍」
3 세계관, 인생관, 이런 좀더 큰 문제보다 바람과 구름과 햇빛과 나무와 우정, 「화원에 꽃이 핀다」
4 『하늘과 바람과 별과 시』
5 나무가 춤을 추면 바람이 불고, 나무가 잠잠하면 바람도 자오.
「나무」
6 문득 이파리 흔드는 저녁 바람에 쏴 무섬이 옮아 오고. 「산림」3
7 오늘밤에도 별이 바람에 스치운다. 「서시」
8 하늘을 우러러 한 점 부끄럼이 없기를, 잎새에 이는 바람에도 나는 괴로워했다. 「서시」

9 앙당한 솔나무 가지에, 훈훈한 바람의 날개가 스치고
「모란봉에서」
10 가슴을 짓밟고 이파리를 흔드는 저녁 바람이 솨 공포에 떨게 한다.
「산림」2
11 고양이는 부뚜막에서 가릉가릉, 아기 바람이 나뭇가지에 소올소올,
「봄」1
12 나무가 춤을 추면 바람이 불고, 나무가 잠잠하면 바람도 자오.
「나무」
13 「바람이 불어」
14 바람이 팽이처럼 돈다. 나무가 머리를 이루 잡지 못한다.「소낙비」
15 까치가 날고, 아가씨가 지나고, 바람이 일고.   「새로운 길」
16 어둠과 바람이 우리 창에 부닥치기 전, 나는 영원한 사랑을 안은 채
「사랑의 전당」
17 문풍지를 쏘옥, 쏙, 쏙. 저녁에 바람이 솔솔.   「햇빛·바람」
18 구름이 흐르고 하늘이 펼치고 파란 바람이 불고 가을이 있습니다.
「자화상」
19 구름이 흐르고 하늘이 펼치고 파란 바람이 불고 가을이 있고 추억처럼 사나이가 있습니다.   「자화상」
20 바람이 어디로부터 불어 와 어디로 불려 가는 것일까?
「바람이 불어」
21 바람이 부는데 내 괴로움에는 이유가 없다.   「바람이 불어」
22 바람이 자꾸 부는데 내 발이 반석 위에 섰다.   「바람이 불어」
23 방은 우주로 통하고 하늘에선가 소리처럼 바람이 불어 온다
「또 다른 고향」
24 이 밤도 달이 뜨고, 바람이 불고,   「달을 쏘다」

25 달빛은 솔가지에 솔가지에 쏟아져 바람인 양 솨 소리가 날 듯하다.
「달을 쏘다」
26 실어다 뿌리는 **바람조차** 씨원타.   「바다」
27 슬프지도 않은 살구나무 가지에는 **바람조차** 없다.   「병원」
이에 더하여 다음의 합성어 "봄바람"의 예도 인용한다.
28 저쪽으로 황토 실은 이 땅 **봄바람**이 호인의 물레바퀴처럼 돌아 지나고   「양지 쪽」
29 **봄바람**을 등진 초록빛 바다, 쏟아질 듯 쏟아질 듯 위태롭다.
「풍경」
30 **봄바람**의 고민에 짜들고 녹음의 권태에 시들고, 가을 하늘 감상에 울고,   「화원에 꽃이 핀다.」

기상 현상으로서의 공기의 이동은 우리의 일상생활에서 시원함, 자유로움 등의 느낌을 주거나 추위, 먼지 따위를 일으키기도 한다. 이러한 일반적 의미의 바람의 용례는 1, 2, 3, 5, 9, 11, 12, 14, 17, 24, 25, 26, 28, 29 등이다. 나머지는 시인 자신의 특수한 의미가 부가되어 기상 현상의 하나이기보다 마음의 흔들림을 일으키는 어떤 힘이다. 우리는 "2 **바람** 부는 새벽에 장터 가시는 우리 아빠 뒷자취 보고 싶어서"와 "21 **바람**이 부는데 내 괴로움에는 이유가 없다."에서 두 바람이 서로 조금 다르다는 것을 의식할 수 있다. 2의 바람은 피부로 느낄 수 있게 부는 찬바람이다. 그러나 21의 바람은 그런 흔한 기상 현상에 머물지 않고 마음 속에 일어나는 어떤 흔들림을 또한 강하게 암시한다. 바로 이 나중 뜻이 윤동주의 시에서 중요한 의미 그물을 형성한다는 것을 우리는 안다.

용례를 좀더 자세히 검토해본다.

15 까치가 날고, 아가씨가 지나고, 바람이 일고.　　「새로운 길」

이 바람은 단순한 기상 현상으로 시작하는 듯하지만 "아가씨가 지나"가는 바람에 "바람"은 젊은이의 마음을 설레게 하는 어떤 힘이 된다. 어여쁜 아가씨를 보고 마음 설렘은 좋은 흔들림이다.

19 구름이 흐르고 하늘이 펼치고 파란 바람이 불고 가을이 있고 추억
   처럼 사나이가 있습니다.　　　　　　　　　　　　「자화상」

우물 속에는 구름과 하늘이 비치고 이에 더하여 "파란 바람"이 분다고 한다. 물론 우물 속에 바람이 불지도 않고 더구나 그 빛깔이 파랗지도 않다. 이 바람은 푸른 하늘에 시원하게 불던 좋은 바람의 추억이다. 마음속을 시원하게 흔들어주는 좋은 추억의 바람이다. 그 바람 때문에 그는 우물에 비친 자기 모습을 마침내 그리운 추억으로 받아들일 수 있게 된다.
  그러나 바람은 시인의 마음에 고민을 가져오기도 한다.

30 봄바람의 고민에 짜들고 녹음의 권태에 시들고, 가을 하늘 감상에
   울고,　　　　　　　　　　　　　　　　　　「화원에 꽃이 핀다.」

봄바람은 청춘의 설레는 마음을 일으킨 끝에 결국에는 이루어지지 않은 꿈으로 말미암아 고민을 낳는다. 자의식이 강한 심성에 자연의 온갖 현상이 무의미, 불만, 불안으로 화할 위험이 있다.

6 문득 이파리 흔드는 저녁 바람에 솨 무섬이 옮아 오고.「산림」3

10 가슴을 짓밟고 이파리를 흔드는 저녁 **바람**이 솨 공포에 떨게 한다.
「산림」2

6 과 10 에서 바람은 기상 현상으로 시작하지만 차차 마음 속에 무서움을 일으키는 힘이 된다. 특히 이 바람은 가녀린 이파리를 흔드는 기운이었다가 드디어는 모든 흔들림을 괴로워하는 시인의 예민한 의식을 아프게 흔든다.

8 하늘을 우러러 한 점 부끄럼이 없기를, 잎새에 이는 **바람**에도 나는
괴로워했다.   「서시」

이런 반응이 누적되면 바람은 시원하거나 차거나 한 피부적인 지각의 대상이 되기보다 의식의 어떤 작용을 암시하는 말(의미)이 된다.

16 어둠과 **바람**이 우리 창에 부닥치기 전, 나는 영원한 사랑을 안은
채 뒷문으로 멀리 사라지련다.   「사랑의 전당」
23 방은 우주로 통하고 하늘에선가 소리처럼 **바람**이 불어 온다
「또 다른 고향」

16에서는 바람은 어둠과 짝하여 매우 두려운 세력이 된다. 23에서는 바람은 무서운 어둠 속에 알 수 없이 위협하는 듯한 소리가 된다. 이렇게 생기는 무서움은 나쁜 마음 흔들림이다.
「바람이 불어」라는 시에서 바람은 시인의 의식을 두렵게 흔들어 놓는 힘이 된다.

20 바람이 어디로부터 불어 와 어디로 불려 가는 것일까?

「바람이 불어」

21 바람이 부는데 내 괴로움에는 이유가 없다.　　「바람이 불어」

22 바람이 자꾸 부는데 내 발이 반석 위에 섰다.　「바람이 불어」

　바람은 23에서와 같이 그에게 어떤 어려운 대답을 하라는 무서운 "소리"처럼 그를 휩싸고 분다. 바람은 우선 바람의 향방에 대한 의문을 그의 마음 속에 불어 일으킨다. 그 자리에 선 채 어쩔 줄 모르고 있는 그에게 바람이 어디로부터 어디로 가는지를 스스로 묻게 하고 자기도 어디론가 가야한다고 느끼게 한다. 바람은 그의 괴로움의 이유를 대라는 듯하기도 하고 그냥 서 있지 말고 덮어놓고 움직여 가라는 듯하기도 하는 무서운 힘이다.

　그러나 조금이라도 시원하게 불어 타는 마음을 식혀줄 바람이 아주 없을 때도 있다.

27 슬프지도 않은 살구나무 가지에는 **바람조차** 없다.　　「병원」

　그는 마음을 흔들어 놓는 바람을 바라지 않지만 바람이 "위로"가 될까 하여 바란다. 그러나 바람은 불지 않는다. 이처럼 바람의 부재도 괴롭다. 자연과의 교감이 끊어져서 살구나무는 그 아래 누워 가슴앓이 하는 사람에게 전혀 무관심하다. 아마도 이렇게 자연과 단절된 인간의 소외가 시인에게 가장 큰 절망을 가져다 주었을 것이다.

　이제 「서시」의 두 바람으로 돌아가 본다. 처음에 윤동주는 "잎새에 이는 바람에도 괴로워했다"고 했다. 이때 바람은 가만히 있으려고 하는 것을 흔드는 힘이다. 그런데 그는 끝줄에서 "오늘밤에도 별이 바람에 스치운다"고 한다. 아래에서 「서시」를 읽으면서 필자가 강조하듯이[14] 처음에 그는 시제를 "괴로워했다"는 과거로 썼다. 전에는 조금의 타협도 있을 수 없는 고고함, 고결함을 생의 최고최선의 목적으로 삼았었다. 그러나 지금의 마음으로는 온갖 바람에 마구 흔들리는 "모든 죽어가는 것을 사랑해야지 / 그리고 나한테 주어진 길을 걸어가야겠다"고 미래의 자기 행동을 다짐한다. 즉 의미상 미래 시제이다. 그리고는 결론적으로 "오늘밤에도 별이 바람에 스치운다."고 현재 시제로 맺는다. 지상의 잎새 하나라도 흔드는 바람이 못마땅하던 태도에서 그의 노래의 대상이 되는 별에 바람이 스치는 것을 받아들이는 태도로 지양하는 것이다. 리듬과 의미의 결론이 되는 마지막 줄에서 "오늘밤에도 별이 바람에 스치운다"고 할 때 그가 별이 바람에 스치어서 근심하고 괴로워한다는 기미가 전혀 느껴지지 않고 도리어 희망이 있음을 기뻐하는 그의 어조를 들을 수 있다. 이 시는 이전의 생각을 접고 새로이 다짐하는 시이다. 그와 동시에 앞의 바람은 가만히 있고파하는 약한 것을 흔드는 바람이었다면 뒤의 바람은 높은 데까지 거의 이를 수 있는 바람, 곧 바람(望)의 바람, 희망의 바람이 되는 것이다. 위에서 보듯 바람은 그에게 여러 뜻으로 쓰이는데 이 시에서는 한꺼번에 두 뜻을 다 썼다고 하겠다. 너무 짧은 순간에 이러한 변화가 일어나 독자들은 상당히 당황하거나 이해의 혼란을 겪지만 이렇게 과거, 미래, 현재의 시제에 의한 단계적 전개를 예의 주시하며 읽으면 확실히 감동하며 읽을 수 있다[15].

---

[14] 아래의 6. "'서시'의 시학(1)", 7. "'서시' 시학 (2)에서 이를 집중적으로 다룬다.
[15] 대부분의 평자들은 그렇게 "별에 스치"우는 바람이 나쁘고 더러운 바람이라고 해석한다. 예컨대 이승훈은 "미래의 아름다운 삶이 과거의 괴로웠던 삶의 영향 속에서 아직도 흔들리고 있으며, 이러한 흔들림, 곧 미래의 삶에 대한 불안"을 나타낸다고 본다(「윤동주의 <서시> 분석」, 권영민 엮음, 446.) 다시 말하면 「서시」는 지금 별이 바람에 스치우는 까닭에 윤동주의 불안을 표출하는 시라는 기이한 해석이다. "나한테 주어진 길을 걸어가야" 하는 윤동주의 발걸음이 몹시 흔들린다

다음으로 별에 대하여 알아본다. 별에 더하여 **별나라, 별빛, 별똥,** 운석 등의 용례도 검토한다. 별은 22번, 여기에 합성어 등을 합치면 29번이 된다. 22번만 해도 윤동주 말뭉치에서 빈도 순위가 37째이니 상당히 높다고 할 수 있다. 현대 국어 말뭉치에서는 빈도 순위가 1346에 지나지 않는다. 분명히 윤동주의 특별한 의도가 실린 말이다. 그런데 그는 「별 헤는 밤」에서 그 반수가 넘는 12번이나 썼고 **별빛**까지 합하면 13번이나 썼으므로 「별 헤는 밤」은 문자 그대로 많은 별을 헤아리는 시이다.

1 별 하나에 추억과 별 하나에 사랑과   「별 헤는 밤」
2 별 하나에 추억과 별 하나에 사랑과 별 하나에 쓸쓸함과
                                                          「별 헤는 밤」
3 별 하나에 추억과 별 하나에 사랑과 별 하나에 쓸쓸함과
                                                          「별 헤는 밤」
4 별 하나에 사랑과 별 하나에 쓸쓸함과 별 하나에 동경과
                                                          「별 헤는 밤」
5 별 하나에 쓸쓸함과 별 하나에 동경과 별 하나에 시와
                                                          「별 헤는 밤」
6 별 하나에 동경과 별 하나에 시와 별 하나에 어머니, 어머니.
                                                          「별 헤는 밤」
7 어머님, 나는 별 하나에 아름다운 말 한 마디씩 불러 봅니다.

는 말이다. 이승훈의 온갖 기묘한 도식이 그런 결론에 도달하게 해 주는 모양이다. 그러나 이어령은 "별을 노래하는 마음이 모든 죽어 가는 것들을 사랑하는 것과 같듯이, 여기에서는 잎새에 이는 바람이 별을 스치는 바람이 된다… 잎새에 이는 바람에는 괴로워하지만, 별에 스치우는 바람에는 환희와 사랑의 마음이 있다. 영원을 향한 의지의 길이 있는 것이다(「어둠에서 생겨나는 빛의 공간, 윤동주의 <서시> 분석」, 권영민 엮음, 459, 460)."라고 해석하는데 이는 필자의 해석에서 멀지 않다.

「별 헤는 밤」
8 「별 헤는 밤」
9 『하늘과 바람과 별과 시』
10 나무 틈으로 반짝이는 **별**만이 새 세기의 희망으로 나를 이끈다.
「산림」1
11 나무 틈으로 반짝이는 **별**만이 새날의 희망으로 나를 이끈다.
「산림」2
12 밤이면 수많은 **별**들과 오순도순 이야기할 수 있고
「별똥 떨어진 데」
13 하늘은 푸르다 못해 농회색으로 캄캄하나 **별**들만은 또렷또렷 빛난다.　　　　　　　　　　　　　　　　「별똥 떨어진 데」
14 가지가지 사이로 반짝이는 **별**들만이 새날의 향연으로 나를 부른다.
「산림」3
15 나는 아무 걱정도 없이 가을 속의 **별**들을 다 헬 듯합니다.
「별 헤는 밤」
16 그러나 겨울이 지나고 나의 **별**에도 봄이 오면　　「별 헤는 밤」
17 **별**을 노래하는 마음으로 모든 죽어 가는 것을 사랑해야지.「서시」
18 태양을 사모하는 아이들아, **별**을 사랑하는 아이들아,
「눈 감고 간다」
19 가슴 속에 하나 둘 새겨지는 **별**을 이제 다 못 헤는 것은
「별 헤는 밤」
20 오늘밤에도 **별**이 바람에 스치운다.　　　　　　　「서시」
21 이네들은 너무나 멀리 있습니다. **별**이 아슬히 멀 듯이.
「별 헤는 밤」
22 보아라! 저 **별**이 번쩍 흐른다. 별똥 떨어진 데가 내가 갈 곳인가

보다. 「별똥 떨어진 데」

다음은 **별나라**, **별똥**, **별빛**, 운석 등 별의 합성어 또는 관련어 용례들이다.

23 꿈에 가 본 엄마 계신 **별나라** 지돈가? 「오줌싸개 지도」
24 산골의 사람 감자 구워 먹고 살고 **별나라** 사람 무얼 먹고 사나?
「무얼 먹고 사나」
25 「**별똥** 떨어진 데」
26 보아라! 저 별이 번쩍 흐른다. **별똥** 떨어진 데가 내가 갈 곳인가?
「별똥 떨어진 데」
27 하면 **별똥아**! 꼭 떨어져야 할 곳에 떨어져야 한다.
「별똥 떨어진 데」
28 나는 무엇인지 그리워 이 많은 **별빛**이 내린 언덕 위에 내 이름자를 써 보고 「별 헤는 밤」
29 그러면 어느 운석 밑으로 홀로 걸어 가는 슬픈 사람의 뒷모양이 나타나 온다. 「참회록」

「별 헤는 밤」에서 별은 윤동주가 사랑하고 그리워하는 모든 구체적 대상(패, 경, 옥 같은 사람 등)과, 추상적 대상(사랑, 동경, 쓸쓸함 등)들을 표상한다. 하늘에 무수한 별이 있듯이 그가 사랑하고 그리워하는 것이 이 세상에 무한히 많을 것이다. 그러나 그의 사랑하고 그리워하는 것이 지금 그와 함께 있지 않고 "이네들을 너무나 멀리 있습니다. 별이 아슬히 멀듯이." 잠이나 릴케의 시집은 그가 금방 펴볼 수 있지만 그가 처한 답답한 상황에서는 그들의 시가 구현하는 아름다운 세계는 아득히 멀 뿐이다. 그리고 가장 사랑하지만 가장 멀리 있다고 느껴지는 대상은 어머니이다. "어머님, 그리고 당신은 멀리 북간도에 계십니다."

그러나 별은 아슬히 멀리 있지만 또렷이 빛난다. 그만큼 그가 그리워하는 대상들은 멀리 있으면서도 그의 마음속에 또렷하다. 그처럼 또렷하면서도 너무나 멀리 있어 언제나 그립다. 그러한 별 중에는 "16 그러나 겨울이 지나고 나의 **별에도** 봄이 오면"(「별 헤는 밤」)이 말하듯 자기 자신을 표상하는 별도 있다는 것이 중요하다. 이것은 그가 자기 자신으로부터도 멀리 떨어져 있어 자기를 그리워한다는 말이다. 「자화상」에서도 자기를 그리워한다는 말이 나온다.

그런데 윤동주는 머나먼 별에 대하여 그리움만 느낀 것은 아니다. "10 나무 틈으로 반짝이는 **별만**이 새 세기의 희망으로 나를 이끈다."에서 분명히 말하듯이 별은 또렷한 희망의 표상도 된다. 11, 14 도 마찬가지다. 수필 「별똥 떨어진 데」에서는 "13 하늘은 푸르다 못해 농회색으로 캄캄하나 **별들만**이 또렷또렷 빛난다."고 말하여 그가 다른 데서는 한껏 높이곤 하는 하늘보다도 또렷이 빛나는 별들을 더 예찬하는 것 같다. 별은 어둠 속에서 더욱 선명하게 빛난다.

별똥은 움직이지 않고 빛나던 별이 더 밝게 빛나면서 빨리 움직이다 사라지는 현상이다. 우리가 아잇적에 떨어진 별똥을 주우면 소원을 이룰 수 있다는 말이 있었는데, 이 글에서도 윤동주는 "26, 27 보아라! 저 별이 번쩍 흐른다. **별똥** 떨어진 데가 내가 갈 곳인가? 하면 **별똥**아! 꼭 떨어져야 할 곳에 떨어져야 한다"고 외친다. 별똥 떨어진 데가 그의 생의 목표를 가리키니까 꼭 줍고 싶다는 것이다. 떠 있으나 떨어지나 별은 희망을 표상한다.

그런데 "별똥"은 아이들이나 보통 사람이 일상 생활에서 쓰는 말이고 공부 많이 한 어른들은 "운석"이라는 과학적인 용어를 쓴다. 윤동주가 "29 그러면 어느 **운석** 밑으로 홀로 걸어 가는 슬픈 사람의 뒷모양이 나타나 온다."에서처럼 "별똥" 대신 "운석"이라는 말을 쓸 때, 그것은 문자 그대로 별이 싼 똥, 즉 떨어져 버린 별, 곧 "절망"을 나타내니 둘은 형태상 동의어이지만 내용상 반대어가 된다.

한편 "28 이 많은 **별빛**이 내린 언덕 위에 내 이름자를 써 보고"에서, "언덕에 내린 별빛"은 딱히 "별똥"이나 "운석"은 아니지만 어쨌든 하늘의 별이 언덕에 내린 것이니까 별똥이나 운석과 비슷한 데가 있다. 이런 "별똥"–"운석" 아래 자기 이름을 써서 묻는 것은 희망과 절망을 동시에 나타낸다고 볼 수 있다. "별똥"이 떨어진 데에 자기 이름을 쓰는 것이라면 그것은 희망의 성취를 말하고 "운석"이 떨어진 데다 이름을 쓰고 그것을 흙으로 덮는다면 그것은 즉 매장하는 것이니 죽음을 뜻한다. 착잡한 그의 심정을 이 한 구절에서도 엿볼 수 있다.

끝으로 "시"의 용례를 본다.

1 『하늘과 바람과 별과 詩』
2 「쉽게 씌어진 詩」
3 『나의 습작기의 시 아닌 詩』
4 『나의 습작기의 詩 아닌 시』
5 인생은 살기 어렵다는데 詩가 이렇게 쉽게 씌어지는 것은 부끄러운 일이다. 「쉽게 씌어진 시」
6 詩라는 것을 반추하다 마땅히 반추하여야 한다. 「야행」
7 시인이란 슬픈 천명인 줄 알면서도 한 줄 詩를 적어 볼까?
「쉽게 씌어진 시」
8 별 하나에 동경과 별 하나에 詩와 별 하나에 어머니, 어머니.
「별 헤는 밤」
9 다닥다닥 나란히 한 초가들이 아름다운 詩의 화사가 될 수 있다는

것은 「별똥 떨어진 데」

위에서 보듯 "시"는 그의 시 원고집이나 작품의 제목에 주로 나타나므로 그만큼 공식적인 의미를 가지고 있다고 할 수 있다. 그 밖에 시 자체 안에서는 5번 썼으니 많이 썼다고는 할 수 없다.

그러나 그는 "노래/노래하다"라는 말로 "시"라는 '공식적'인 말을 우회하였다고 생각된다. 우리도 "노래"라는 말을 "시"라는 뜻으로 자주 쓴다. 예컨대 "꽃을 노래한 시인"이라는 말은 "꽃을 소재로 한 시를 쓴 시인"이라는 말이다. 그래서 필자는 『윤동주 말뭉치』에서 "노래/노래하다"의 용례도 "시"의 용례에 합하여 다루기로 했다. "노래/노래하다"만은 18개이고 여기에 "시"를 합하면 모두 27개이니 적지 않다. 시와 노래가 다른 점은 노래는 시에 비하여 운율적인 말이며 즐거움에 대한 자연적 반응이라는 뜻을 더 많이 함축한다는 것이다. 이 점을 고려하면 윤동주가 시를 운율적 언어로 표현되는 자연스러운 감정의 발로로 간주하였다고 할 수 있다.

10 사람들은 해가 넘어 가기 전 이 **노래** 끝의 공포를 생각할 사이가 없었다. 「삶과 죽음」
11 니는 **노래** 배울 어머니도 아버지도 없나 보다. 「야행」
12 거리의 소음과 **노래** 부를 수 없도다. 「산골물」
13 그네는 **노래** 부를 줄 몰라 오늘밤도 그윽한 한숨으로 보내리니 「야행」
14 오늘도 죽음의 서곡을 **노래**하였다. 이 **노래**가 언제나 끝나랴. 「삶과 죽음」
15 나래와 **노래**가 없음인가, 가슴이 답답하구나. 「종달새」

16 명랑한 봄 하늘 가벼운 두 나래를 펴서 요염한 봄 노래가 좋더라.
「종달새」
17 내 노래는 오히려 설운 산울림.　　　　　「산협의 오후」
18 휘파람 부는 햇귀뚜라미의 노래는 마디마디 끊어져 그믐달처럼 호젓하게 슬프다.　　　　　　　　　　　　　　　　「야행」
19 그리고 소낙비 그친 뒤같이도 이 노래를 그친 자가 누구뇨?
「삶과 죽음」
20 솔바람이 불어 오고, 심심하면 새가 와서 노래를 부르다 가고,
「별똥 떨어진 데」
21 하늘 복판에 알 새기듯이 이 노래를 부른 자가 누구뇨?
「삶과 죽음」
22 바다는 자꾸 섧어진다. 갈매기의 노래에…　　　「바다」
23 뼈를 녹여 내는 듯한 삶의 노래에 춤을 춘다.　「삶과 죽음」
24 별을 노래하는 마음으로　모든 죽어 가는 것을　사랑해야지.
「서시」
25 노래하던 종달이 도망쳐 날아나고,　　「꿈은 깨어지고」
26 삶은 오늘도 죽음의 서곡을 노래하였다. 이 노래가 언제나 끝나랴.
「삶과 죽음」
27 알롱알롱 무지개. 노래하자 즐겁게.　　　　　　「햇비」

위의 노래/노래하다의 용례들을 보면 18개 중 6개는 「삶과 죽음」이라는 습작품에 쓰인 것이다. 「삶과 죽음」은 조숙한 문학소년이 감명 깊게 읽은 듯한 시문에서 배운 거창한 개념과 심상을 다소 막연하게 써본 것이다. 삶은 온갖 동작과 소음이 벌어지는 시간인데 처음이 있으니 반드시 끝도 있을 것이나 사람들은 오로지 사는 것만 알고 신나게 움직이고

떠든다. 그런데 특별히 "21 하늘 복판에 알 새기듯이" 삶을 최고로 구가하고는 "19 소낙비 그친 뒤같이" 삶을 마감한 사람들은 위인들이지만 죽어서 뼈만 남았으니 그것이 죽음에 대한 승리인가? 하고 어린 시인은 부르짖는다. (이 습작품에서 "하늘 복판에 알 새기듯이"라는 비유는 상당히 인상적이다. 맑은 하늘 복판에 정오의 해가 마치 달걀노른자처럼 높이 떠 있듯이 인생을 최고로 멋있게 산 사람을 최고의 노래를 부른, 즉 인생을 가장 소리 높여 구가한 사람에 비한 것이다.) 이 시에서 노래는 시와는 관계가 거의 없고 "구가謳歌"한다는 일반적인 뜻을 가지고 있다. 이 시 밖에도 **노래/노래하다**는 거의 전부 윤동주의 습작품에서 쓰였다는 것과 많은 경우에 있어 새나 곤충 같은 자연 생물이 내는 (사람이 듣기에 좋은) 소리라는 뜻으로 썼다는 사실에 주목하게 된다.

「야행」에서 윤동주는 "시"와 "노래"를 대비시키고 있어 자못 흥미롭다. "18 휘파람 부는 햇귀뚜라미의 **노래**는 마디마디 끊어져 그믐달처럼 호젓하게 슬프다."고 평하고 직접 귀뚜라미에게 "11 니는 **노래** 배울 어머니도 아버지도 없나 보다"고 말한다. 마디마디 끊어져서 슬프기만 하므로 좀더 성숙하게 줄기차게 노래하는 법을 배우라고 하니 귀뚜라미는 보리밭에 식구들이 다 있지만 노래 부를 줄은 모르므로 다만 한숨으로 밤을 지샐 것이라고 대답한다. 무슨 뜻인가? 윤동주는 자기를 햇귀뚜라미, 또는 작은 보헤미언에 비하면서 혼자 노래를 익혀 부르지만 부모는 노래 따위에는 관심이 없다는 말일까? 그래서 깊은 한이 서려 있어도 노래로 표현하지 못하고 단지 한숨만 쉰다는 말인가? 윤동주의 부모가 그의 시재를 알아보았다거나 그의 문학적 소질을 북돋아주었다는 증거는 없으니 그렇게 해석할 수도 있을 듯하다. "6 사색의 포플러 터널로 들어간다./ 詩라는 것을 반추하다. 마땅히 반추하여야 한다"고 말하는 것을 보면 그는 소년 시절에 이미 생각에 잠기면 시를 반추하게 되든가 또는 반드시 시를 반추하도록 훈련해야 한다고 다짐한다.

「야행」이란 밤에 몰래 다님, 곧 부모 몰래 그가 혼자 시인이 될 것을 꿈꾸는 내용이라 할 수 있다. 자연 생물처럼 타고난 본능에 따라 노래하는 것으로 족하지 않고 "사색의 터널"로 깊이 침잠하며 반추하고 반추하는 깊은 시인이 될 것이라는 말이다. 이렇게 깊은 사색 속에서 반추하는 것이 시라고 믿은 그는 「별똥 떨어진 데」에서 한국의 납작한 초가집 동네를 "시의 화사華詞"로 삼곤 하던 당시의 낭만적, 유미주의적 유행을 비판한다. 그런 열악한 주거환경에서 살아야하는 한국인의 비참한 현실을 외면할 수 없었던 것이다.

그런데 감정의 자연스러운 발로로서의 운율적 언어라는 뜻의 "노래"를 습작기에서만 쓰고는 내내 안 쓰다가 「서시」에서 다시금 "별을 노래하는 마음으로 모든 죽어 가는 것을 사랑해야지"라고 쓴 이유를 알 수 있을까? 아마도 청소년 시절의 순진함을 되찾아 다시금 높은 이상을 노래하는, 다시 말하면 자연스러운 감정을 운율적으로 풀어내는 마음으로 "모든 죽어가는 것을 사랑"하겠다는 것이 아닐까? 청소년 시절에는 "모든 죽어가는 것을 사랑"하리라는 어른다운 다짐은 없었다. 단지 한낮의 태양처럼 찬란하게 삶을 구가하고는 갑자기 죽어 없어진 위인들에 대한 예찬과 한탄이 있을 뿐이었다. 그런데 "모든 죽어가는 것을 사랑"하는 것은 인도주의적이고 종교적인 태도이지만 윤동주는 그러한 사회적, 종교적 위인이 되려는 것이 아니라 별을 노래하는 시인-글 쓰는 사람이 되겠다는 것이다. 이처럼 "별을 노래하는 마음"은 상당히 복합적인 뜻을 함축한다.

윤동주는 "별을 노래하는 마음으로 모든 죽어가는 것을 사랑"한다는 것이 얼마나 어려운 일인지를 절실히 인식한다. 그래서 그는 「쉽게 씌어진 시」에서 시인 되는 것이 "슬픈 천명"임을 고백한다. 하늘이 정해

준 운명이니 피할 수 없어 부모의 기대를 저버리고 이름마저 빼앗기면서 일본 땅에 와서 우리말로 시를 쓰고 있는 것이다. "5 인생은 살기 어렵다는데 詩가 이렇게 쉽게 씌어지는 것은 부끄러운 일이다"라고 말하지만 그는 결코 시를 쉽게 쓸 수 없었다. 현실을 외면한 채 단지 초가집을 아름답다고만 묘사하는 시야말로 쉬운 시일 것이다. 그의 「쉽게 씌어진 시」는 가장 어렵게 씌어진 시이다. 제목에 그의 아이러니가 깊이 박혀 있다.

3 윤동주의 "부끄러움"

윤동주에 관하여 "부끄럼"의 시인, "부끄럼"의 미학, 절대적 결벽의 표현으로서의 "부끄러움" 등등 "부끄럼"은 그의 특질로 간주되고 있다.[16] 확실히 그는 통상적인 의미로 부끄럼을, 수줍음을 잘 타는 성격이었던 것 같다. 그러나 그의 "부끄럼"이 그의 글에서 어떤 구실을 하는지, 어떤 구조적 의미를 가지는지를 더 자세히 따져보아야 할 것이다.[17]

그의 말뭉치를 보면 그는 "부끄럽다"와 그 파생어를 문맥에 따라 어떻게 다르게 썼는지를 한눈으로 알 수 있다.

---

[16] 오세영은 李尙燮이 윤동주를 "'부끄러움의 미학'에서 해명하려는 시도"를 한 사람의 하나로 지목했는데(「윤동주의 반성」, 이선영 편, 119), 그것이 필자의 한자 이름을 잘못 적은 것이라면, 필자는 그런 적이 없는 듯하다.

[17] 송우혜는 『윤동주 평전』(140-142쪽)에서 윤동주의 부끄러움의 뿌리를 그가 숭실중학 입학 시험에 처음 불합격해서 일년 재수했다는 전기적 사건에서 찾지만 그제나 이제나 꽤 흔한 그 소년기의 경험이 그의 "부끄러움"의 미학의 출발이 되었다고 하기는 참 어렵다.

부끄럽다
1 딴은 밤을 새워 우는 벌레는 **부끄러운** 이름을 슬퍼하는 까닭입니다.
「별 헤는 밤」
2 시가 이렇게 쉽게 씌어지는 것은 **부끄러운** 일이다.
「쉽게 씌어진 시」
3 비둘기 한 떼가 **부끄러울** 것도 없이 나래 속을 속, 속, 햇빛에 비춰 날았다. 「사랑스런 추억」
4 현대 학생 도덕이 부패했다고 말합니다. **부끄러울** 따름입니다.
「화원에 꽃이 핀다」
5 이브가 해산하는 수고를 다하면 무화과 잎사귀로 **부끄런** 데를 가리고 나는 이마에 땀을 흘려야겠다. 「또 태초의 아침」
6 그 젊은 나이에 왜 그런 **부끄런** 고백을 했던가! 「참회록」
7 돌담을 더듬어 눈물짓다 쳐다보면 하늘은 **부끄럽게** 푸릅니다.「길」

부끄러워지다
8 코스모스 앞에 선 나는 어렸을 적처럼 **부끄러워지나니**,「코스모스」

부끄럼
9 죽는 날까지 하늘을 우러러 한 점 **부끄럼**이 없기를, 잎새에 이는 바람에도 나는 괴로워했다. 「서시」

위의 용례들에서 보듯이 윤동주는 모두 아홉 군데에서 "부끄럽다"와 그 파생어를 썼다. 아홉 군데의 문맥이 서로 모두 달라 적어도 뜻이 아홉 가지나 되고 그 아홉 뜻이 윤동주의 "부끄럼"의 세계를 이룬다고 하겠다. 번거로움을 피하기 위해 각 용례 앞에 붙인 일련 번호로 그 각각을 가리키기로 한다. 아래에서 각 용례가 나오는 부분을 인용한다. 용례는 각 해당 어절의 가나다순으로 되어 있으므로 그 창작 시기는 선후가 뒤바뀔 수가 있다. 그러나 창작 시기의 순서를 따라 설명하는 것은 "부끄러움"의 뜻의 변화가 시간적 궤적을 가진다는 전제가 될 수 있어 그 말의 폭을 알아보려는 우리의 의도와는 걸맞지 않으므로 그대로 가나다순에 따른다.

    1 나는 무엇인지 그리워
      이 많은 별빛이 내린 언덕 위에
      내 이름자를 써보고
      흙으로 덮어 버리었습니다.

      딴은 밤을 새워 우는 벌레는
      부끄러운 이름을 슬퍼하는 까닭입니다. 「별 헤는 밤」

  맑은 가을 밤 하늘의 별들을 쳐다보는 것은 다함없는 즐거움이지만 멀리 있는 별은 지금은 멀어진 고향의 옛날과 특히 어머니를 그리워하게 한다. 그런데 차분한 그리움 속에 어머니를 생각하던 윤동주는 갑자기 울컥하면서 돌연한 감정의 변화를 겪는다.
  조금 전까지 별을 헤면서 어머니, 시인들, 옛 학교 동무들, 짐승 등 실제 사람과 사물들을 기억 속에 떠올리며 그리워하던 그가 갑자기 막연한 그리움("나는 무엇인지 그리워")에 사로잡혀 뜻밖의 행동을 한다. "어머님, / 그리고[18] 당신은 멀리 북간도에 계십니다"고 하면서 일제에

---

[18] 여기 "그리고"는 우리 마음을 이상한 힘으로 두드리는 말이다. 보통 글에서는 아예 없든지 "그런데" 쯤으로 썼음 직하지만 윤동주는 앞과 뒤를 동등하게 이어주는 데 쓰는 연결 부사를 이 자리에 써서 그의 마음이 심상치 않게 돌아감을 암시한다.

쫓긴 조선 사람들이 사는 이방 땅을 떠올리자 그의 "그리움"의 성질이 갑자기 변하는 것이다. 이것은 방금 전까지의 그리움과 사뭇 다른 종류의 그리움이다. 이 그리움은 달콤한 추억에서 오는 것이 아니라 어떤 두려움, 불안, 상실감에서 오는 알 수 없는 마음이다. 하늘을 쳐다보던 그의 시선이 땅으로 쏠린다. 하늘에서 빛나던 별은 이제 지상의 언덕에 내린 빛이 된다. (별이 정말로 지상에 떨어지면 별똥이 된다. 그런 별똥 아래로 걸어가는 자신의 모습을 조금 뒤에 「참회록」에서 그는 보게 된다.) 별빛이 내린 언덕은 "지금은 남의 땅, 빼앗긴" 언덕이다. 이때에 그가 느끼는 "그리움"은 그가 실제로는 한번도 살아보지 못한 자유로운 땅, 자유로운 삶에 대한 애타는 그리움인 동시에 어떤 막막한 두려움에 휩싸인 정서이다.

바로 다음 행에 그것이 밝혀진다. 그는 이 땅의 언덕에다 자기 이름을 썼다가 흙으로 덮는다. 어떤 물건에 자기 이름을 새기면 그것이 자기 것이란 표시이다. 그런데 윤동주가 빼앗긴 남의 땅에 자기 이름을 쓰는 것이 허락되지 않는다. 게다가 그는 이른바 "창씨개명"을 두어 달 앞두고 있다. 흙으로 자기 이름을 덮는다는 것은 곧 잃어버릴 자기 이름을 땅에 묻는 행위이다. 이름은 동양인, 특히 한국인에게는 목숨과도 같은 것이다. 그것을 빼앗기는 것은 목숨을 빼앗기는 것과 같다. 우리가 목숨보다 귀중히 여기는 "명예名譽" 즉 "이름"의 값어치를 말한다. 서양에서는 명예를 "호노르honor"라 하는데 이 말은 이름과는 전혀 상관이 없다. 이름의 중요성을 잘 알기에 일제는 한국인의 이름을 빼앗고자 했던 것이다. 그러므로 이름을 땅에 묻는 것은 죽은 자기를 "매장"하는 것과 같다. 그래서 생긴 "그리움"은 보통 그리움이 아니라 일제하의 민감한 한국 청년이 억지로 삼킨 온갖 설움과 불안과 상실감과 분노를 포괄하는 것이다.

이런 상황에서 그는 자기 심정을 밤을 새워 우는 벌레에게 전이시킨다. "딴은"은 윤동주가 몇 번 쓴19 , 좀 특이한 문장부사로서 대략 "하기는", "잘 따지고 보면"이라는 뜻을 가진다. 방울벌레나 귀뚜라미나 베짱이가 우는 것은 물론 자기 이름이 부끄럽기 때문이 아니지만, "잘 따지고 보면" 또는 "듣기에 따라서는" 그런 벌레들이 "슬프게" 울고 슬프게 우는 까닭은 "부끄러운 이름"을 얻게 된 때문이라고 할 수 있다는 것이다. (하기는 그런 벌레들도 한국 고유의 이름을 잃고 일본식 이름으로 불릴 날이 멀지 않을 판국이었다. 우리말이 말살되면 일어로 글을 써야 하는 세상이 곧 올 것 같았다.) 그러니까 여기의 "부끄러움"은 일제의 강압에 못 이겨 목숨 같은 제 이름을 버릴 수밖에 없어 생기는 치욕감을 뜻한다고 할 수 있다.

윤동주는 그의 글 중 단지 「별 헤는 밤」에서만 "이름(일홈)"과 "이름자(일홈자)"라는 낱말을 아주 많이, 여덟 번이나 썼다. 곧 잃어버릴 자기 "이름"에 대하여 그리고 수많은 사랑스런 이름들에 대하여 그만큼 그는 애타는 그리움을 느꼈던 것이다. 곧 잃어버려 한없이 그리워질 이름들을 별을 헤면서 하나씩 불러 별을 사랑하는 마음으로 모든 죽어가는(즉 이름을 잃어버릴) 것들을 부르는 것이 이 바로 이 시이다.

---

19 윤동주는 "딴은"을 다음과 같이 네 번 썼다.
  딴은 밤을 새워 우는 벌레는 부끄러운 이름을 슬퍼하는 까닭입니다. 「별 헤는 밤」
  딴은 얼마의 단어를 모아 이 졸문을 지적거리는 데도 「화원에 꽃이 핀다」
  기차에서 만난 사람은 지기라는 것이다. 딴은 그러리라고 얼마큼 수긍하였댔다. 「종시」
  딴은 사랑스런 아가씨를 사유할 수 있는 아름다운 상화도 좋고 「달을 쏘다」
  위의 용례들에서 볼 수 있듯이 윤동주는 "딴은"을 「별 헤는 밤」 말고는 모두 산문에서 썼다.

2 인생은 살기 어렵다는데
시가 이렇게 쉽게 씌어지는 것은
부끄러운 일이다.
육첩방은 남의 나라
창 밖에 밤비가 속살거리는데,

등불을 밝혀 어둠을 조금 내몰고,
시대처럼 올 아침을 기다리는 최후의 나.

나는 나에게 적은 손을 내밀어
눈물과 위안으로 잡는 최초의 악수. 「쉽게 씌어진 시」

교토에 간 윤영춘이 조카 윤동주의 하숙방에 들렀을 때 윤동주가 "남의 나라 육첩방"에서 쓴 적지 않은 시 원고를 보았고 또 그가 후쿠오카 감옥에 면회하러 갔을 때 윤동주가 우리말로 쓴 자기 글 뭉텅이를 검사의 명령으로 일어로 번역하고 있는 것을 보았다고 했다. 일본 유학기간은 실제로 그리 길지 않았으나 그는 문학 창작에 전력 정진했던 것 같다.

"육첩방"은 우리 평수로 세 평밖에 안 되는 공간이지만 그나마도 남의 나라이고 기껏 일본식 영어 발음으로 가르치는 늙은 일본 교수의 영문학 강의를 듣자고 부모가 땀 흘려 벌어 보내 준 비싼 학비를 내고 있지만 어쨌든 우리말 시가 자꾸 솟아 나온 것 같다. 아주 몹쓸 상황이었는데도 시는 "쉽게" 많이 씌어졌다고 할 수 있었다. "시인이란 슬픈 천명인 줄 알면서도 한 줄 시를 써볼까" 했지만 바로 그 어쩔 수 없는 "천명" 때문에 그는 한 줄 아니라 몇 백 줄 몇 천 줄의 시를 쓸 수밖에 없었다. 그의 말대로 "다만, 홀로 침전하는" 상태이면서도 솟구쳐 나오는 것은 시였다. 괴로울수록 시가 나왔다. 실상 그가 습작기를 지나 본격적으로 시를 시작한 이래 즐겁고 신나서 쓴 시가 별로 없다. "슬픈 천명"이란 오직 슬픔으로부터만 시를 쓸 수밖에 없음을 뜻한다. 그게 그의 운명이었다. 그는 후쿠오카 감옥 속에서 목숨 갉아먹는 수상쩍은 주사를 맞으면서도 허락만 되었다면 시로써 절망적 아픔을 표현했을 것이다. 그래서 한 달에 한 번만 허락되는 엽서에다 아우에게 "너의 귀뚜라미는 홀로 있는 내 감방에서도 울어준다. 고마운 일이다"[20]라고, 무척이나 "시적인" 글귀를 써 보낼 수 있었다.

이렇듯 괴로움은 터진 상처에서 피가 흘러나오듯 시가 되어 나왔다. 그의 괴로움이 끝이 없으매 그의 시 역시 끝이 없을 터였다. 그렇게 나오는 시를 그는 "쉽게 씌어진 시"라고 한껏 비하하여 말하지만 우리는 그게 얼마나 큰 아픔에서 나온 것인지를 알기에 그의 "부끄러움"을 보통의 결벽이나 수치심이나 자책의 변명으로만 해석할 수 없다. 그는 일본 유학 때려치우고 밀항하여 독립군이 되지 않은 것을 부끄러워하는 것이 아니라 좀더 어렵게, 준열하게 시를 쓰고자하는 열의에서 자기의 현재를 부끄럽다고, 불만족스럽다고 하는 것이 아닐까. 그런 만큼 그의 부끄러움은 다분히 아이러니의 성격을 띠운다.

그런데 그는 바로 이 시 지은 지 몇 주 후 "남의 나라 육첩방"을 떠나 귀향길에 올랐다가 일경에게 체포되어 결국 비극적 죽음을 맞았으니 이것은 진실로 "쉽게" 씌어진 시가 아니라 가장 준열하게 씌어진 그의 최후 작품임이 밝혀진다[21]. 그는 날카로운 시적 예감으로 "시대처럼 올 아침을 기다리는 최후의 나"라고 스스로의 자부심을 나타내고 "최후의 나"가 나와 "최초의 악수"를 함으로써 자기의 부끄러움을 이길 뿐 아니

---

[20] 윤일주, 「윤동주의 생애」『나라사랑』 24집, 외솔회, 161-162쪽. 송우혜, 338쪽에서 다시 따옴.

[21] 1942년 6월 3일 쓴 것이니 현존하는 그의 작품 중 최후의 작품이다. 동년 7월 14일 그는 일경에 체포되었다.

라 자기의 통일된 자아를 긍정한다. 이 경우 그의 부끄러움은 그의 수사적 의도를 넘어 역사적 사실로 인하여 "비극적" 아이러니가 되었다고 하겠다. 이 시는 "부끄러운" 자기를 긍정한다는 그의 가장 중요한 일의 최초이며 동시에 최후가 된 것이기도 하니, 시가 쉽게 씌어진다고 부끄러워하는 내용의 시가 결코 아닌 것이다. 이처럼 "부끄러움"은 광명, 광복에 대한 그의 물러설 수 없는 확신으로 그리고 그 확신이 실현되었으므로 오히려 더할 나위 없는 당당함이 된다.

> 3 봄이 오던 아침, 서울 어느 쪼그만 정거장에서
> 희망과 사랑처럼 기차를 기다려.
> . . . .
> 내 그림자는 담배 연기 그림자를 날리고
> 비둘기 한 떼가 **부끄러울** 것도 없이
> 나래 속을 속, 속, 햇빛에 비춰, 날았다. 「사랑스런 추억」

이 시는 일본 유학 첫 하기 동경의 한 하숙방에 외롭게 거처하며 연전 시절을 그리워하는 내용의 시다. 연전 근처의 신촌역에서 설레는 마음으로 기차를 기다릴 때 비둘기 한 떼가 거리낌 없는 날갯짓을 하던 모습을 회상한다. 하필 신촌역에서 보던 비둘기 떼가 생각났을까? "희망과 사랑처럼 기차를 기다"리던 연전 1, 2학년 시절에 아마도 멋으로 피운 담배[22] 연기와 비둘기가 날던 광경을 그립게 추억한다. 매우 낭만적 장면인데 특히 그는 가까이 나는 비둘기 떼의 하얀 날개 속을 속속들이 다 볼 수 있었던 것을 기억한다. 남들이 다 보아도 조금도 가리려

---

[22] 습작품 「울적鬱寂」(1937.6)에서 "처음 피워 본 담배 맛은 / 아침까지 목 안에서 간질간질타."고 썼는데 이후 그가 담배를 즐겼다는 흔적은 찾을 수 없다. 그래서 신촌역 플랫폼에서도 그냥 멋으로 피웠던 것으로, 날리는 연기가 보기 좋아서 그랬던 것으로 해석된다.

하지 않고 환하게 속을 내놓고 마음껏 활개치는 비둘기 떼는 지금의 그의 형편과 너무나도 크게 대조가 된다고 느낀다. 시시각각 억압의 그물을 조이는 남의 나라 작은 하숙방에 갇혀 외롭게 그리움을 되씹으며 "부끄럽게도 쉽게" 시를 쓰고 있는 그의 추억 속에 비둘기 떼가 유난히도 "부끄러워 할 것" 하나 없이 화닥닥 날개 펴고 날던 기억이 새롭다. 여기서 부끄러움은 아무 거리낌 없는 자유로움의 반대, 곧 남에 대하여 거리끼는 마음, 남과 자신의 시선에서 자유롭지 못함, 그래서 피하고픈 심정을 뜻한다고 하겠다. 요컨대 원초적 순진무구함에 대한 회한이 진하게 들어 있다.

    4 일반은 현대 학생 도덕이 부패했다고 말합니다. 스승을 섬길 줄을 모른다고들 합니다. 옳은 말씀들입니다. 부끄러울 따름입니다. 하나 이 결함을 괴로워하는 우리들 어깨에 지위 광야로 내쫓아버려야 하나요? 우리들의 아픈 데를 알아주는 스승, 우리들의 생채기를 어루만져 주는 따뜻한 세계가 있다면 박탈된 도덕일지언정 기울여 스승을 진심으로 존경하겠습니다. 온정의 거리에서 원수를 만나면 손목을 붙잡고 목놓아 울겠습니다. 「화원에 꽃이 핀다」

    연전 학생 시절에 윤동주는 급우들과 기숙사 대합실, 또는 학교 잔디밭에서 "화원에 꽃이 피듯" 이야기꽃을 피웠다. 이제나 그제나 기성사회는 젊은 학생들이 도덕적으로 부패했다고 비판의 언성을 높인다. 그러나 윤동주는 언필칭 도덕과 윤리를 내세우는 기성사회의 공격적 냉담을 비판하며 청년 학생들의 순진하고 따뜻한 마음씨를 변호한다.
    윤동주 자신이 보더라도 기성사회의 비판을 받을 만한 데도 없지 않아 "부끄러울 따름"이라고 긍정하는 척하지만 그의 근본 의도는 청년 학생을 변호하려는 것이다. 이때의 "부끄러움"은 기성사회가 규정하는 "도덕적 수치"를 뜻하는바 윤동주는 이런 "부끄러움"과는 관계가 거의

없다. 따라서 이런 종류의 부끄러움은 그의 시적 자아와 상관이 없다고
할 수 있다.

> 5 하얗게 눈이 덮이었고
> 전신주가 잉잉 울어
> 하나님 말씀이 들려온다.
>
> 무슨 계시일까.
>
> 빨리
> 봄이 오면
> 죄를 짓고
> 눈이
> 밝아
>
> 이브가 해산하는 수고를 다하면
>
> 무화과 잎사귀로 **부끄**런 데를 가리고
>
> 나는 이마에 땀을 흘려야겠다. 「또 태초의 아침」

아담과 하와(이브)가 선악과를 따먹고 "이에 눈이 밝아 자기들의 몸이 벗은 줄을 알고 무화과 나뭇잎을 엮어 치마를 하였더라"고, 창세기 3장7절에 적혀 있고, 이어 16절에는 "여자에게 이르시되 내가 네게 잉태하는 고통을 크게 더하리니 네가 수고하고 자식을 낳을 것이며," 17절에는 "내가 너더러 먹지 말라 한 나무 실과를 먹었은 즉 땅은 너로 인하여 저주를 받고 너는 종신토록 수고하여야 그 소산을 먹으리라"고 씌어 있다. 이렇게 하여 여자는 해산의 고통을, 남자는 노동의 수고를

통하여 비로소 세상살이를 하게 되었다는 것이 유대-기독교의 기본 신화이다. 벗은 몸의 부끄럼을 모르던 에덴 동산을 떠나 사람은 부끄럼을 알게 된 대가로 실제 세상에서 삶을 위해 애쓰고 수고하여야 하지만 나름대로의 삶의 기쁨을 누릴 수 있는 복을 신은 떠나가는 그들에게 허락하였다. 밀턴은 『잃어버린 낙원』 맨 끝에서 "온 세상이 둘 앞에 펼쳐 있어 쉴 만한 자리를 / 찾을 수 있었으니 섭리가 그들의 길잡이 되었다. / 둘은 서로 손을 잡고 에덴을 가로질러 / 주저주저 느린 걸음 외로운 길 떠났다"[23]고 했다.

하얀 눈이 덮인 들판에 찬바람이 부는 겨울 날, 윤동주는 전신주가 잉잉 소리를 내며 울던 것을 기억한다. 우리가 어렸을 때 아이들은 그 소리가 무슨 뜻이 있다고 했다. 하느님 말씀이 들리는 것이라고도 했다. 윤동주는 유년주일학교에 다니며 그런 이야기를 들었을 법하다. 어릴 때에는 그만큼 하느님이 가까이 계신 것으로 느껴졌었다. 마치 아담과 이브가 선악과 따먹기 전에 그랬던 것처럼. 그러나 일단 세상으로 나서자 하느님은 아주 먼 존재가 된다. 아주 가끔 선지자를 통하여 또는 천사를 통하여 하느님을 만나거나 말씀을 듣게 된다면 다행이다. 윤동주가 「또 다른 고향」에서 "하늘에선가 소리처럼" 부는 바람에 귀를 기울이듯이 여기서도 전신주의 잉잉 소리를 들으며 짐짓 하느님 말씀이 들려온다고 하며 "무슨 계시일까" 한다. 이것은 예전에 아무것도 몰라 도리어 행복하였던 시절에 대한 애틋한 아이러니이며 아직도 그런 신화에 머물고 있는 "원시적" 교인들에 대한 아이러니이기도 하다. 확실한 것은 그처럼 바람이라는 단순한 물리적 현상을 통해 하느님이 어

---

[23] 원문은 "The world was all before them, where to choose / Their place of rest, and Providence their guide. / They, hand in hand, with wandering steps and slow, / Through Eden took their solitary way. (*Paradise Lost* XII, 646-669)

떤 말씀이라도 하는 것이 아니라는 것이다. 그것이 지식의 나무 열매를 따먹은 이후에 약아빠지게 된 어른이 얻은 이성적 지식이다. 그러나 일한 수고의 보람이라는 조건부 복을 바랄 수 있는 경험의 세계를 윤동주는 받아들인다.

다만 그러기 위해서는 "부끄런 데"를 가려야 한다. 즉 순진을 잃은 대가로 얻은 온갖 세상의 지식으로 적나라한 동물적 자기를 가려야 한다. 이성에 대한 동물적 욕망, 자기를 위한 이기적 욕심, 이웃에 대한 부러움, 시기, 가해욕 등의 "부끄러운" 욕구를 위장해야 하는 것이다. 그럼에도 남녀가 비록 수고스럽지만 해산하고 일할 수 있다는 것은 사람에게 남겨진 복이다. 그 복을 얻기 위해서라도 사람은 속히 "죄"를 지어 "눈이 밝아"야 한다. 죄인이 되어야 하느님의 독생자가 자기 몸으로 대속代贖할 만큼 "귀중한" 존재가 된다는 것이니, 이것이 한때 기독교 신학에서 말하던 "행복한 죄felix culpa"라는 것이다. 이 큰 파라독스를 윤동주가 여기서 언급하고 있다.

이 시는 5월 늦은 봄에 썼지만 그는 추운 겨울 내내 웅크리고 있으면서 일 할 수 있는 봄을 고대하던 때를 기억하며 썼을 것이다. 물론 속으로는 조선 땅의 봄, 곧 광복을 애타게 그리워하고 있었을 것이다.

  6 나는 나의 참회의 글을 한 줄에 줄이자.
   만 이십사 년 일 개월을
   무슨 기쁨을 바라 살아 왔던가?

   내일이나 모레나 그 어느 즐거운 날에
   나는 또 한 줄의 참회록을 써야한다.
   그때 그 젊은 나이에 왜
   그런 부끄런 고백을 했던가! 「참회록」

이 "부끄럼"에 대해서는 아래에서 따로 「참회록」을 다루는 부분(169쪽이하)에서 꽤 길게 얘기한다. 거기서도 말하지겠만 겨우 24세인 그가 "그 젊은 나이"라면 어느 때인가? 평양이나 만주에서 학교 다니던 소년 시절일 터인가? 그때 그는 무슨 "고백"을 했을까? 우리가 짐작할 수 있는 것은 첫째로 마음속에 몰래 숨기고 있던 조선 독립의 필요를 발설했던 사실일 수 있다. 이 경우 "부끄럼"은 아이러니컬한 뜻으로 일제가 듣기에는 "부끄런" 고백이겠지만 조선 사람인 그로서는 "자랑스런" 선언일 것이다. 둘째로는 그와 정반대로 철없던 용정 일본 공립학교 시절에 당시의 대부분의 중학생들이 그랬듯 일제의 만주, 중국에서의 승리가 자랑스럽다고 멋모르고 말했을 수도 있는데 이는 물론 지금 "철든" 그가 느끼기에 참으로 "부끄런 고백"일 것이다. 이 경우에 "고백"은 아이러니컬한 뜻으로 쓴 것이니 일제는 그것을 "고백"으로 해석할 것이지만 자기로서는 얼빠진 말을 한 것을 후회한다는 뜻이 된다.

우리는 윤동주가 초지일관 강인한 민족주의자였다고만 믿고 싶지만, 실제로는 당시에 각급 학교를 다니던 사람들은 대부분 일제가 승승장구한다는 일방적 보도를 듣고 괜히 으쓱해진 적이 있다고 실토하는 것을 들었다. 당시 중학교 다니던 내 형이 일본군의 싱가폴 함락 기념이라고 일제가 나눠 준 고무공을 받고 좋아했다가 나이든 어느 장로가 "요 철없는 것들!" 하며 몰래 야단치는 것을 듣고서야 정신 차렸다고 했다. (내 선친은 "불령선인"으로 찍혀 일제에게 평양의 학교를 강제 폐교 당하고 평북 산골로 가족과 함께 피신하고 있던 중이었다.) 이처럼 그가 젊은 나이에 했다는 "부끄런" 고백의 실체를 정확히 집어내기란 어렵다[24].

---

[24] 그렇다고 "부끄런 고백"이 "이성에 대한 사랑의 고백일 가능성이 높다. 왜냐하면 24세의 나이쯤이면 누구나 이성에의 지극한 사랑을 체험하니까(오양호, 「북간도,

7 길은 아침에서 저녁으로
저녁에서 아침으로 통했습니다.

돌담을 더듬어 눈물짓다
쳐다보면 하늘은 **부끄럽게** 푸릅니다.

풀 한 포기 없는 이 길을 걷는 것은
담 저쪽에 내가 남아 있는 까닭이고,

내가 사는 것은 다만
잃은 것을 찾는 까닭입니다. 「길」

  어느 날 그는 무엇을 잃어버렸다는 생각이 퍼뜩 드는데 그것이 딱히 무엇인지, 어디서 잃었는지도 모른다고 한다. 그것이 주머니에 들었던 것과 그것을 길에서 잃은 것은 확실하여 ("무얼 어디다 잃었는지 몰라 / 두 손이 주머니를 더듬어 / 길에 나아갑니다.) 그렇게 길에 나서는 순간 그 길은 늘 다니던 길이 아니라 높은 돌담을 끼고 한없이 길게 이어지는 이상한 길이 된다. 게다가 풀 한 포기라도 자랄 수 있는 길섶도 없는 메마른 길이다. 그런데 급하게 뛰쳐나오느라고 자기의 반만 길에 나섰는데 나머지 반은 어찌된 영문인지 갑자기 생긴 그 담 저쪽에 남아서 아마도 역시 없어진 자기의 다른 반을 애타게 찾으면서 담을 따라 함께 걷는가 보다. 그러는 동안 주머니에서 떨군 그 무엇을 찾겠다는 애초의 목적이 변하여 높은 담을 사이에 두고 서로 지척에 있는 두 자아가 서로 합칠 수 있는 문이나 담이 끝난 데를 찾는 일이 된다. 어느 때부터인가, 그의 삶은 그렇게 지척에 있음을 알면서도 영영 되찾을 수

그 별빛 속에 묻힌 고향」, 권영민 엮음, 408)."라고는 절대로 말할 수 없겠다. 그런 "고백" 거리 때문에 윤동주가 「참회록」을 썼을 리가 있겠는가!

없는, 또는 만날 수 없는 그의 다른 자아를 찾는 일이 되어버린 것이다.

그런데 이처럼 자기를 되찾으려고 끝없이 무턱대고 가야하는 답답함과 괴로움에 더하여 바로 머리 위를 쳐다보면 하늘은 언제나 "부끄럽게" 푸르기 때문에 더욱 답답하고 괴롭다. 무한히 탁 튄 하늘은 그의 삶이 무의미하게 답답한 시간적 연장에 불과함을 언제나 상기시킨다. "부끄럽게" 푸르다는 말은 그로 하여금 현실적 삶의 답답함을 절감하게 한다는 말이다. 이 경우 "부끄러움"은 바로 머리 위에 잡힐 듯이 펼쳐진 이상적 삶과 어쩔 수 없이 계속하여야 하는 현실적 삶과의 부조리한 괴리를 아프게 느끼는 심정이다. 그런데 그의 삶의 속박은 외부에서 가해진 것이라기보다 자기에게 아주 귀중한 것을 잃어버렸기 때문에 그것을 찾아야 한다는 내적 필요에서 오는 것이다. 자기를 찾는 책임이 그에게 있으므로 이상에 도달하지 못함은 자기 책임으로 느껴지기도 한다. 그런 의미에서 그의 이상적 자아는 부끄러워한다고 할 수도 있다.

청소년기에 그는 자기가 들어 있는 공간의 비좁음을 느끼고 거기를 뛰쳐나가야 할 필요를 "나는 아마도 진정한 세기의 계절을 따라 / 하늘만 보이는 울타리 안을 뛰쳐 / 역사 같은 포지션을 지켜야 봅니다(「한란계」)."라고 상당히 자신만만하게 표현한 적이 있다. 담을 뛰어 넘을 수 있다고 그때는 믿었다.

연전 문과에 처음 들어왔을 때도 윤동주는 앞날에 대한 큰 포부를 나타내어 "어제도 가고 오늘도 갈 / 나의 길 새로운 길"이라고 노래하는 「새로운 길」을 쓸 수 있었다. 그때 그의 앞에는 어디로나 신나게 갈 수 있는 많은 길이 열려 있었다. 그러나 3년 뒤에 그의 길은 굳게 잠긴 쇠문이 나 있는 높은 돌담을 끼고 담 저쪽에 있는 자기의 반쪽을 찾아 한없이 걸어야하는 메마른 외길이 되어 버렸다.

한편 산문 「종시」에도 서울 시내 복판에 무엇을 막고 선 성벽과 그

위의 트여 있는 하늘의 대조가 나온다.

> 차라리 성벽 위에 펼친 하늘을 쳐다보는 편이 더 통쾌하다. 눈은 하늘과 성벽 경계선을 따라 자꾸 달리는 것인데 이 성벽이란 현대로써 카무플라지한 한 옛 금성禁城이다. 이 안에서 어떤 일이 이루어졌으며 어떤 일이 행하여지고 있는지 성 밖에서 살아왔고 살고 있는 우리들에게는 알 바가 없다. 이제 다만 한 가닥 희망은 이 성벽이 끊어지는 곳이다.

이처럼 막아서는 담이나 성벽과 그 위의 하늘이라는 대조적인 이미지는 산문과 시에 나타나나 산문에서는 일상적 상징성에 머물고 시에서는 표현주의적이라고 할 만큼 깊은 상징성을 띠우며 분열된 자아의 드라마를 보여주는 심상으로서, 매우 깊은 의미들을 포괄하는 표현주의 화폭의 적절한 소재가 될 법하다. 우리는 불교의 "심우도尋牛圖"를 연상하며 기독교의 "잃어버린 낙원"을 상기하게 된다.

> 8 달빛이 싸늘히 추운 밤이넌
>   옛 소녀가 못 견디게 그리워
>   코스모스 핀 정원으로 찾아간다.
>
>   코스모스는
>   귀뚜리 울음에도 수줍어지고,
>
>   코스모스 앞에 선 나는
>   어렸을 적처럼 **부끄러워지나니**,
>
>   내 마음은 코스모스의 마음이요
>   코스모스의 마음은 내 마음이다.   「코스모스」

3. 윤동주의 "부끄러움"

아마 연전 1학년 시절 기숙사에 살던 윤동주는 가을 달밤에 귀뚜라미 소리를 들으며 지금도 그 모양 그대로 있는 본관 앞 유럽풍의 정원을 산책하면서 코스모스를 바라보았던 모양이다. 19세기 말에 북미에서 우리나라에 전해졌다는 코스모스는 수줍음 잘 타는 한국의 가냘픈 소녀를 나타내는 꽃으로 되었다. 그런데 그가 용정 시절의 어떤 소녀를 정말 그리워했는지는 모르나 정작 이 시에서 그는 그리운 옛 소녀가 수줍음 잘 타는 아가씨였다는 말은 하지 않고 코스모스가 수줍어하는 꽃이며 그렇게 수줍어하는 꽃 앞에 서면 어렸을 적 그 소녀 앞에 설 때마다 수줍던 것처럼 자기 자신도 "부끄러워진다"는 것이다. 그래서 코스모스와는 수줍어하는 마음이 서로 통한다는 데에 역점을 두는 것 같다. 소녀를 직접 대상으로 삼지 않고 사이에 코스모스를 개입시킨 것이다. 그만큼 그는 어떤 소녀에 대하여 내성적인 소년의 수줍음을 그대로 순진하게 유지하고 있다. 여기서 "부끄러움"은 소년다운 순진한 수줍음이라고 할 수 있다.

9 죽는 날까지 하늘을 우러러
   한 점 **부끄럼**이 없기를,
   잎새에 이는 바람에도
   나는 괴로워했다.   「서시」

한국인이 가장 잘 알고 가장 감명 깊어 한다는 이 구절이 아니었으면 윤동주의 시를 "부끄러움의 미학"이라 하여 그의 시의 중심으로 삼는 일이 안 생겼을지도 모른다. 이 구절에 대해서는 아래 "서시"를 다루는 곳에서 자세히 다루고 있으므로 여기서는 논의하지 않는다.

앞에서 본 것처럼 윤동주는 이 "**부끄럼**" 말고도 여덟 번이나 그 말을 썼고 모두 좀씩 다른 뜻으로 썼다. 이제 여기서 한데 뭉뚱그려 말해 보기로 한다.

첫째로, 얌전한 사람, 특히 나이가 어린 청소년의 "수줍음"이라는 의미의 부끄럼은 8 에서 볼 수 있다. 젊은 윤동주의 내향적 성격을 드러내는 것 이외에 특별히 의미 깊게 느껴지지 않는다.

둘째로, 4 에서 보듯 사회적인 규범으로서의 일반 도덕에 어긋나는 언행을 비난조로 가리키는 말로 "수치"를 뜻한다. 역시 윤동주 특유의 시적인 의미를 띠지 않는다.

셋째로, 3 과 5 에서 보듯이 몸의 어떤 부분을 남의 눈에 띄도록 노출시키는 것을 "부끄럽다"고 한다. 윤동주는 기독교 신화에서 사람의 원초적 죄 때문에 어쩔 수 없이 생기게 되었다는 이 "부끄럼"에 대하여 대체로 수긍하는 편이지만 다소 아이러니컬한 태도를 가진 듯하다.

넷째로, 1, 2, 6 에서 보듯이, 윤동주가 일제의 강압, 부모의 희생 등에 대하여 자기가 응분의 행동을 보이지 못한다고 자책하는 심정을 "부끄럼"으로 표현한다. 윤동주의 전기적 사실들에 비추어 해석할 여지가 있는 만큼 윤동주의 개인적 특성을 나타낸다고 할 수 있다.

다섯째로, 하늘로 상징되는 절대적인 기준에 비추어 지상에 살고 있는 자신의 부족함을 절감한다는 뜻으로 "부끄럼"이라는 말을 썼다. 7 과 8 이 그 예이다. 우리 시인 중 그처럼 높은 이상에 비추어 자기의 모자람을 그처럼 통렬하게 표현한 이가 또 있을까 하는 감탄을 자아낸다.

이상에서 보듯 윤동주는 "부끄럼"을 통상적인 의미로부터 지극히 개성적인 의미에 이르기까지 폭넓게 썼다. 「서시」의 지명도가 하도 높아 그가 "부끄럼"을 「서시」에서 쓴 그 한 가지 뜻으로만 쓴 것으로 오해하는 경향도 없지 않으나, 위의 넷째 뜻, 즉 1, 2, 6 의 쓰임과 다섯째 뜻, 즉 7, 8의 뜻을 구별하는 것이 옳다.

4 윤동주의 "방"

　방이란 사람이 자기 생존을 위해 필요로 하는 물리적 공간이며 자기 마음대로 쓸 수 있는 공간이다. 그것은 제한적이나마 그의 자유를 보장한다. 그러나 감옥의 방은 그의 행동의 제한을 위해 있는 구속의 공간이다. 이처럼 방은 자유의 공간인 동시에 구속의 공간이 되기도 한다. 서양의 한 여류 작가는 『자기만의 방』이라는 글에서 집안과 사회에 갇힌 여성이 해방될 수 있는 최소한의 공간적 조건을 말하여 오늘의 여성주의 문학의 선구가 되었는데 윤동주의 방은 거의 언제나 그의 자유를 억압하는 폐쇄 공간이었다. 그가 기거하는 일본 교토의 "육첩방은 남의 나라"로 인식되었지 자기가 개인적 해방을 느낄 수 있는 "자기만의 방"이 되지 못했다. (더욱이 그의 하숙방에 조선 친구라도 찾아오면 일본 경찰의 밀정[하숙집 주인]이 숨어서 엿듣곤 하였다.) 아래에서 그가 느끼던 폐쇄 공간으로서 방의 이미지를 알아보기 위하여 윤동주 말뭉치에서 "방"이 쓰인 데를 찾아본다.

1 우리들의 호기심을 적이 자아내었고 房마다 새로운 화제가 생기곤
  하였다.   「종시」
2 잔뜩 가라앉은 房에 자욱히 불안이 깃들고   「산림」1
3 초 한 대 내 방에 품긴 향내를 맡는다.   「초 한 대」
4 암흑이 창구멍으로 도망한 나의 방에 품긴 제물의 위대한 향내를
  맛보노라.   「초 한 대」
5 이글이글 불을 피워 주소. 이 방에 찬 것이 서립니다.   「창」
6 훤한 房에 유언은 소리 없는 입놀림.   「유언」
7 세상으로부터 돌아오듯이 이제 내 좁은 방에 돌아와 불을 끄옵니다.
                                                  「돌아와 보는 밤」
8 고향에 돌아온 날 밤에 내 백골이 따라와 한 방에 누웠다.
                                                    「또 다른 고향」
9 뒷골목을 돌아 황혼처럼 물드는 내 방으로 돌아오면 「흰 그림자」
10 어둔 房은 우주로 통하고   「또 다른 고향」
11 옆에 누운 분의 숨 소리에 房은 무시무시해진다.   「달을 쏘다」
12 나의 누추한 房이 달빛에 잠겨 아름다운 그림이 된다는 것보담도
                                                      「달을 쏘다」
13 영하로 손가락질할 수돌네 房처럼 칩은 겨울보다 해바라기 만발
   할 팔월 교정이   「한란계」

다음은 방문, 방안, 육첩방, 하숙방 등 방의 합성어와 창, 밖 등 방과
관계가 깊은 낱말들의 쓰임이다.

방문
14 나를 정원에서 발견하고 창을 넘어 나왔다든가 房門을 열고 나왔
   다든가   「달을 쏘다」

방안
15 밖을 가만히 내다보아야 房안과 같이 어두워 꼭 세상 같은데
「돌아와 보는 밤」
16 벽과 천정이 하얗다. 房안에까지 눈이 내리는 것일까.
「눈 오는 지도」
17 房안을 돌아다보아야 아무도 없다. 벽과 천정이 하얗다.
「눈 오는 지도」

육첩방
18 창 밖에 밤비가 속살거려 六疊房은 남의 나라,
「쉽게 씌어진 시」
19 六疊房은 남의 나라 창 밖에 밤비가 속살거리는데,
「쉽게 씌어진 시」

하숙방
20 봄은 다 가고 동경 교외 어느 조용한 下宿房에서, 옛 거리에 남은 나를 희망과 사랑처럼 그리워한다.   「사랑스런 추억」

창
21 窓 밖에 밤비가 속살거려 육첩방은 남의 나라 「쉽게 씌어진 시」
22 육첩방은 남의 나라 窓 밖에 밤비가 속살거리는데,
「쉽게 씌어진 시」
23 함박눈이 내려, 슬픈 것처럼 窓 밖에 아득히 깔린 지도 위에 덮인다.   「눈 오는 지도」
24 어둠과 바람이 우리 窓에 부닥치기 전, 나는 영원한 사랑을 안은 채 뒷문으로 멀리 사라지련다.   「사랑의 전당」

25 쉬는 시간마다 나는 창녘으로 합니다. 窓은 산 가르침. 「창」
26 이제 窓을 열어 공기를 바꾸어 들여야 할 텐데 밖을 가만히 내다보아야 「돌아와 보는 밤」
27 나는 나를 정원에서 발견하고 窓을 넘어 나왔다든가 방문을 열고 나왔다든가 「달을 쏘다」

밖
28 함박눈이 내려, 슬픈 것처럼 창 밖에 아득히 깔린 지도 위에 덮인다. 「눈 오는 지도」
29 창 밖에 밤비가 속살거려 육첩방은 남의 나라, 「쉽게 씌어진 시」
30 육첩방은 남의 나라 창 밖에 밤비가 속살거리는데, 「쉽게 씌어진 시」
31 어떤 일이 행하여지고 있는지 성 밖에서 살아 왔고 살고 있는 우리들에게는 알 바가 없다. 「종시」
32 불을 끄고 창녘의 침대에 드러누우니 이때까지 밖은 휘양찬 달밤이었던 것을 감각치 못하였댔다. 「달을 쏘다」
33 공기를 바꾸어 들여야 할 텐데 밖을 가만히 내다보아야 방안과 같이 어두워 「돌아와 보는 밤」
34 아이처럼 황황해지는 가슴에 눈을 치떠서 밖을 내다보니 가을 하늘은 역시 맑고 「달을 쏘다」

확실히 윤동주는 "방"이라는 심상을 많이 썼다. "방안", "육첩방"과 "하숙방"까지 합하여 20번이나 썼으니 아주 많이 쓴 것이다. 방과 관계가 깊은 "창", "밖"까지 합하면 34번이나 된다. 분명히 그에게 "방"은 예사스런 말이 아니고 매우 중요한 심상이요 상징이었다[25].

물론 예사스런 뜻으로 쓰인 용례도 있다. 위에서 1 은 확실히 그냥 보통 방을 뜻한다. 그런데 이 용례가 「종시」라는 산문에 나타난다는 사실이 중요하다. 다시 말하면 그는 산문에서와는 달리 시에서는 "방"과 그 관련어들에 거의 언제나 상징성을 함축시켰다.

2와 3 은 각각 초기 작품인 「산림」과 「초 한 대」에 나오는데 우리의 논의의 적절한 출발점이 될 듯하다. 2에서 "잔뜩 가라앉은 房"에 "자욱히 불안이 깃"든다. 아마도 밖은 환하고 명랑할 것이다. 이 방은 소년 윤동주의 푹 가라앉은 불안한 마음을 상징한다고 하겠다. 답답하게 폐쇄된 어두운 공간이다. 이에 반하여 3 의 방은 폐쇄된 공간이지만 거기만이 밝고 향기가 "품긴" 곳이고 그 밖은 어두움이 둘러싸고 지배한다. 4 에서 볼 수 있듯이 작은 촛불이 자신을 희생하며 빛과 향기를 내는 동안 어둠을 밖으로 내 몰고 획득한 공간이다. 이것은 어둠의 세력에 대항하여 자기만의 영역을 확보하려는 소년다운 기개를 나타낸다 할 수 있다. 이렇게 보면 2와 3 은 둘 다 작은 폐쇄 공간이되 하나는 답답한 어둠, 다른 하나는 향기로운 밝음의 공간이니 둘은 서로 정반대의 뜻을 가진다.

5는 밀폐된 공간의 "차가움"을 말하는데 이것은 "어둡고 답답한 방"의 변조라고 할 수 있다. 윤동주가 학교 교실의 답답함과 차가움을 억지로 참다가 교시 끝을 알리는 종이 울리기가 바쁘게 창으로 달려가곤 했다는 것은 의미가 깊다. 교실 교육의 차가움에 반하여 환한 햇살이 따사롭게 비치는 "23 창은 산 가르침"이다. 그래서 너무도 냉랭하기만 한 교실에 "이글이글 불을 피워" 줄 것을 요청한다. 교실 교육은 그러

---

[25] 김윤식은 "윤동주의 작품에서 이 "방"이란 단어만큼 빈번히 사용되는 것은 달리 없다"고 하는데(「어둠 속에 익은 사상, 윤동주론」, 권영민 엮음, 194), 실제로는 그렇지 않고 "방"과 그 관련어를 아주 중요하게 썼다. 김윤식은 중요하다는 인상과 객관적 수량을 뒤섞고 있다.

니까 "죽은 가르침"에 불과하다. 「화원에 꽃이 핀다」에서도 교실 강의보다 교실 밖에서의 동무들끼리 이야기꽃을 피우는 "화원"이 더 따사롭다고 주장한다. "늙은 교수의 강의"를 들어야 하는 일본 대학의 교실도 꼭 같이 답답하고 차가웠을 것이다.

이처럼 차가운 좁은 공간으로서의 방은 16, 17에도 나타난다. 「눈 오는 지도」에서 시인은 몰래 마음으로만 사랑하던 순이가 갑자기 떠날 때 방 안과 방 밖이 모두 하얀 눈으로 덮이는 것을 발견한다. 그 동안 순이를 따뜻하게 품었던 마음의 방이 갑자기 변하여 차가운 눈이 덮인 바깥과 같이 되어버린다. 순이가 없으면 "일 년 열두 달 하냥 내 마음에는 눈이 내리리라"고 한다. 방은 바로 그의 마음의 표상이다. 밖은 추워도 그 방은 늘 따뜻한 폐쇄 공간이었다가 폐쇄의 벽이 없어지면서 "벽과 천정이 하얗"게 되어 추운 밖과 마찬가지가 된다. 「초 한 대」가 밝히던 방에서 만일 초가 꺼진다면 밖으로 쫓겨나갔던 어둠이 갑자기 몰려들어와 방을 어둠의 천지로 만들 것이다. 그렇게 되면 방안과 방밖의 차이가 없어질 것이다. 마찬가지로 순이가 떠난 뒤에, 아늑하던 그의 방은 눈 내리는 바깥과 같아져 버린다. 어두운 방과 마찬가지로 차가운 방을 그는 싫어했다.

그는 습작기의 동요 「창구멍」에서 추운 새벽에 장에 가는 아빠를 내다보려고 아이들이 손가락에 침 발라 창호지에 구멍을 뚫은 시골의 오막살이 방을 상상했다. 13에서 그는 겨울이지만 땔감이 없어 "영하로 손가락질할 수돌네 방"을 말한다. 방안의 수은주가 영하를 가리킨다면 그것은 바깥이나 마찬가지이다. 둘 다 을씨년스러운 작은 생존 공간들이나 윤동주 자신이 깊이 느낀 자기의 방들은 아니었다.

그런데 그의 최초의 작품으로 남아 있는 「초 한 대」 말고는 그의 방은 언제나 어둡고 답답한 폐쇄 공간이었다. 그처럼 폐쇄된 공간이지만 그것밖에 주어지지 않아 그것이나마 "자기만의 방"으로 참아야 하는 것이 윤동주에게 주어진 운명이었다.

그가 자기의 방이라고 한 공간들은 실상은 남에게서 빌린 방이고 그런 방에서의 자기를 의식하기 위해서는 또 다른 자기 내면의 방, 상상적 공간이 필요했다. 그에게 주어졌던 방들은 대개 그가 임시로 거처하는 기숙사 방 아니면 하숙방이었다는 사실은 예사롭지 않다. 대체로 낮 동안에는 비워 두었다가 밤에 들어가 학교 공부하다가 자는 데였다. 그래서 그의 방은 대개 어둠과 관계가 있게 된다. 자기 집의 자기 방이 아니라 남의 집의 빌린 방, 곧 나그네처럼 밤을 지새어 묵어가는 방이었다. 그의 최후의 방은 진짜 남의 땅 후쿠오까의 감방이었다.

그가 그러한 방을 처음 의식한 것은 아마도 서울 연희전문학교의 기숙사방이었을 것이다.

산문 「달을 쏘다」는 그가 연희전문 신입생 시절에 그러한 기숙사방 생활을 반영하는 글이다. 기숙사방은 일정한 시간에 전등을 끄고 취침하기로 되어 있다. 이 점이 누상동 하숙방(7)과 아주 다른 점이다. 기숙사 방 친구가 코를 되게 고는 모양인지 불을 끈 방의 어둠은 무서운 분위기를 자아낸다(11, 34). 그러나 밀폐된 어두운 좁은 공간은 창 때문에 바깥의 아름다운 달밤 풍경을 내다볼 수 있는 전망대가 된다(12, 32). 또는 창이 달린 선실 같아진다. 또는 달빛 어린 송림이 묵화 같기도 하다. 기숙사 자체가 심심산중의 절 같기도 하다. 달밤이 하도 좋아 창을 넘어 나왔는지 방문을 열고 나왔는지도 모르게 밖에 나와 있는 자신을 발견하기도 한다(14, 27). 그래서 밝고 따뜻한 해가 비치는 창을 "산 가르침"(25)이라고 했다. 창은 밝은, 또는 아름다운 밖을 안으로 들여와 안을 밝고 아름답게 해 주는 매개이다. 이처럼 어둡고 무섭기까지 한 밀폐된 공간이 창 밖의 아름다움으로 말미암아 견딜 만한, 오히려 바람직

한 전망대가 되는 경험은 그러나 그에게 오래 허락되지는 않았다. 기숙사를 떠나 하숙집을 전전하면서 그는 물리적, 정신적 생존 공간으로서의 자기의 방을 깊이 의식하게 되었던 듯하다.

그런데 7에서 그는 밤에 자기만의 공간인 하숙방으로 돌아오지만 전등을 켜서 밝은 공간을 확보하는 것이 아니라 오히려 전등을 꺼서 바깥의 어둠에 묻히게 한다. "불을 켜두는 것은" "낮의 연장이"기 때문에 "너무나 피로롭은 일"이라는 것이다. 그러니까 낮의 밝은 빛도 이제는 그에게 해방감을 주지 못하게 된 것이다. 낮은 그에게 피로감만을 줄 뿐이다. 낮 역시 답답한 폐쇄 공간이 되어버린 것이다. 좁은 하숙방에 돌아오는 것은 "세상으로부터 돌아"오는 것, 즉 세상의 연장일 뿐이다. 전등불로 낮의 연장을 도모하기보다는 차라리 사물의 경계를 없애버리는 어둠 속에 그냥 있겠다는 것이다. 답답하기는 마찬가지다. 그러나 어두운 "밖을 가만히 내다보아야 / 방안과 같이 어두워 꼭 세상 같"다(15, 24)는 말은 기이하게 뒤틀린 비유적 표현이다. 어두운 밖은 물론 어두운 세상 그대로이지 "꼭 세상 같은" 것이라 할 수 없다. "방은 어둡다. 세상은 어둡다. 그러므로 방은 세상과 같다"는 것이 이 비유를 성립시키는 "(유사)삼단논법"인데 여기서 방이 세상과 같다고 했으니 아예 방을 세상으로 바꾸어놓으면 "세상은 세상과 같다"는 동어반복이 된다. 다시 말하면 이 기이한 비유는 어둡고 답답한 방이 세상과 전혀 다를 바 없다는 괴로운 마음을 표현한다. 불을 켜든, 불을 끄든 좁은 방은 환한 대낮의 세상이건 어두운 밤의 세상이건 간에 꼭 같이 "하루의 울분을 씻을 바 없어" 답답하기만 한 폐쇄 공간일 뿐이라는 말이다.

그래서 그는 그런 물리적 공간을 아예 떠나 눈을 감고 자기 속으로 침잠한다. "가만히 눈을 감으면 / 마음 속으로 흐르는 소리, 이제 / 사상이 능금처럼 저절로 익어가옵니다(「돌아와 보는 밤」)." 그의 마음은 모든 것이 답답하게 정체되어 있는 공간이 아니라 물처럼 자연스럽게 흐르는 소리가 들리고 능금 열매처럼 자연스럽게 자기의 사상이 영글어 가는 환하고 활달한 천지가 전개되는 것이다. 이것이 진정한 그의 "자기만의 방"이다.

9 역시 하숙방으로 돌아오는 내용이다. 먼 이국 땅 동경의 하숙방은 저녁때마다 그가 고향의 "연연히 사랑하던 흰 그림자들"의 추억과 작별하고 "허전히 뒷골목을 돌아" 내키지 않는 발걸음으로 돌아가야 하는 공간이다. 저녁때 찾아드는 하숙방은 당연히 어둠침침할 것이다. 그런데 그는 그것을 "황혼처럼 물드는" 방이라고 한다. "황혼이 깃드는", 또는 "황혼 속에 어두워가는" 따위의 표현을 쓰지 않고 구태여 "황혼처럼" 어슴푸레한 기운이 밴 방이라고 묘사한다. 답답하게 침침한 방임을 강조한다. 그런 공간에서 그가 할 일은 학교 숙제로 교과서를 하염없이 "뜯어" 읽는 것뿐이다. 자기의 이 꼴을 그는 "신념이 깊은 의젓한 양처럼 / 하루 종일 시름없이 풀포기나 뜯자"고 희화화한다. (염소는 종이를 먹는 습성이 있다.) 염소가 새김질하듯 읽은 책 내용을 외느라고 반복 학습하는 모습을 보는 듯하다. 그런데 이보다 약 1년 전 "꼭 세상처럼 어두운" 서울 누상동의 하숙방에서는 자못 심각하게도 "사상이 능금처럼 저절로 익어가(7)"는 자기 자신의 마음의 방을 가질 수 있었다.

20은 염소처럼 풀포기 같은 책장이나 뜯어 읽던 때보다 한 달쯤 뒤에 쓴 것인데 동경 교외의 하숙방은 "조용한" 곳이지만 사상이 능금처럼 익어가는 데가 아니라 오로지 "옛거리에 남은 나를 희망과 사랑처럼 그리워" 하는 곳이 된다. 멀리 버려두고 온 자기 자신을 그리워하는 답답한 곳이다. 그래서 "조용한" 하숙방은 그리움과 회한이 가득할 뿐이다.

이처럼 하숙방의 어둠과 답답함과 자기 소외로부터 벗어나게 해 줄 진정한 자기의 방을 구하는 것이 그의 일관된 시적 주제의 하나라고 생각된다. 그런데 「또 다른 고향」은 고향집 자기 방에서조차 돌이킬 수 없게 소외되었다는 뼈저린 느낌을 나타낸다. 그 정황을 "8 내 백골이 따라와 한 방에 누웠다"고 무섭게 표현한다.

　기숙사방에서는 방친구의 코고는 소리가 무서웠지만 이제 자기밖에 아무도 없을 고향집의 자기 방에는 느닷없이 자기의 "백골"이 따라와 방친구가 되는 것이다. 백골은 코를 골지 않으나 그 하얀 빛깔로 어둠 속에 자체를 확연히 드러낸다. 코 고는 소리 대신 그를 무섭게 쫓는 것은 개 짖는 소리이다. "10 어둔 房은 우주로 통하고" 그의 방은 창과 벽과 천장이 구비된 물리적 공간이 되기를 그치고 그를 완전히 우주의 어둠 속에 노출시킨다. 밀폐된 공간의 답답함과 소외감이 사라지고 우주적 자유가 가능한 것 같다. 그러나 그것은 활달한 자유의 만끽을 위한 것이 아니라 그와는 정반대로 그가 의지할 최소한의 공간도 허락되지 않고 우주의 어둠 속에 확실한 방향 없이 추방됨을 뜻한다. 그는 백골이라는 방친구가 따라붙지 못할 "또 다른 고향"을 찾아 잠든 "백골 몰래" 떠나는 수밖에 없지만 자기만의 방을 발견할 수 있을는지는 전혀 예감할 수 없다.

　마침내 우리는 그의 마지막 작품이 된 「쉽게 씌어진 시」에서 "육첩방"에 앉은 그를 목도하게 된다. "창 밖에 밤비가 속살거리는" 것은 방 밖의 어둠이 눈물 흘리며 우는 듯하다는 말이다. 그렇게 흐느끼는 어둠 속에 고립된 작은 방이 그러나 "남의 나라"임을, 자기가 철저히 소외된 공간임을 아프게 느낀다. 어쩌면 어두운 밖은 비에 젖다 못해 아예 물속일지도 모른다. 그래서 자기가 밀폐된 남의 "잠수함"에 갇혀 "다만 홀로 침전하는 것"으로 느껴지는 것이기도 하다.

　그의 최초의 시 「초 한 대」에서 그는 촛불을 밝혀 "매를 본 꿩이 도망가듯이 / 암흑이 창구멍으로 도망한 / 나의 방에 품긴 / 제물의 위대한 향내를 맛보노라"고 했는데 이 마지막 시에서 그는 다시금 "등불을 밝혀 어둠을 조금 내몰고 / 시대처럼 올 아침을 기다리는 나"라고 한층 차분하게 말한다. 전에는 당당하게 어둠을 물리칠 희생정신의 기개를 감탄과 함께 표출했는데 이제는 어두운 물 속에 밀폐된 것 같은 작은 공간에 불을 밝혀 간신히 어둠을 물리치고 있다. 그것도 자기 자신의 방이 아니라 남의 나라이다. 그 속에서나마 불을 밝힌다는 것은 남의 나라에서 자기만의 정신적 영역을 힘겹게 지킨다는 말이다. 자기만의 방은 이제 완전히 그의 내면의 정신적 공간으로 되어 버린 것이다. 그 정신의 방을 밝히고 있으면서 새 시대를 여는 아침을, 진짜 밝은 빛을, 기다리는 것이다. 그것이 그의 최후의 교두보이다.

역설적으로, 강대국 대일본제국이 그에게는 "육첩방"처럼 초라하고 비좁은 나라로 느껴졌을 수도 있다. 조선 청년에게 드넓다는 일본 천지는 좁디좁은 감방에 불과하기도 했다. 실제로 그가 갇혀 있다가 죽은 후쿠오카 감방은 육첩이 아니라 이첩 정도밖에 안 되었지만 그에게는 그것이 강대국 일본 그 자체였다. 그러나 그 극도로 밀폐된 남의 나라 공간에서도 그는 마음속에 자기만의 방을 밝히고 있었고 한스럽게도 그는 보지 못했으나 마침내 아침이 "시대처럼" 왔던 것이다.

5 윤동주의 비유: 그의 "말뭉치"에서 찾아보다

문학의 말씨의 아주 중요한 특징이 비유적 표현이다. 물론 비유는 일상 언어에서도 자주 쓰이고 순수한 정보를 전달하고자 하는 과학이나 논리적 언어에서도 피할 수 없기도 하다. 그러나 문학에서는, 특히 시에서는, 그 중에서도 서정시에서는, 비유는 그 핵심이 되어 불가결한 요소가 되는 경우가 허다하다.

비유의 이론에 관하여서는 하도 많은 말이 오갔기에 여기서 더 논하지 않는다. 다만 우리의 담론에서 이론적 논의가 무성한 만큼 실질적 예에 대한 세밀한 관찰이 풍성한 것은 아니라는 말은 하고 싶다. 필자가 일찍이 『「님의 침묵」의 어휘 활용 구조: 용례색인』[26]을 낸 가장 중요한 이유는, 첫째로, 한용운의 『님의 침묵』(1926)은 한국 현대시의 가장 큰 지주의 하나인데도 평론가나 학자들이 주로 한용운의 독립 운동에 관심을 보일 뿐 (또는 관심이 큰 척할 뿐) 대개 학생 시절에 "리포

---

[26] 서울: 탐구당, 1984.

트" 쓰느라고 대강 빨리 읽은 후로는 분량이 얼마 되지도 않는 그 작품들을 세심히 거듭 읽지 않는다는 것이 분명하고, 둘째로, 평론가와 학자들이 한용운의 말씨에 대한 해득, 해석, 감상 능력이 태부족이라는 사실을 간파한 까닭이다.[27]

여기서 필자는 윤동주의 비유 중 직유의 사용 양상을 구체적으로 보이고자 한다. 은유(또는 암유, metaphor)와는 달리 직유(또는 명유simile)는 비교가 "같이", "듯이", "처럼" 따위의 형식으로 드러나 있어 용례색인의 도움을 받으면 쉽게 가려낼 수 있다.

아래에서 그러한 비교의 형태를 굵은 글자로 나타내고 윤동주 말뭉치에서 그것들과 직접 어울리는 낱말 또는 구를 찾아 가나다순으로 그 낱말이나 구가 들어 있는 문맥을 모두 제시한다. 따라서 형식상 비유 같으나 실제로는 비유가 아닌 용례까지도 포함한다.

우선 형태소 같의 용례를 모두 모아본다. 같은 다른 형태소들과 합하여 형용사, 명사, 부사, 동사, 조사를 이룬다. 윤동주 말뭉치에서 형용사 같다는 같다, 같데, 같아, 같아여, 같으나, 같으면, 같은, 같은데, 같이, 같지 등 10 가지의 활용형으로 모두 25 번 쓰였다.

1 일언반구 없이 뚱한 꼴들이 작히나 큰 원수를 맺고 지나는 사이들 **같다**. 「종시」
2 가물 들었던 곡식 자라는 소리, 할아버지 담배 빠는 소리와 **같다**. 「비 뒤」
3 명필이구말구. 남자 대자 문자 하나하나 살아서 막 꿈틀거리는 것 **같데**. 「종시」

---

[27] 필자는 우리 문학의 말씨, 말투에 관심을 가진 영문학 전공자로서 결국에는 국어사전편찬에 뛰어 들어 『연세한국어사전』(1998), 『연세초등국어사전』(2002)의 편찬 책임을 맡았었다.

4 동경의 땅 강남에 또 홍수 질 것만 같아 바다의 향수보다 더 호젓해진다. 「비오는 밤」

5 젊은 녀석이 눈을 딱 감고 버티고 앉아 있다고 손가락질하는 것 같아여 「종시」

6 이것과는 관련이 먼 이야기 같으나 무료한 시간을 까기 위하여 「종시」

7 가만히 기억을 더듬어 본달 것 같으면 늘이 아니라 이 자국을 밟은 「종시」

8 꿀을 살짝 필름에 올리어 본달 것 같으면 한 폭의 고등 풍자 만화가 「종시」

9 그렇게 자주 내 얼굴을 대한다고 할 것 같으면 벌써 요절하였을는지도 모른다. 「종시」

10 요만쯤의 예의를 밟는다고 할 것 같으면 전차 속의 사람들은 이를 정신 이상자로 「종시」

11 염소의 갈비뼈 같은 그의 몸, 그의 생명인 심지까지, 「초 한 대」

12 고기 새끼 같은 나는 헤매나니 「종달새」

13 가로수, 단출한 그늘 밑에 구두술 같은 혓바닥으로 무심히 구두술을 핥는 시름 「가로수」

14 여기저기서 단풍잎 같은 슬픈 가을이 뚝뚝 떨어진다. 「소년」

15 들창 같은 눈은 가볍게 닫혀 「명상」

16 그의 생명인 심지까지, 백옥 같은 눈물과 피를 흘려 불살려 버린다. 「초 한 대」

17 가끔 분수 같은 냉침을 억지로 삼키기에 정력을 낭비합니다. 「한란계」

18 벼룻장 엎어놓은 하늘로 살 같은 비가 살처럼 쏟아진다. 「소낙비」

19 밖을 가만히 내다보아야 방안과 같이 어두워 꼭 세상 같은데
「돌아와 보는 밤」
20 플랫폼에 내렸을 때 아무도 없어, 다들 손님들뿐, 손님 같은 사람들뿐.　　　　　　　　　　　　　　　　　　　「간판 없는 거리」
21 하늘만 보이는 울타리 안을 뛰쳐 역사 같은 포지션을 지켜야 봅니다.
「한란계」
22 천막 같은 하늘 밑에서 떠들던 소나기　　　　　　「창공」
23 텐트 같은 하늘이 무너져 이 거리를 덮을까　　　「산상」
24 밖을 가만히 내다보아야 방안과 같이 어두워 꼭 세상 같은데
「돌아와 보는 밤」
25 그 모습을 한 번이라도 쳐다본 적이 있었던 것 같지 않다.「종시」

위에서 보듯 같다의 25번 쓰임 중 우리가 표현성이 적다고, 다시 말하면 시적 의도가 거의 없다고 느낄 수 있는 것은 첫째로 ㄹ 것 같으면 (7, 8, 9, 10)으로서, 이 문구는 비교나 비유가 아니라 "만일 …하면"이라는, 가정이나 조건을 나타낸다. 물론 가정이나 조건은 시적인 비유로 나타낼 수도 있지만 윤동주는 그러지 않았다.

다음으로 같다, 같데, 같아, 같아여, 같으나(1, 2, 3, 4, 5) 등 종지형이나 연결형들은 아마도 2만 빼고는 모두 "…로 생각되다, …이라고 느껴지다"를 주로 뜻한다. 2만이 명백히 "…과 비슷하다, …에 비유할 수 있다."는 뜻을 나타낸다. 가물던 밭에 반가운 비가 내리니 작물이 물을 빨아들이는 소리가 할아버지가 담배를 빠는 소리와 비슷하다는 것이다. 시는 바로 비유의 발견에서 시작된다 하지만, 이 구절이 특별히 시적 표현력이 있다고는 말할 수는 없다. 그러나 어쨌든 틀림없는 비유(직유)이다. 윤동주의 소년기 습작품에는 이처럼 기이한 비유를 창안하려는

노력이 돋보인다. 문제는 시 전체의 문맥이 그런 돌출적 수사를 잘 받아들이지 않는다는 것이다. 그래서 "튀는" 요소로 남는다.

11에서 23까지, 같다 활용의 절반 이상이 같은으로 쓰인 것을 볼 수 있다. 이들은 모두 비유적이다. 윤동주는 같다의 관형사형을 주로 비유의 형성에 썼다고 할 수 있다. 이 중에 우리가 윤동주 시의 진수라고 할 만한 비유들이 있다. 윤동주가 1938년 봄 서울 연희전문학교 문과에 입학한 다음에 지은 시와 그 전 간도와 잠시 동안의 평양 시절에 지은 시 사이에는 확연한 질적 차이가 있다는 것은 널리 알려진 사실이다. 만 20세를 넘으면서 그는 습작과 본격 창작의 분기점을 넘었다고 할 수 있다. 이 점은 그의 비유에 썩 잘 드러난다.

윤동주는 11 에서 불타면서 세상을 밝히고 스스로를 녹여 없애는 양초의 희고 가냘픈 모양을 "염소의 갈비뼈"에 비하였는데, 우리 대부분은 염소의 희고 가는 갈비뼈를 본 적이 없을 것이고 더욱이 그것이 하얀 양초 같다고 느낄 수가 없을 것이다. 대담하지만 기발하고 엉뚱하다는 것 이외에 이 비유는 특별히 시적이라고 할 수는 없다. 다만 습작품의 인상을 주기에 넉넉하다. 기발하면서도 놀랍게 적절하다는 느낌은 들지 않는다.

"백옥 같은 눈물"(16)이나 "살 같은 비"(18)는 다소 진부한 느낌이 드는 붙박이 비유들로서, 특별히 독창적이라고 느껴지지 않는다. 홀로 거리를 떠돌아다니는 자기 자신을 "고기 새끼"에 비한 것(12), 타원형의 가로수 그림자를 "구두술"에 비한 것(13), 눈을 "들창"에 비한 것(15), 차가운 침("냉침")을 분수에 비한 것(17) 등은 기발하면서도 얼마쯤은 표현력이 있다고 할 수도 있으나 역시 습작품의 기미가 가시지 않고 있다.

습작품 중, 기발하면서도 꽤 시적인 표현력을 획득하는 비유들은 "역사 같은 포지션"(21), "천막 같은 하늘 밑"(22), "텐트 같은 하늘"(23)

등이다. 다만 이들이 시 전체의 분위기에 썩 잘 어울리기보다는 단독적으로 재치를 부린 것이라는 느낌이 짙다. 예컨대 "역사 같은 포지션"은 세계 역사의 큰 흐름에 참여하는 자리에 서겠다는 당시의 경향파의 관념을 모더니스트의 수사법으로 나타내고자 한 것이다. 그런 거창한 주제와 기교가 시 전체에서 살아 있지 못하므로 기발한 비유로 남게 되어 있다. 이보다는 검은 비구름이 짙게 낀 하늘을 천막이나 텐트에 비한 것(22, 23)은 훨씬 더 그의 후기 시의 성취에 가깝다. 다만 비유 자체로서의 재치가 돋보이고 시 전체의 분위기를 조성하는 데에는 미흡하다는 느낌이 든다.

　이처럼 그의 습작기의 비유들은 기발하고 재치가 있으나 비유 자체에 공을 들인 인상이 짙고 시 전체에 뜻을 확산시킬 만한 비유의 조성에는 아직 미치지 못한 듯하다. 이 사실은 "14 단풍잎 같은 슬픈 가을"과 같은 그의 본격 창작기의 비유와 비교하면 확실히 드러난다. 이 비유는 무척 자연스럽게 느껴져서 독자는 금방 그 시적 표현력에 흡수되지만, 자세히 따지고 보면 상당히 복잡한 구조를 가지고 있다.

　울긋불긋 곱게 물들었던 단풍잎들이 계속하여 떨어지는 적막한 숲은 조락의 가을이 깊어감을 알려준다. 곧 빈 가지들만 남을 것이다. "단풍잎들이 우수수 떨어지는 가을은 슬프다"는 정조는 특별히 독창적이랄 수 없지만 꽤 시적이라고 할 수는 있다. 그러나 평범하다. 이 평범한 정조를 독창적으로, 다시 말하면 "낯설게" 만들기 위하여 윤동주는 바람에 단풍잎들이 나부끼는 숲이 아니라 잎 떨어지는 소리마저 들릴 정도로 바람 없이 적막하여 슬픈 느낌을 주는 숲을 보고 있다. 잎새들이 뚝뚝 곧바로 무겁게 땅으로 떨어진다. 다 익은 열매가 뚝뚝 떨어지는 것은 결실의 성취감을 줄 만큼 자연스러울 것이다. 그러나 가볍디가벼운 단풍잎이 "뚝뚝" 떨어진다는 것은 "낯선" 표현이다. (뚝뚝 떨어지는 것은 농익은 열매가 아니라면 슬퍼서 흘리는 굵은 눈물방울이거나 상처에서 흐르는 굵은 핏방울일 터이다.)

　단풍잎이 여기저기서 떨어진다는 것은 객관적 장면이다. 그러나 "뚝뚝" 떨어진다는 것은 자연 현상에 대한 시인의 감정적 반응을 나타낸다. 즉 자기의 감정을 낙엽에 전이시킨 것이다. 가을은 그 자체로서는 슬프거나 기쁘거나 아무런 감정이 없지만 낙엽 지는 가을을 보면서 느끼는 슬픔을 가을에 전이시켜 "슬픈 가을"이 되게 한다. 즉 객관적 현상을 시인의 감정으로 물들이는 것이다. 이러한 감정이입, 감정전이는 시인뿐 아니라 보통 사람들도 상당한 정도까지 가능한 일이다. "나를 슬프게 하는 가을"이 "슬퍼하는 가을"이 되는 것은 원인이 결과로 뒤바뀐 것이다. 가을은 슬픔의 원인이더니 스스로 슬프게 된 것(결과)이다. 이를 수사학에서 환유換喩 metonymy라고 한다. 하지만 "슬픈 가을" 정도의 환유는 별로 이상하다는 느낌 없이 일상 언어에서도 자주 쓰인다.

　그런데 윤동주는 "여기저기서 단풍잎 같은 슬픈 가을이 뚝뚝 떨어진다"고 한다. 일상언어로 말하자면 "가을이 되어 여기저기서 단풍잎들이 뚝뚝 떨어진다"가 될 것이다. 다시 말하면 가을이 원인이 되어 단풍잎들이 여기저기서 뚝뚝 떨어지는 결과가 생기는 것이다. 그런데 "가을이 뚝뚝 떨어진다"고 하였으니 결과가 원인의 자리를 차지한 것, 즉 큰 전이가 생겼다. 뚝뚝 떨어지는 것은 본시 단풍잎인데 단풍잎을 일러 "가을"이라고 뒤집어 말하였으니 "가을이 되어 뚝뚝 떨어지는 단풍잎"이 "단풍잎 같은 가을"로 뒤집어지는 것이다. 이것은 과연 시적 천재가 번득이는 독창적 환유이다. 바로 이러한 환유의 사용이 윤동주의 시적 특질의 하나이다. 그의 습작기에 창안한 "염소의 갈비뼈 같은" 기발하기만 한 비유와는 성질이 아주 다르다. "텐트 같은" 하늘은 적절한 직유이긴 해도 복잡한 과정을 통하여 성립된 환유는 아니다.

19 와 24 는 같이와 같은데가 함께 쓰인 한 문장이다. 역시 윤동주의 성숙기에 쓰인 비유들로서 하나의 통일된 분위기를 조성한다. 여기서 좀 자세히 따져보기로 한다. 시인은 비 내리는 밤길을 걸어 자기 방에 돌아온다. 불을 켜지 않은 방은 텅 비고 어둡다. 어두운 빈 방이 쓸쓸하여 사람들의 왕래가 있고 간혹 불빛이 있는 거리를 내다본다. 그러나 시간이 늦었는지 바깥도 인적이 없고 방안과 같이 어둡다. 삭막한 거리와도 같은 방, 또는 어두운 빈 방과도 같은 삭막한 거리이다. 이 비유는 시인의 외로움을 표현하는 것 이상은 아니다. 그러나 거리를 가리켜 "꼭 세상 같다"고 하는 말은 기이하다. "세상"이란 바로 여러 사람들이 뒤섞여 사는 거리가 아닌가? 세상 보고 세상 같다고 하는 말인 듯하다. 언뜻 보기에는 비유 형식을 취했으되 비유가 아닌 것 같다. 그러나 어두운 빈 방처럼 사람들의 왕래가 그치고 불빛도 없는 거리야말로 꼭 "세상" 같다는 것이 이 비유의 포인트이다. 밝은 태양이나 가로등 아래에서 온갖 사람들이 북적이는 데가 이른바 세상이지만, 속을 들여다보면 세상이란 텅 빈 어두운 방이나 거리와 진배없다는 것, 세상은 무의미한 공간에 불과하다는 것이 시인의 고뇌스런 인식이다. 어두운 방에서 깊은 외로움과 소외감과 무의미를 느끼는 시인의 심정을 토로하는 비유인 것이다. 수사학적으로 말하자면 거리를 세상에 비유한 것은 부분을 전체에다 비유한 것이므로 일종의 제유提喩 synecdoche가 된다. 이 비유는 이처럼 좀더 깊은 해석을 필요로 하는 원숙한 비유이다.

26, 27, 28 은 부사로서의 같이의 용례들인데, 모두 습작기 동요 「햇비」에 나오는 것들로 비교의 뜻은 없고 단지 "함께"를 뜻할 뿐이다.

조사 같이는 우리의 일상 언어에서 비유적 표현에 꽤 자주 쓰인다. 윤동주도 몇 용례를 남기고 있다..

29 손바닥만한 나의 정원이 마음같이 흐린 호수 되기 일쑤다.

「소나비」

30 타박타박 땅을 고눈다. 벌거숭이 두루미 다리같이…　「곡간」
31 달이 자라는 고요한 밤에 달같이 외로운 사랑이 가슴 하나 뼈근히 연륜처럼　「달같이」
32 거미가 쏜살같이 가더니 끝없는 끝없는 실을 뽑아 나비의 온몸을 감아버린다.　「위로」
35 매일같이 웬 여자들인지 주룽주룽 서 있다.　「종시」
33 그 뒤 매일같이 이 자국을 밟게 된 것이다.　「종시」
34 "자네 매일같이 남대문을 두 번 지날 터인데 그래 늘 보곤 하는가?"　「종시」
36 그리고 소낙비 그친 뒤같이도 이 노래를 그친 자가 누구뇨?
　　　　　　　　　　　　　　　　　　　　　「삶과 죽음」

조사 같이는 대부분의 경우에 실상 부사 같이와 뜻이 같다. 한국어 문법에서 명사에 붙여 쓴 같이를 조사로 규정한 근거를 니 같은 문외한은 도무지 짐작할 수 없으나, 그런 것이 문법인 모양이다. 하여간 조사 같이는 직유 만들기에 아주 적합한 말이지만, 윤동주는 많이 쓰지 않았다. 특징이라면 특징이다. 위의 용례 중에서 "쏜살같이"와 "매일같이"는 이제는 비교의 의미가 거의 완전히 없어져 굳은말이 된 것이고 29, 30, 31, 36 만이 비유 구실을 하고 있다. 그런데 이 넷은 모두 그의 습작품에 나오는 것이다.

이들 중에서 29가 우리의 시선을 끈다. 작은 뜰에 빗물이 고여 질펀하게 되면 마치 흐린 호수 같아 보인다. 그런데 윤동주는 그 흐린 호수를 마음 같다고 표현한다. 많은 시인들이 "내 마음은 호수요", "명경지수"처럼 마음을 호수나 맑고 고요한 수면에 비유하지 흐린 물웅덩이에 빗대지는 않는다. 소년 윤동주는 일찍부터 자기 마음이 흐린 물 같음을 느낄 만큼 괴롭고 답답하였던 모양이다. 이렇게 그는 간접적으로 자기 마음의 상태를 나타내고 있다.

동사 같이하다는 단 한 번 쓰였으나 "함께하다"라는 뜻이고 비교의 뜻은 없다.

37 소학교 때 책상을 같이했던 아이들의 이름과 「별 헤는 밤」

이상으로 형태소 같에 관련된 비유의 사용을 모두 알아보았다. 다음은 듯에 관련된 것들이다. 듯은 의존명사이나 실제 문장 속에서는 거의 언제나 부사어로 쓰이고 조사 도나 이가 붙어 쓰이는 경우가 많다.

38 이 점의 대칭 위치에 또 하나 다른 밝음(明)의 초점이 도사리고 있는 듯 생각힌다. 「별똥 떨어진 데」
39 고색이 창연한 남대문이 반기는 듯 가로막혀 있고, 「종시」
40 봄바람을 등진 초록빛 바다, 쏟아질 듯 쏟아질 듯 위트럽다.
「풍경」
41 알 듯 모를 듯한 데로 거닐과저! 「비애」
42 나는 없는 듯 있는 하루살이처럼 허공에 부유하는 한 점에 지나지 않는다. 「별똥 떨어진 데」
43 두둥실거리는 물결은 오스라질 듯 한껏 경쾌롭다. 「풍경」
44 하기는 나는 세기의 초점인 듯 초췌하다. 「별똥 떨어진 데」
45 덥석 움키었으면 잡힐 듯도 하다마는 그것을 휘잡기에는
「별똥 떨어진 데」
46 그신 듯이 냇가에 앉았으니 사랑과 일을 거리에 맡기고 「산골물」

47 이네들은 너무나 멀리 있습니다. 별이 아슬히 멀 듯이.

「별 헤는 밤」

48 하늘 끝까지 보일 듯이 맑은 주일날 아침에 「비둘기」

49 그리고는 너는 상관없다는 듯이 자기네끼리 소곤소곤 이야기하면서 「투르게네프의 언덕」

50 얼굴을 찌깨놓은 듯이 한다든가 이마를 좁다랗게 한다든가 「종시」

듯은 일상 언어에서 상투적 비유에 자주 쓰이므로 시적 표현력이 상대적으로 적다고 할 수 있다. 38, 39, 41, 42, 45, 48, 49 등은 비유적 표현력이 거의 다 없어진 것들, 이른바 죽은 비유들이거나 아예 비유가 아니다. "오스라질 듯"(43), "그신 듯이"(46), "찌깨놓은 듯이"(50)는 방언적 표현들인 듯한데 뜻은 알 수 없지만 일상적인 죽은 비유들이라는 느낌이 든다. 따라서 "쏟아질 듯"(40) 위태로운 초록빛 바다와 "세기의 초첨인 듯"(44) 초췌한 나와 "별이 아슬히 멀 듯이"(47) 멀리 있는 옛 동무들만이 표현력이 살아 있는 비유들이다. 이 중 44와 47이 윤동주의 창작기의 것이고 그 중에서도 47만이 시에서 쓰인 비유이다. 윤동주는 의존명사 듯을 시적 비유에 별로 애용하지 않았다는 것이 드러난다.

이에 비하면 어미 듯, 듯이는 훨씬 더 자주 비유에 쓰이고 있다.

51 황혼이 호수 위로 걸어오듯이 나도 사뿐사뿐 걸어보리이까? 「이적」

52 매를 본 꿩이 도망가듯이 암흑이 창구멍으로 도망한 나의 방에 「초 한 대」

53 세상으로부터 돌아오듯이 이제 내 좁은 방에 돌아와 불을 끄옵니다. 「돌아와 보는 밤」

54 본정엔 전등이 낮처럼 밝은데 사람이 **물밀리듯** 밀리고 「종시」

55 만일 다른 사람의 얼굴을 **보듯** 그렇게 자주 내 얼굴을 대한다고

할 것 같으면　　　　　　　　　　　　　　　　　　　「종시」
　56 행동할 수 있는 자랑을 자랑치 못함에 뼈저리듯 하나
　　　　　　　　　　　　　　　　　　　　　　「별똥 떨어진 데」
　57 하늘 복판에 알 새기듯이 이 노래를 부른 자가 누구뇨?「삶과 죽음」
　58 연륜이 자라듯이 달이 자라는 고요한 밤에　　　　「달같이」
　59 아닌 밤중에 튀기듯이 잠자리를 뛰쳐 끝없는 광야를 홀로 거니는
　　사람의 심사는　　　　　　　　　　　　　　　　　　「비애」
　60 봄이 오면 무덤 위에 파란 잔디가 피어나듯이 내 이름자 묻힌 언
　　덕 위에도 자랑처럼 풀이 무성할 게외다.　　　　「별 헤는 밤」

　이 중에서 54, 55, 56, 59는 죽은 비유들이고 나머지는 표현력이 있는 비유라고 할 수 있다. 그 중에서 52, 57, 58, 59 는 습작품에 나오는 것들이다. 52는 촛불을 켜자 암흑이 사라지는 것을 "매를 본 꿩"이 도망하는 데에 비한 것인데 기발하기는 하지만 습작품의 냄새가 짙어 시적 감흥이 적다.
　이에 비하면, 황혼이 저녁 호수 위로 천천히 가볍게 퍼져 오듯 호숫가에 홀로 선 시인 자신도 호수 위로 가볍게 걸어갈 수 있을 것 같다는 창작기의 비유(51)는 질적으로 확실히 다르다. 60 도 그렇다.
　보조 형용사 듯싶다는

　61 저마다 꾸러미를 안았는데 예의 그 꾸러민 듯싶다.　　　「종시」

에서 단 한번 쓰였는데 "…라고 생각된다"의 뜻이고 비교의 뜻은 나타내지 않는다.
　보조 형용사 듯하다는 듯하고, 듯하나, 듯하다, 듯하다마는, 듯한, 듯합니다 등 여러 꼴로 꽤 많이 쓰였지만 별로 시적이지는 못하다.

62 안타까운 나의 마음에 나무의 마음이 점점 옮아오는 듯하고
「화원에 꽃이 핀다」
63 투명한 듯하나 믿지 못할 것이 유리다.   「종시」
64 달빛은 솔가지에 솔가지에 쏟아져 바람인 양 솨 소리가 날 듯하다.
「달을 쏘다」
65 나무처럼 행복한 생물은 다시없을 듯하다.   「별똥 떨어진 데」
66 내 머리를 갑박이 내려누르는 아무것도 없는 듯하다마는 내막은
  그렇지도 않다.   「별똥 떨어진 데」
67 세상 사람은 뼈를 녹여 내는 듯한 삶의 노래에 춤을 춘다.
「삶과 죽음」
68 알 듯 모를 듯한 데로 거닐과저!   「비애」
69 일찍이 서산대사가 살았을 듯한 우거진 송림 속,   「종시」
70 어리석은 듯한 멘탈테스트를 낸다면 나는 아연해지지 않을 수 없다.
「종시」
71 이것쯤은 있을 듯한 일이다.   「종시」
72 나는 아무 걱정도 없이 가을 속의 별들을 다 헬 듯합니다.
「별 헤는 밤」

 좀 특이한 사실은 이들 11개 중에서 8개가 산문에서 쓰였다는 것이다. 그러나 62, 64는 산문에 쓰였어도 무척 표현적이어서 산문 중에서 특히 시적인 대목을 이룬다. 그 밖에는 일상적 표현들로서 죽은 비유이거나 비유가 아니다. 72 는 비유가 아니고 "…라고 느껴진다"는 뜻을 나타낸다. 윤동주는 듯하다를 시적 비유에 자주 쓰지 않았다고 하겠다.
 끝으로, 조사 **처럼**은 우리 시의 비유에 매우 애용되는 형식이다. 처럼의 사용에도 습작기와 창작기가 대체로 구별된다.

73 잠은 한낱 검은 고래 떼처럼 살래어, 달랠 아무런 재주도 없다.
「비 오는 밤」
74 금휘장에 금단추를 삐었고 거인처럼 찬란히 나타나는 배달부,
「흐르는 거리」
75 닥터 빌링스의 동상 그림자처럼 슬퍼지면 그만이다. 「달을 쏘다」
76 노래는 마디마디 끊어져 그믐달처럼 호젓하게 슬프다. 「야행」
77 연정, 자홀, 시기, 이것들이 자꾸 금메달처럼 만져지는구려.「이적」
78 모가지를 드리우고 꽃처럼 피어나는 피를 어두워가는 하늘 밑에 조용히 흘리겠습니다. 「십자가」
79 까치가 새끼의 날발을 태우며 날 뿐, 골짝은 나그네의 마음처럼 고요하다. 「곡간」
80 아롱아롱 조개 껍데기, 나처럼 그리워하네, 물소리 바닷물 소리.
「조개껍질」
81 승강기는 머리가 휑했고, 본정엔 전등이 낮처럼 밝은데 「종시」
82 나는 이 여러 동무들의 갸륵한 심정을 내것인 것처럼 이해할 수 있습니다. 「화원에 꽃이 핀다」
83 이제, 사상이 능금처럼 저절로 익어가옵니다.「돌아와 보는 밤」
84 이 땅 봄바람이 호인의 물레바퀴처럼 돌아 지나고 「양지쪽」
85 아직쯤은 사람들이 바둑돌처럼 벌여 있으리라. 「산상」
86 거리가 바둑판처럼 보이고 강물이 뱀의 새끼처럼 기는 산 위에까지 왔다. 「산상」
87 어느 조용한 하숙방에서, 옛 거리에 남은 나를 희망과 사랑처럼 그리워한다. 「사랑스런 추억」
88 쪼그만 정거장에서 희망과 사랑처럼 기차를 기다려,
「사랑스런 추억」

89 강물 속에는 사랑**처럼** 슬픈 얼굴 아름다운 순이의 얼굴은 어린다.
「소년」
90 강물 속에는 사랑**처럼** 슬픈 얼굴 아름다운 순이의 얼굴이 어린다.
「소년」
91 순아, 암사슴**처럼** 수정 눈을 내려 감아라. 난 사자**처럼** 엉클인 머리를 고르런다. 「사랑의 전당」
92 벼룻장 엎어놓은 하늘로 살 같은 비가 살**처럼** 쏟아진다. 「소낙비」
93 비행기는 새**처럼** 나래를 펄럭거리지 못한다. 「비행기」
94 그리고도 책머리에 아롱거리며,/ 선녀**처럼** 촛불은 춤을 춘다.
「초 한 대」
95 방은 우주로 통하고 하늘에선가 소리**처럼** 바람이 불어온다
「또 다른 고향」
96 이제 이 동리의 아침이 풀살 오른 소 엉덩이**처럼** 푸드오. 「아침」
97 수도 생활에 나는 소라 속**처럼** 안도하였던 것이다. 「종시」
98 산등어리에 송아지 뿔**처럼** 울뚝불뚝히 어린 바위가 솟고, 「곡간」
99 영하로 손가락질할 수돌네 방**처럼** 추운 겨울보다 해바라기가 만발한 팔월
「한란계」
100 함박눈이 내려 슬픈 것**처럼** 창 밖에 아득히 깔린 지도 위에 덮인다.
「눈 오는 지도」
101 봄이 혈관 속에 시내**처럼** 흘러 돌, 돌, 시내 가차운 언덕에 개나리,
「봄」
102 어둠을 조금 내몰고, 시대**처럼** 올 아침을 기다리는 최후의 나.
「쉽게 씌어진 시」
103 아씨**처럼** 내린다, 보슬보슬 햇비. 「햇비」
104 아이**처럼** 황황해지는 가슴에 눈을 치떠서 밖을 내다보니

「달을 쏘다」
105 신념이 깊은 의젓한 양처럼 하루종일 시름없이 풀포기나 뜯자.
「흰 그림자」
106 이 밤에 연정은 어둠처럼 골골이 스며드오. 「명상」
107 코스모스 앞에 선 나는 어렸을 적처럼 부끄러워지나니,
「코스모스」
108 이 밤이 나에게 있어 어린 적처럼 한낱 공포의 장막인 것은 벌써 흘러간 전설이요 「별똥 떨어진 데」
109 남의 여로를 자기의 여로인 것처럼 걱정하고, 「종시」
110 마스트 끝에 붙은 붉은 깃발이 여인의 머리칼처럼 나부낀다.
「풍경」
111 정말 너는 잃어버린 역사처럼 홀홀히 가는 것이냐.
「눈 오는 지도」
112 괴로웠던 사나이, 행복한 예수 그리스도에게처럼 「십자가」
113 고요한 밤에 달같이 외로운 사랑이 가슴 하나 뻐근히 연륜처럼 피어 나간다. 「달같이」
114 보슬보슬 햇비. 맞아주자 다 같이, 옥수숫대처럼 크게. 「햇비」
115 서울이 자기 하나를 위하여 이루어진 것처럼 우쭐했는데 「종시」
116 내 이름자 묻힌 언덕 위에도 자랑처럼 풀이 무성할 게외다.
「별 헤는 밤」
117 개는 나를 쫓는 것일 게다. 가자, 가자, 쫓기우는 사람처럼 가자.
「또 다른 고향」
118 하늘이 펼치고 파란 바람이 불고 가을이 있고 추억처럼 사나이가 있습니다. 「자화상」
118 코카서스 산중에서 도망해온 토끼처럼 둘러리를 빙빙 돌며 간을

지키자.　　　　　　　　　　　　　　　　　　　　「간」
119 바람이 팽이처럼 돈다. 나무가 머리를 이루 잡지 못한다.
　　　　　　　　　　　　　　　　　　　　　　　　　「소낙비」
120 이랑을 넘는 물결은 폭포처럼 피어오른다.　　　「바다」
123 진달래, 노란 배추꽃, 삼동을 참아온 나는 풀포기처럼 피어난다.
　　　　　　　　　　　　　　　　　　　　　　　　　「봄」
124 아 이 젊은이는 피라미드처럼 슬프구나.　　　　「비애」
125 이것이 하루살이처럼 경쾌하다면 마침 다행할 것인데 그렇지를
　　　못하구나!　　　　　　　　　　　　　　「별똥 떨어진 데」
126 다만 나는 없는 듯 있는 하루살이처럼 허공에 부유하는 한 점에
　　　지나지 않는다.　　　　　　　　　　　　「별똥 떨어진 데」
127 허전히 뒷골목을 돌아 황혼처럼 물드는 내 방으로 돌아오면
　　　　　　　　　　　　　　　　　　　　　　　　「흰 그림자」

위에서 보듯, 처럼은 55번이나 쓰여 윤동주가 사용한 직유 형식 전체의 43%나 된다. 이 중에서 80, 82, 107, 108, 109, 112, 115는 비유적 성격이 없든가 아주 적다. 다음으로 비유이긴 하되 상투적이거나 수사적인 것들은 81, 85, 86, 92, 93, 94, 96, 98, 99, 103, 104, 105, 114, 119, 120, 125, 126 이다. 물론 수사적인 비유는 적절하고 표현성이 높을 수도 있지만 시적 여운이 작품 전체, 나아가서는 윤동주 시 세계에 뻗어 나가는 기운을 가지도록 쓰이지 않은 것이다. 자신을 "없는 듯 있는 하루살이처럼 허공에 부유하는 한 점(126)"에 빗댄 것은 매우 적절한 수사적 비유이나 시적 여운을 글 전체에 널리 퍼지게 하지 않는다. 상투적, 수사적 비유는 대체로 윤동주의 습작품과 산문에 많이 나타난다. 산문에는 본시 수사적 표현이 어울린다. 그의 습작품에 수사적 비유가 많이

나타난다는 말은 그의 습작품이 운문임에도 불구하고 다분히 "산문적"이라는 말도 된다. 위에서 보듯이 처럼을 쓴 용례의 약 반수는 비유가 아니거나 상투적이거나 수사적이고 나머지 반수가 시적 비유라고 하겠다.

이 중에서 "황혼처럼 물드는 내방"(127)이라는 비유를 분석해본다. 이 비유가 쓰인 「흰 그림자」는 윤동주의 일본 리쿄대학 시절에 쓴 작품이다. 그는 전쟁의 와중에 일본의 대학에서 영문학을 공부하는 만주 출신의 조선 학생으로서(참으로 매우 이질적인 요소들의 집합이다), 당시의 그의 하숙 주인을 비롯하여 그를 기억하는 사람이 거의 없을 만큼 소외되고, 미래에 대해서는 암담한 절망만을 느끼고 과거만을 그리움 속에 되살릴 수 있을 뿐이다. 매일 저녁 무렵 그는 낮에 떠올렸던 "연연히 사랑하던 흰 그림자들"을 다시 추억 속으로 돌려보낸 뒤 "허전히 뒷골목을 돌아" 쓸쓸한 하숙방("육첩방은 남의 나라")으로 돌아오는데, 하숙방이 "황혼처럼 물드는" 것이다.

그는 이 시의 첫 연에서 "땅거미 옮겨지는 발자취 소리"를 듣는다고 했다. 하루 종일 그는 아마도 일본 군국주의의 전쟁 독려, 허위 선전, "늙은 교수"의 무의미한 강의(「쉽게 씌어진 시」) 따위에 귀가 "시들어" 발자국 소리를 들을 만큼 "총명"하지 못했다고 한다.("총명"은 "귀가 밝다"는 뜻이니, 아주 적절한 반어이다.) 그러자 "황혼의 발자국 소리"를 듣는 것이다. 그의 귀는 낮의 소란한 소리는 못 듣고 오리려 소리 없는 황혼, 즉 땅거미의 소리를 듣는다. 땅거미는 온 땅을 검은 어둠으로 덮는다. 어둠이란 공포, 절망, 궁극적으로는 죽음이다. 바로 이 어두운 죽음의 기운이 하숙방을, 자기 몸에게 임시로 허락된 작은 공간을 검게 물들이는 것을 "듣는"것이다. 이는 물론 시각적 지각을 청각적 지각으로 뒤바꾼 공감각이다.

낮에 그리움 속에 떠올렸던 흰 그림자들, 아마도 흰옷 입은 고향사람들의 모습들과는 전혀 다른 검은 그림자가 짙어간다. 이처럼 "황혼"은 단지 수사적 장치가 아니라 이 시 전체, 나아가 윤동주 시 세계 전체에 퍼지는 어떤 두려운 기운이 된다. 이런 것이 진정한 의미의 시적 비유이며, 윤동주의 독특한 시의 세계는 주로 그런 것들로 이루어진다.

 이 시가 "신념이 깊은 의젓한 양처럼 하루종일 시름없이 풀포기나 뜯자(105)"로 끝난다는 사실에 주의를 기울일 필요가 있다. "양처럼"은 아주 적절한 수사적 비유라고 할 수 있다. 방에 불을 켜서 어두운 기운을 임시로나마 막아내고 (「초 한 대」에서는 방안에 불을 켜자 "매를 본 꿩이 도망가듯이 암흑이 창구멍으로 도망"(52)하였다고 했지만) 자기는 부모님이 보내주신 학비(「쉽게 씌어진 시」)로 공부하는 학생의 신분으로 돌아가 책을 읽는데, 그 모양을 양이 말없이 풀을 뜯는 꼴에 빗댄 것이다. 여기서 양은 산양, 즉 염소를 뜻하는 것으로 보아야 한다. 염소는 뿔이 삐죽 솟고(아이들은 "염소뿔 세다!"고 말해준다) 긴 수염이 늘어져("에헴!"하는 것 같다) 제법 "신념이 있고 의젓하게" 보인다. 염소는 "염소야, 이 책 다 배우거든 너 먹어라"는 내용의 동요가 말하듯이, 종이를 먹는다. 글읽기도 일종의 "종이 먹는" 짓이다. 글 읽는 자기를 "신념이 깊은 의젓한 양"에 비유하여 자기를 희화화하는 것이다. 아무 일 없었던 것처럼 의젓하게 양이 마냥("시름없이") 풀포기를 뜯듯 책이나 "뜯어" 읽겠다고 한다. 이것은 황황한 어둠 속에서도 자기를 완전히 잃지 않고 자기를 비판적으로 바라볼 수 있는 통제하는 지적 태도이다. 자기를 희화화한다는 것, 자기를 아이러니의 대상으로 삼는 것, 다시 말하면 "자조적自嘲的"일 수 있는 사람은 자기에 대한 객관적 관찰을 할 수 있는 거리를 유지함을 증명하기 때문이다.

 윤동주는 수사학적, 시적 비유 등 모든 비유 사용에 능통했다.

III

6 「서시」의 시학 (1): 하늘과 바람과 별과 시의 구조적 관계

어느 조사에 의하면, 윤동주의 「서시序詩」28는 한국인이 가장 좋아하는 시라고 한다. 교과서에도 나오고 전국 여러 곳에 그 시가 써어 있든가 새겨 있어 글을 읽는 한국인이면 누구나 좀씩은 알고 있다. 그런데 모두 좋아한다는 그 짧은 시를 정확히 외우는 사람은 드물다고 하니 해괴한 사실이다. 어떤 영국인이 좋아하는 시를 수백 행이나 줄줄 외우는 것을 보았다. 영국 여류시인 이디스 싯웰Edith Sitwell은 소녀 시절에 영국 런던에서 이탈리아 피렌체까지 기차로 여행하는 동안 내내 자기가 좋아하던 시를 반복하지 않고 계속해서 외울 수 있었다고 한다. 아마 수만 행을 외웠을 것이다. 하긴 괴팍한 사람이긴 했지만. 우리 선조들도

---

28 「서시」라는 제목은 지금 남아 있는 유일한 원고인 "정병욱 본"에는 없다. 그냥 원문만이 적혀 있을 뿐이다. 그러나 용정 집에 보관되어 있던 다른 원고에는 「서시」라고 분명히 써어 있었다고 윤일주가 증언했다. 이를 불신할 특별한 이유가 없다. 그러나 오오무라 마스오는 이를 받아들이지 않는다(111쪽). 윤동주는 자기 작품의 제목에 세심한 주의를 기울였다고 생각된다. 그는 혹시 제목 없이 시를 썼더라도 나중에 반드시 적절한 제목을 붙이는 깔끔한 성격이었다.

한시를 수 백 수씩 외웠다. 한시를 잘 지으려면 적어도 500수는 외우고 있어야 한다는 말이 있다. 그런데 왜 그리도 좋아한다는 「서시」를 외우는 사람이 그리도 적은가? 오늘날의 한국인이 작은 일에 정성을 들이지 않고 무슨 일이나 엄벙덤벙 대강대강 지나치고 말기 때문이 아닐까?

그래서 우리는 우리의 애송시 「서시」를 정성을 들여 꼼꼼히 읽어볼 필요가 있다.

　　죽는 날까지 하늘을 우러러
　　한 점 부끄럼이 없기를,
　　잎새에 이는 바람에도
　　나는 괴로워했다.
　　별을 사랑하는 마음으로
　　모든 죽어가는 것을 사랑해야지.
　　그리고 나한테 주어진 길을
　　걸어가야겠다.

　　오늘밤에도 별이 바람에 스치운다.

겨우 아홉 줄, 네 문장, 스물아홉 마디, 아흔 음절(글자)로 된 아주 짧은 시이다. 윤동주가 1941년 12월 연희전문 문과 졸업을 앞두고 그 동안 써 두었던 시 중에서 열여덟 편만 골라 엮고는 1941년 11월 20일 끝으로 이 「서시」를 지어 앞에 붙여 『하늘과 바람과 별과 시』라는 제목으로 단 77부의 시집을 내려고 하다가 뜻을 이루지 못하였다는 사실은 학자와 평론가들 사이에는 꽤 잘 알려져 있다. 자선 시집의 머리말에 해당하는 「서시」를 지어 자기 작품들의 의도를 한데 뭉쳐서 나타내고자 한 것이라 할 수 있다.

「서시」의 바탕을 이루는 사물은 하늘과 바람과 별인데 바로 이것들이 그의 시집의 제목이 되어 있으니, 말하자면 시집 제목 『하늘과 바람과 별과 시』는 「서시」의 압축도 되는 것이다. 그의 세계는 하늘과 바람과 별이 이루는 시의 세계이다. 우리는 그가 말이 무척 까다로운 사람이라는 인상을 받는데 그가 마지막으로 의도적으로 지은 「서시」와 역시 곰곰이 생각하여 지은 제목 "하늘과 바람과 별과 시"의 관계를 좀더 세심하게 알아보아야겠다.

하늘, 바람, 별, 시라는 네 항은 아무렇게나 모아 놓은 말들이 아니다. 하늘과 별은 아주 높은 데 고정되어 있으며 불변하는 것들이고 바람과 시는 지상에서 움직이는 것들이다. 그런 만큼 그 두 무리는 서로 대조적인 관계에 있고 또 한편 짝 지은 둘끼리는 서로 같은 성질을 공유하고 있다. 서로 그러한 관계에 있는 네 항은 비례 관계를 이룬다. 즉, "하늘 : 바람 = 별 : 시"라는 비례 관계가 성립된다.[29]

그들 사이의 관계를 좀더 분명하게 나타내기 위하여 대수학적으로 표현한다면 a/b=c/d 가 된다. 여기서 a=하늘, b=바람, c=별, d=시이다. 즉

(1) 하늘과 바람의 관계는 별과 시의 관계와 같다.

이 비례 관계에서 a/c=b/d 도 도출된다. 즉

(2) 하늘과 별의 관계는 바람과 시의 관계와 같다는 말이 된다.

또한 ad=bc 도 도출될 수 있다. 즉

(3) 하늘과 시의 어울림은 바람과 별(또는 별과 바람)의 어울림과 같다는 말이다. (여기서 대수식의 곱하기를 두 항의 어울림 또는 결합이라 하자)

이제 위의 (1), (2), (3)의 관계를 풀이하여 본다.

---

[29] 이런 관계가 그레마 A. J. Greimas의 기호학에서 말하는 "기호적 상동관계semiotic homology"라는 것일 터이다. 필자는 그레마의 기본 이론을 요약한 다음 영역 논문을 참조했다. A.J. Greimas and F. Rastier, "The Interaction of Semiotic Constraints," in *Game, Play, Literature*, ed. Jacques Ehrmann, Boston: Beacon Press, 1968.

(1): 하늘을 향하여 바람이 일듯이 별을 향하여 시가 솟는다. 하늘과 별은 지상의 것들이 애태워 바라는 지향점이다. 하늘과 바람은 크고 별과 시는 작다. 이 밖에도 (1)에서 끌어낼 뜻은 더 많을 것이다.

(2): 하늘과 별은 높은데 있고 바람과 시는 낮은데 있다. 하늘과 별은 높이 고정되어 불변하는데 바람과 시는 지상에서 수시로 움직이는 기운이다. 하늘이 별을 포함하듯 바람은 시 곧 일종의 호흡, 공기의 움직임, 작은 바람을 포함한다.[30]

(3): 수식에서는 곱하기인데 우리는 이를 어울림이라고 하자. 곱하기이니까 아주 센 어울림, 곧 상승적 융합 같은 것이라고 보면 좋다. 하늘과 시는 서로 뗄 수 없이 어울린다. 마찬가지로 별과 바람은 서로 세게 어울려 있다. 위의 (1)과 연결을 지으면 하늘과 별이 멀리 높은데 고정되어 있으나 바람과 시가 열렬한 기운으로 그 둘과 융합하고자 한다는 말이 된다.

이만큼 시집 제목에 나타난 네 항목들의 관계를 살펴보았으니, 그 네 항목을 적절히 배치해 놓은 「서시」로 다시 가본다. 그런데 「서시」 자체에는 '시'라는 항목은 '노래하다'라는 말로 변용되어 있고 그 자체는 나타나지 않는다. 그래서 '시'를 미지수(x)로 하면 우리의 기본 수식은 $a/b=c/x$ 가 된다. 이를 x 에 관해서 풀면 $x=bc/a$ 가 된다. 풀어서 말하면 시는 별.바람의 어울림을 분자로 하고 하늘을 분모로 하는 것이다. 하늘을 바탕으로 하여 별과 바람이 세게 어울린 것이 시라는 말이 되겠다. 과연 그럴 것 같다.

하늘은 절대적인 바탕이다. 오직 우러러 다짐하거나 영원히 희구할

---

[30] 김현자는 "여기서 '잎새'와 '별'과 '나'는 같은 아픔을 가지고 살아가는 작은 생명이다"라고 한다(「아청빛 언어에 의한 이미지」, 이선영 편, 19). 어떻게 "별"이 사람처럼 아픔을 가지고 살아가는 작은 생명이 될 수 있는지, 황당한 주장이다.

대상이다. 그 속에 별이 떠 있다. 별은 높이 솟는 바람이면 스칠 수 있을 듯하다. 즉 별과 바람은 어울릴 수 있다. 바람은 땅의 호흡이다. 사람의 숨도 바람의 일종이다. 서양 언어에서 바람과 숨은 같은 말 spiritus이고 거기서 영혼이란 말도 파생했다. 즉 바람과 숨과 영혼은 어원적으로 다 같은 말이다. 지상에서 높이 별에까지 닿을 수 있는 바람은 사람의 호흡, 윤동주의 목숨 같은 '노래', 곧 시인 것이다. 그러므로 "별을 노래하는 마음"과 "별에 스치는 바람"은 서로 유추적 관계를 이룬다. 바람은 우리말에서 신통하게도 희구, 열망을 뜻하기도 하니 지상에서 별을 향하여 부르는 노래는 별에 이르고자 하는 열망이란 말도 되는 것이다. 서양 언어에서도 "열망aspiratio"은 바람spiritus에서 파생되었다는 사실을 그 문자에서 쉽게 알아볼 수 있다. 우리말에서도 "바람(風)"과 "바람(望)"은 어쩌면 어원적으로 관련되어 있을지 모른다. 적어도 이 시에서는 둘은 거의 같은 말로 쓰이고 있다. 이리하여 시집 제목에 나타났던 하늘, 바람, 별, 시의 네 항목이 「서시」 자체에서 빚는 사각의 '상동 구조'가 모두 밝혀진다.

그런데 「서시」에서는 그 네 항 이외에 부끄럼, 괴로움, 죽음, 사랑이라는 또 다른 네 항이 아주 중요하게 부각된다. 윤동주의 다른 시들을 읽은 우리는 이들이 그의 시의 구조에서 기본 틀이 됨을 알고 있다. 부끄럼, 괴로움, 죽음, 사랑이 다시 또 다른 '상동 구조'를 이루는 것 같다.

이제 한 번 더 수식을 만들어 보자. 부끄럼/사랑=죽음/괴로움. 즉 부끄럼 대 사랑은 죽음 대 괴로움과 같다. 다시 말하면, 부끄럼과 사랑의 관계는 죽음과 괴로움의 관계와 같다. 이 기본 구조에서 부끄럼과 괴로움의 관계는 사랑과 죽음의 관계와 같아진다는 명제가 도출될 수 있다. 또는 부끄럼과 죽음의 관계는 괴로움과 사랑의 관계가 될 수도 있다. 더 나아가 사랑=괴로움*죽음/부끄럼의 관계식이 성립된다. 즉 사랑은 부끄럼을 바탕으로 하여 괴로움과 죽음이 강하게 어울리는 것이라는 말이 된다. 그런데 앞에서 우리는 제목의 상동 구조에 대한 풀이에서 시=별*바람/하늘('시는 하늘을 바탕으로 하여 별과 바람이 강렬히 어울리는 것이다")이라는 식을 도출했는데 여기서 다시 "사랑은 부끄럼을 바탕으로 하여 괴로움과 죽음이 강렬히 어울리는 것"이라는 식을 만난다. 둘은 구조 상 서로 비슷하다. 즉 시와 사랑은 동격을 이루고 하늘과 부끄럼은 바탕으로서 동격을 이루며 별과 바람, 괴로움과 죽음은 서로 강렬하게 어울리는 짝들이 된다.

이제 짐작이 간다. 하늘과 부끄럼은 바탕, 곧 윤동주의 의식의 지도에서 기준이 되는 점들이고 그 사이에 높게는 별이 있고 낮게는 괴로움, 죽음, 그리고 중간에는 아래와 위를 이어주는 시와 사랑이 있다. 우리는 윤동주가 유난히 부끄러워한 시인이라는 것을 잘 안다. 부끄럼은 죄의식 때문에 생기는 창피함과 동시에 천진무구함 때문에 저절로 생기는 수줍음의 뜻도 가지므로 사실상 서로 정반대의 두 뜻을 내포한다. 부끄럼이 이 두 상반된 뜻 사이에서 벌어지는 아이러니를 구현한다는 것은 금세 확인할 수 있다.

천진무구함은 곧 하늘이 낸 그대로 아무 허물없음을 뜻한다. 하늘의 바탕을 가진 상태이다. 우리는 조금 앞에서 하늘과 부끄럼이 바탕이 된다고 했는데, 여기서 둘은 결국 같은 말이 되고 있다. 둘 다 절대적 바탕이 되는 것이다. 바로 이런 뜻의 부끄럼으로 시인은 어린 시절에 절대 천진무구를 지향할 만큼 결벽하였었다. 그는 세상에 어떤 흔들림도, "잎새에 이는 바람"까지도, 용납할 수 없었다.

이 문장의 시제가 과거로 되어 있음에 주의해야 한다. 어린 시절에 그랬다는 말이다. 그러나 절대적 천진무구를 지향하면 이 세상을 등지거나 외면해야 하며 따라서 현실 세상에 대한 시를 지을 수 없을 것인데 어쩌면 "유감스럽게도" 그는 시인이 되기로 결심한 것이다.

약 200년 전 영국의 기발한 시인 윌리엄 블레이크William Blake(윤동주가 연희전문이나 도시샤대학 시절에 읽었음직한 시인이다)가 『천진과 경험의 노래Songs of Innocence and Experience』라는 유명한 시집을 냈는데 그가 말하는 "경험"은 이 세상에서 살면서 얻게 되는 온갖 죄, 꾀, 속임수 따위를 뜻한다. 그는 사람의 그 두 상반된 면이 뗄 수 없이 붙어 다니는 양상임을 한 시집 속에서 읊었다. 윤동주 역시 천진무구한 동요, 동시의 세계와 함께 괴로움과 수치가 넘치는 "경험"의 세계를 시에서 다루었다. 윤동주의 천진과 경험의 아이러니는 다른 논의의 큰 주제가 될 것이어서[31] 여기서는 다만 순진무구와 하늘이 기본 바탕이 되고 그 사이에 벌어지는 경험의 세계가 그의 시와 사랑의 세계임을 말하는 것으로 그친다. 시와 사랑은 결국 경험의 세계에서 같은 것이며 바람이 별에 거의 닿을 것처럼 높이 지향하듯, 시는 사랑이 되어 죽어가는 것들, 사람을 비롯한 모든 생명체들이 높은 데를 향하여 괴로운 숨, 바람, 열망을 호소하는--바울이 말하듯 "피조물이 다 이제까지 함께 탄식하며 함께 고통하는"(로마8:22) - 이 세상을 끌어안아 시의 영역으로 삼겠다고 다짐하는 것이다. 이 부분의 시제는 다짐과 기원을 나타내는 미래형으로 되어 있다. 그 이유를 알 만하다.

끝으로 그는 하늘과 땅 사이에서 그의 숨결, 열망, 바람이, 한 마디로 해서 그의 시가, 높은 별을 스칠 만큼 솟아오르는 것을 의식한다. 그는 괴로운 경험의 세상에서 별에 닿을 수 있음을 느낀다. 왜냐 하면 머리 위에는 하늘, 발 밑에는 천진무구가 절대적 바탕이 되어 있기 때문이다.

「서시」를 자세히 읽는 것은 윤동주 시 전부를 잘 알고 사랑함, 나아

---

[31] 이에 대해서는 19.에서 좀 더 다룬다. 아주 자세히는 다루지 못했다.

가서는 오늘의 우리 시를 다 잘 알고 사랑함으로 우리를 데려갈 것이라고 믿는다. 윤동주의 「서시」는 우리에게는 모든 시의 서시이기도 한 까닭이다.

7 「序詩」의 시학 (2): 시인의 기본적 자세

윤동주가 연희전문 시절에 이양하, 정인섭 등에게 영어 내지 영문학을 배웠을 터이지만 구체적으로 영문학의 어떤 작품을 접했는지는 알 수 없다. 다만 당시 민족적 현실이 비슷하다고 생각되었던 아일랜드 문학에 적이 끌렸을 듯하고 아마도 정인섭鄭寅燮이 얼마쯤 가르쳤음직도 하다. 정인섭은 1938년에 한국의 시를 번역하여 가지고 아일랜드에 가서 당시 서양 최고 시인 중 한 사람이었던 예이츠W.B.Yeats(1865-1939)에게 보인 적도 있다. 예이츠는 1923년에 아일랜드 최초의 노벨 문학상을 받아 약소국 문인들의 희망을 심어주기도 했다. (그에 앞서 1913년에 영국 식민지 인도의 타골Tagore이 노벨 문학상을 받았다.)

예이츠는 처음 두 권의 습작품집을 낸 다음 28세 되던 1893년에야 비로소 유감 없이 자기 목소리를 내기 시작한 시집 『장미The Rose』를 내면서 맨 앞에 「시간의 십자가에 달린 장미에게To the Rose upon the Rood of Time」라는 시를 특별히 뉘어 쓴 글꼴(이탤릭체)로 인쇄하였다. 다시 말하면 이 시는 그의 시 인생의 정식 출발을 알리는 "서시"였던 셈이다. 이 시집에 우리에게도 잘 알려진 「이니스프리호수 섬The Lake Isle of

Innisfree」과 「그대 늙었을 때 When You Are Old」 같은 작품들이 실려 있다.

윤동주는 『나의 습작기의 시 아닌 시』와 『창』이라는 두 시집 원고 속에 소년기의 습작품과 다소 불만스러운 작품들을 모아 놓고는 자기를 시인으로 내세울 만한 시만 골라 『하늘과 별과 바람과 시』라는 제목으로 모아놓고는 맨 앞에 「서시」를 따로 지어 붙였다.

필자는 지난 수십 년 간 현대영시 강의에서 예이츠의 「시간의 십자가 위의 장미에게」를 다루면서 저절로 윤동주의 「서시」와 비교하는 버릇이 들었다. 남들은 어쩌는지 모르겠지만 나는 둘은 매우 동질적인 데가 있다고 느낀다. 비교를 위하여 예이츠의 시를 대강 옮겨 본다.

시간의 십자가 위의 장미에게

붉은 장미, 도도한 장미, 내 모든 나날의 슬픈 장미여!
나 태곳적 세상사를 노래하노니 가까이 오라.
저 가열찬 밀물과 싸우는 쿠훌린,
숲에서 늙어 눈빛 고요한 저 백발의 사제,
퍼거스왕 주위에 별별 꿈과 한없는 파멸을 뿌렸다는 그,
그리고 그대 자신의 슬픔
그 슬픔으로 별들은 바다 위에 은신 신고 춤추느라 나이가 들어
드높은 외로운 가락으로 노래부른다.
가까이 오라. 이제 다시는 인간 운명에 눈멀지 않고
사랑과 미움의 나뭇가지 밑에서
하루뿐이 못 사는 온갖 불쌍한 미물들에서
유유히 제 길 가는 영원한 아름다움 찾으려 하노니.

오라 가까이, 가까이, 가까이—하지만 아직은
조금만 틈을 남겨 장미 숨결을 마시게 해주렴!
자칫하면, 작은 구멍 속 웅크리는 가녀린 벌레,

발부리 옆으로 달아나는 풀섶의 들쥐,
고뇌 끝에 가버리는 무겁고 덧없는 소망들
속 태우는 그런 모든 미물들의 목소리 못 듣는 채
나 혼자만 오래 전 죽은 자들의 밝은 가슴에
신이 들려준 기이한 이야기 듣고
남들이 모르는 언어의 노래를 배우려 들까 두렵구나.
가까이 오라. 내 가야할 때가 되기 전
해묵은 에이레와 태곳적 이야기를 노래하련다.
붉은 장미, 도도한 장미, 내 모든 나날의 슬픈 장미여.32

---

32 원문은 다음과 같다.

To the Rose upon the Rood of Time
Red Rose, proud Rose, sad Rose of all my days!
Come near me, while I sing the ancient ways:
Cuchulain battling with the bitter tide;
The Druid, grey, woodnurtured, quieteyed,
Who cast round Fergus dreams, and ruin untold;
And thine own sadness, whereof stars, grown old
In dancing silversandalled on the sea,
Sing in their high and lonely melody.
Come near, that no more blinded by man's fate,
I find under the boughs of love and hate,
In all poor foolish things that live a day,
Eternal beauty wandering on her way.

Come near, come near, come near Ah, leave me still
A little space for the rosebreath to fill!
Lest I no more hear common things that crave;
The weak worm hiding down in its small cave,
The fieldmouse running by me in the grass,
And heavy mortal hopes that toil and pass;
But seek alone to hear the strange thing said
By God to the bright hearts of those long dead,
And learn to chaunt a tongue men do not know.

여기서 예이츠의 신비사상(장미와 십자가)과 아일랜드의 민속신화(쿠훌린, 백발의 사제, 퍼거스왕, 에이레 등)에 대하여서는 따로 설명할 필요가 없겠다. 다만 붉은 장미는 영원한 아름다움과 세상의 아픔을 동시에 나타내는 복합적 상징이라는 것만 좀 알면 되겠다. 일반 독자에게 가장 중요한 것은 시인이 영원의 미와 완전히 합일되는 초월을 열망하면서도 괴로운 열망으로 가득한 이 세상의 온갖 약한 "미물들"을 뿌리칠 수 없다는 것이다. 자기 혼자만 초월의 세계에 들어가 버리면, 그는 시인이기를 그치고 그야말로 "신선"이 되는 것이다. 19세기 영국의 미학사상에 큰 영향을 끼친 러스킨John Ruskin에 의하면 시인이 보통 사물("미물")의 감각적 세계에 바탕한 시적 상상력의 세계를 벗어나면 이는 예언자적 정신계에 몰입하는 것이므로 세상은 물론이고 시 자체를 벗어버리는 것이 된다. 예이츠 자신도 후기의 시에서 순수 정신의 세계에서는 "지성은 '그렇다'와 '그래야 한다'나 '아는 자'와 '알아지는 자'의 구별을 뛰어넘으니, / 이는 곧 천국으로 오르는 것이어라. / 죽은 자만이 용서받는다. / 하지만 그 생각을 하면 내 혀는 돌덩이가 되누나"[33]고 탄식했다. 순수한 정신이 되어 세상을 초월한다는 것은 결국 죽는 것이다. 아니면 이 세상에 대하여서는 죽는 것과 마찬가지이다. 그래서 그는 "장미"에게 와 달라고 애타게 부르면서도 잠시 여유를 허락하여

> Come near; I would, before my time to go,
> Sing of old Eire and the ancient ways:
> Red Rose, proud Rose, sad Rose of all my days.

[33] 원문은 다음과 같다.
> For intellect no longer knows
> *Is* from *Ought*, or *Knower* from the *Known*
> That is to say, ascends to Heaven;
> Only the dead can be forgiven;
> But when I think of that my tongue's a stone. ("A Dialogue of Self and Soul")

"장미 숨결"을 호흡하게 해 달라고 간청하는 것이다. 장미는 영원한 아름다움이면서 동시에 시간의 "십자가"에 달려 있으므로 영원과 세상을 연결시키는 것이니 "장미 숨결"은 이 세상에서의 시인의 목숨을 뜻한다. 어렵지만 그런 숨을 쉬면서 세상의 모든 미물들을 눈여겨보며 사랑할 수 있어야 시인으로 남는 길이 되는 것이다. 구멍 속에 웅크리는 작은 벌레, 풀섶에 숨는 들쥐 같은 피조물이나 단명한 미움과 사랑, 덧없는 소망들에 괴로워하는 사람들에게 귀를 기울여야 한다. 그것들은 모두 한없이 "속 태우고" 있다. 바울이 탄식한 것처럼 "모든 피조물이 이제까지 신음하며 해산의 고통을 함께 겪고 있다(로마서 8:22)." 시인은 바로 이 괴로운 부르짖음을 외면할 수 없는 것이다. 그것이 시인의 "양심"이다. 이 "양심" 때문에 시는 종교적 경건성에 가까워진다.

윤동주의 「서시」는 심미주의적 취향을 드러내는 예이츠보다 훨씬 고결한 정신을 나타내는 듯하다.

> 죽는 날까지 하늘을 우러러
> 한 점 부끄럼이 없기를,
> 잎새에 이는 바람에도
> 나는 괴로워했다.
> 별을 노래하는 마음으로
> 모든 죽어 가는 것을 사랑해야지.
> 그리고 나한테 주어진 길을
> 걸어가야겠다.
>
> 오늘밤에도 별이 바람에 스치운다.

초월의 표상인 하늘을 향하여 한 점도 부끄럼 없음은 시인이라기보다는 도덕군자나 종교인의 경건함이다. 그처럼 부끄럼이 없는 초탈한 상태를 윤동주는 열망했을 것이다. 그것은 세상사에 조금도 흔들림 없는 꼿꼿한 태도이다. 그래서 가만히 있는 잎새를 흔드는 바람처럼 그의 마음을 흔드는 온갖 "바람"을 괴로울 정도로 피하려고 했다. 그러한 태도를 계속 유지한다면 혹시 그는 초연한 도덕군자나 종교인이 되었을 법하다. 특히 그것은 동양의 신비종교사상에 어울리는 태도이다. 그러나 그것은 세상에 대하여서는 "죽은" 것이나 다름없다. 이러한 상태를 두고 예이츠는 "나 혼자만 오래 전 죽은 자들의 빛나는 가슴에 / 신이 들려준 기이한 이야기를 듣고 / 남들이 모르는 언어의 노래를" 부르는 것으로 표현하고 그것에의 강한 매력을 느꼈다. 그런 초월의 경지는 자기 혼자만의 세계이고 남에게는 알려줄 수 없는 것이다.

그러나 윤동주는 "모든 죽어 가는 것을 사랑해야지" 하고 순수한 이상적 삶에의 동경을 차분히 제쳐놓고 괴롭지만 시인의 길을 걸으려는 의지를 가다듬는다. 예이츠가 장미에게 "오라, 가까이, 더 가까이, 더 가까이"라고 부르짖으면서도 신음하는 피조물들에게 눈길을 줄 여유를 허락해 달라고 한 것처럼 윤동주는 "별을 노래하는 마음으로 모든 죽어 가는 것을 사랑해야지" 한다. 그러한 사랑은 괴로운 사랑임에 틀림없지만, 그러나 나뭇잎이 바람에 흔들리는 것조차 꺼리는 초연한 태도는 혼자만 누리는 정신적 향락이요 사치일 수도 있다. 일부 소승불교나 도교의 이른바 해탈자가 그런 향락에 탐닉한다. 예이츠는 사라져 가는 아일랜드의 민속을 자기 시의 세계로 삼았고 윤동주는 모든 죽어 가는 것을 그의 시의 대상으로 삼는다. 역설적으로, 사라져 가는 것, 죽어 가는 것들은 정말로 사라지고 죽는 것이 아니라 시인의 사랑을 받아 진정으로 살아나는 것, 살아 움직이는 것들이 된다는 믿음이 두 시인에게 꼭 같이 들어 있다. 실상 그렇게 하는 것이 시인의 사명이기도 하다.

이제 바람이 있어 나뭇잎이 흔들리는 것은 오히려 살아 움직임을 뜻하게 된다. 모든 죽어 가는 것은 다름 아닌 모든 살아가는 것이다. 바람은 곧 세상의 호흡이다. 이 숨은 세상의 나뭇잎만이 아니라 아주 높이 하늘 가운데의 별에까지 미친다. 그렇다. 시인의 열망은 큰 호흡이 되어 별에 닿는다. 우리말에서 바람(望)과 바람(風)이 동음이의어라는 사실은 우연 치고는 너무나도 행복한 우연이다. 바람(望)은 곧 바람(風)이 되는 것이다. 애초에 조그만 바람결마저도 저어했던 도덕적 초탈의 염원에서 별에 스치는 큰 바람에의 열망으로 지양하는 것이다. "모든 죽어 가는 것"에 대한 윤동주의 사랑, "미물들의 속태움"에 대한 예이츠의 관심이 초월, 초탈, 초연, 해탈의 염원을 유예시키는 것이다. 그러나 두 시인의 경우 그러한 염원이 아주 사라지지는 않고 끝까지 그들을 붙잡아 그들의 고뇌를 깊게 파고 들었다.

이렇게 강대국의 압제를 당하던 약소국의 두 젊은 시인은 가장 중요한 점에서 아주 닮은 "서시"들을 썼다. 아마도 모든 진정한 시인들의 "서시"가 그런 공통점을 가지리라 믿는다. 워즈워스의 대표작은 『전주곡 Prelude』라는 장시인데 이 장시 자체가 그의 모든 시적 인생의 "서시"이다. 바로 윤동주와 예이츠가 짧은 서시에서 하는 말을 길게길게 늘여서 쓴 것이다.

8 「이적異蹟」: 윤동주가 경험한 "이적"

「이적」은 윤동주가 연희전문에 입학한 해 여름, 1938년 6월 19일에 쓴 것이다. 앞에서 말했듯이 그는 지금도 남아 있는 연희전문 기숙사에서 3년이나 살았는데 시간이 나면 혼자 근처 산과 들을 산책하였던 것 같다. 당시 연희 숲은 무척 우거져서 여우, 족제비 등 산짐승이 많았고, 신촌은 초가집이 즐비한 서울("경성") 변두리 어디서나 볼 수 있던 시골 마을이었고, 사이사이에 채마밭이 널려 있었고, 지금의 서교동 일대(1960년대까지 "잔다리"라고 했다.)에는 넓은 논이 펼쳐 있었다. 지금의 홍대앞 신촌전화국 근처에 아주 큰 연못이 있었는데 1950년대에도 거기서 낚시질 하는 사람들이 많았다. 어느 옛글에 보면 한양 팔경 중에 "서호낙일西湖落日"이 들어 있는데 이는 바로 지금의 서교동, 합정동 일대, 즉 서강에서 바라보는 한강의 해지는 풍경을 가리켰다. 윤동주가 묵던 기숙사에서 잔다리의 연못까지는 약 20분 거리, 거기서 10여분 더 걸으면 강가(서강)에 도달했다.

아마도 1938년 초여름 어느 황혼녘에 그는 잔다리의 그 연못가로 산책을 나왔다가 순간적으로 놀라운 경험을 한 것 같다.

> 발에 터분한 것을 다 빼어버리고
> 황혼이 호수 위로 걸어오듯이
> 나도 사뿐사뿐 걸어보리이까?

갑자기 그의 몸이 가벼워져 물위를 걸을 것 같다. 성경에 나오는 예수와 제자 베드로의 사건이 다시금 벌어질 듯하다. 풍랑 이는 갈릴리 호수에 배를 저어가던 베드로 등 예수의 제자들이 물 위로 걸어오는 예수를 보자 유령인가 하여 놀랐지만 예수가 안심시키고 믿음이 있으면 물 위로 걸을 수도 있다고 하니 베드로가 물 위로 걷다가 물결이 무서워 그만 빠지고 말았다는 기사가 마태복음 14장 24절33절과 마가복음 6장 4752절에 나온다. 마태복음 기사를 인용하면 이렇다.

> 배가 이미 육지에서 수리나 떠나서 바람이 거슬리므로 물결을 인하여 고난을 당하더라. 밤 사경에 예수께서 바다 위로 걸어서 제자들에게 오시니 제자들이 그 바다 위로 걸어오심을 보고 놀라 유령이라 하며 무서워하여 소리 지르거늘 예수께서 즉시 일러 가라사대 안심하라 내니 두려워 말라. 베드로가 대답하여 가로되 주여 만일 주시어든 나를 명하사 물 위로 오라 하소서 한대 오라 하시니 베드로가 배에서 내려 물 위로 걸어서 예수께로 가되 바람을 보고 무서워 빠져 가는지라 소리 질러 가로되 주여 나를 구원하소서 하니 예수께서 즉시 손을 내밀어 저를 붙잡으시며 가라사대 믿음이 적은 자여, 왜 의심하였느냐 하시고 배에 오르매 바람이 그치는지라 배에 있는 사람들이 예수께 절하며 가로되 진실로 하나님의 아들이로소이다 하더라

후세의 기독교인들이 으레 부딪치는 걸림돌이 성경에 나오는 이적 또는 표적에 대한 기사들이다. 어릴 때에는 실제로 일어난 놀라운 이야기로 쉽게 받아들일 수 있지만 청소년기에 반드시 괴로운 불안과 의심을 죄책감과 함께 느끼기 마련이다. 날 때부터 기독교인이었던 윤동주

도 그랬을 것이다. 실상 불교, 이슬람, 힌두교 등 모든 종교의 기본 경전들은 모두 그런 기적적 사건들을 담고 있다. 그것들은 언제나 이성적, 합리적, 상식적 세계 인식에 대한 강력한 도전이 된다. 그러나 이른바 이성적, 합리적, 상식적 세계 인식이 사람의 근본적인 갈망을 채워주지 못하는 한 종교적 이적은 언제나 어떤 힘을 가지고 남아 있을 것이다. 하지만 그것들을 상식적인 의미의 사실이라고 믿거나 안 믿는 것은 성숙한 신앙인이 되면 별로 문제되지 않는다. 그런 것은 확증해야할 지식이나 정보라기보다는 초월자와의 관계에서 삶의 태도를 올바르게 가지라는 준엄한 요청으로 받아들여지기 때문이다.

지금 황혼녘에 연못가에 선 윤동주도 성경의 그 장면을 떠올리며 자기가 어느 틈에 보통 연못가가 아닌 성경의 갈릴리 같은 "호숫가"에 도달하여 호면으로 걸을 수 있을 듯한 놀라운 느낌을 경험하는 것이다. 이는 일부 서양 예술가들이 말하는 "현현epiphany", 즉 순간적 비전 같은 것이다.

> 내사 이 호숫가로
> 부르는 이 없이
> 불리어 온 것은
> 참말 이적이외다.

기숙사 식당에서 여러 친구들과 저녁을 먹은 후에 혼자 "서호낙일"을 구경하러 산책을 나왔지만 갑자기 그는 그런 일상적 습관의 차원을 넘어 갈릴리 호숫가에 불려 나온 듯한 놀라운 느낌— "이적"이라고 할 수밖에 없는 경험을 한다. 그의 말씨도 일상적 언어가 아닌 기도의 말씨로 변한다. 또 한 가지 덧붙이자면 "내가" 대신 "내사"라는 청록파 시인들이 즐겨 쓰던 말투를 써서 그의 순간적 경험이 예사롭지 않았음을 말하고 있다.

상식적 차원에서 말하자면 그를 물에 빠지게 하는 것은 물보다 비중이 큰 그의 몸뚱이이다. "몸뚱이"라는 말은 바로 「달을 쏘다」라는 그의 수필에서 "발걸음은 몸뚱이를 옮겨 못가에 세워 줄 때 못 속에도 역시 가을이 있고 달이 있다"고, 그가 못가에 선 자기를 가리켜 한 말이다. (이 수필은 예사롭게 못가로 산책하던 이야기를 적고 있다.) 물위로 걷고 싶은 마음을 거역하는 것은 바로 그 "몸뚱이"인 것이다.

그러나 그런 상식적 인식은 돌연 중요하지 않게 된다. 그를 물밑으로 끌어당기는 온갖 무거운 것들에서 해방되어 물위를 걸을 수 있을 만큼 가벼워짐을 느끼는 순간적 "이적"을 그는 경험한다. 단순히 그의 무거운 "몸뚱이"보다도 연정, 자홀自惚, 시기 따위가 그의 발에 "터분하게[34]" 달라붙어 그를 침몰시키려고 위협하는 무거운 것들인데 그것들이 일순 씻겨져 나갈 것 같은 것이다. 바로 그렇게 가볍게 되는 순간, 그는 베드로처럼 예수의 명을 따라 물위로 걸을 것 같다.

    오늘 따라
    연정, 자홀, 시기, 이것들이
    자꾸 금메달처럼 만져지는구려.

윤동주를 무겁게 내리 누르던 것이 민감한 청년의 이성에 대한 그리움("연정"), 자기도취("자홀"), 남에 대한 질투("시기") 따위의 고민들이었음을 알 수 있다. "연정"에 대해서는 「명상瞑想」에서,

---

[34] "터분한"이 1955년 정음사판 『하늘과 바람과 별과 시』에는 "터부한"으로 되어 있어 필자가 참으로 부끄럽게 우스운 해석을 한 적이 있다. "터분하다"라는 말은 "기분이 매우 답답하고 따분하다"란 뜻이다. (위의 7쪽 참조)

들창 같은 눈은 가볍게 닫혀
이 밤에 연정은 어둠처럼 골골이 스며드오.

라 말하고 있는데 이 작품은 1937년 8월 20일, 만주 용정학교 재학시 지은 것으로 어떤 아가씨에 대한 그리움을 나타내고 있다. 청소년 시절의 애틋한 연정은 1년 뒤 그가 연희 전문 1학년 시절 바로 위의 「이적」과 같은 날짜에 쓴 것으로 추정되는[35] 「사랑의 전당殿堂」에서도 다음 같이 표현되고 있다.

우리들의 사랑은 한낱 벙어리였다.

청춘!
성스런 촛대에 열한 불이 꺼지기 전,
순아 너는 앞문으로 내 달려라.
어둠과 바람이 우리 창에 부닥치기 전,
나는 영원한 사랑을 안은 채
뒷문으로 멀리 사라지런다.

이제
네게는 삼림 속의 아늑한 호수가 있고
내게는 준험한 산맥이 있다.

「이적」에서 그가 벗어버리고자 한 "연정"은 바로 이런 성질의 것이었을 것이다. 그는 어떤 아가씨와 서로 인생의 갈림길에서 헤어져 결코 이룰 수 없는 사랑의 아픔을 혼자 몰래 앓을 것을 결심했다. 그러나 그

---

[35] 원고를 보면 「이적」을 쓴 날짜인 1938.6.19라는 날짜가 이 작품의 말미에 적혔다가 그 뒤에 한 연을 덧붙이면서 그 날짜를 지웠다.

것은 그를 무겁게 내리누르는 마음의 짐이 아닐 수 없었다.

여기서 "자홀", 즉 자기도취를 그가 괴로운 짐으로 여겼다는 사실에 우리의 관심이 쏠린다. 겸손하고 얌전한 윤동주, 그에게 무슨 자기도취가 있을 수 있었을까? 그의 습작기의 작품인 「공상空想」을 보면 제2연에서 그는 다음과 같이 말하고 있다.

> 무한한 나의 공상
> 그것은 내 마음의 바다
> 나는 두 팔을 펼쳐서
> 나의 바다에서 자유로이 헤엄친다.
> 금전 지식의 수평선을 향하여.

이 작품은 윤동주가 평양 숭실중학교에 다닐 때 학교 잡지 『숭실활천崇實活泉』(1935, 10)에 발표했던 것인데 나중에 『나의 습작기의 시 아닌 시』에 편입시키면서 끝줄의 "금전 지식"을 "황금 지욕知慾"으로 수정했다. 그는 미래에 대한 꿈이 많은 민감한 소년답게 "금전과 지식의 수평선을 향하여 자신의 바다에서 자유로이 헤엄치는" 자기를 가슴 설레며 그려보았음 직하다. 그것이 그의 "자홀", 즉 자기도취였다고 할 수 있다. 이는 실제로 모든 똑똑한 소년의 꿈이기도 하다. 어른이 된 그가 "금전 지식"을 "황금 지욕"이라는 더 적극적인 부귀와 지식에 대한 욕망을 뜻하는 말로 바꿈으로써 그것이 더욱 허망함을 나타내려 했던 것 같다. 이는 자기의 욕망에 대하여 스스로 은근히 비판한 것이었다고 할 수 있다. 끈질기게 남아 있는 소년 시절의 자기도취를 지금 그는 자기를 밑으로 끌어당기는 무거운 짐으로 생각하고 있는 것이다.

그를 괴롭히는 "시기"는 누구에 관한 것이었을까? 역시 소년기에 쓰인 「그 여자女子」에 보면,

함께 핀 꽃에 처음 익은 능금은
먼저 떨어졌습니다.

오늘도 가을 바람은 그냥 붑니다.

길가에 떨어진 붉은 능금은
지나던 손님이 집어갔습니다.

라고 하는데, 이 시에 「그 여자」라는 제목이 붙지 않았다면 시 자체로서는 먼저 익어 떨어진 "능금"을 전혀 엉뚱한 사람이 집어갔다는 이야기를 할 뿐이다. 그 제목을 미루어 보아 우리는 이 시가 한 동네에서 함께 자란 예쁜 여자를 딴 동네 남자가 아마도 결혼하여 데려갔다는 이야기인 것으로 짐작할 수도 있다. 시인은 자기가 몰래 그리워하던 여자를 빼앗아간 남자를 질투하는 모양이다. 앞서 「사랑의 전당」에 나온 "순이"가 바로 그 여자가 아닐까 하는 생각이 든다. 어쨌든 그런 성적 질투나 공부 따위의 집단행동에서의 경쟁자에 대한 시기가 없으면 그는 가벼워져서 물 위로 걸을 것 같다.

그리고 그를 물밑으로 끌어당기는 그런 연정, 자홀, 시기 따위가 "오늘 따라 금메달처럼 만져"진다고 한다. 이는 그의 가장 인상적인 비유(직유)의 하나이다. 그러한 마음의 온갖 짐이 간단하게 떼어버릴 수 있는 메달 같은 것이며, 세속적 승리를 상징하는 "금메달"이 떼어버려야 할 거추장스러운 짐이 된다는 발견은 그가 경험한 놀라운 "이적"의 핵심이다.

그런데 그는 이 대목에서 갑자기 "금메달처럼 만져지는구려" 하고, 앞뒤의 기도의 말씨에서 친근한 이웃에게 하는 말씨로 돌변한다. 그리하여 번쩍이는 영광의 표시인 금메달이 실상은 무거운 짐이 될 뿐이라는 말은 오로지 그런 금메달을 목표로 하고 있는 이웃들에게 하는 말이 되는 것이다.

그는 일찍이 갈릴리 호수에서 의심과 두려움 때문에 베드로가 실패했던 사실을 알고 있다. 그런데 그는 어쩌면 "금메달" 같은 마음의 짐들을 떼어버리면 베드로의 실패를 저지르지 않고 성취할 수 있을 것 같다. 이것은 참으로 놀라운 발견이다.

그러나 마지막 연에서 그는 다시 기도의 말씨로 돌아가 직접 기도의 대상에게 간절히 구한다.

> 하나, 내 모든 것을 여념 없이
> 물결에 씻어 보내려니
> 당신은 호면으로 나를 불러내소서.

그를 가라앉게 하는 마음속의 짐들을 남김없이 씻어 버릴 수 있을 절대 순수의 순간적 "이적"을 그는 경험했다. 피와 살을 가진 몸뚱이로서 물위를 걷는 요술 같은 "이적"과는 상관없이 (그런 일은 실상 배를 타면 문제없이 성취할 수 있는 일이다) 자기를 짓누르는 마음의 짐들을 금메달처럼 벗어 버릴 수 있는 순간이 진정한 "이적"임을 그는 발견하고 이를 희구하는 것이다. 그 순간 평범한 물가는 갈리리 호숫가가 되고 그는 그 호면으로의 부름을 따라 사뿐사뿐 걸을 수 있다.

그러나 우리가 잊지 말아야 할 것은 그가 예수의 제자 베드로처럼 믿음으로 물위를 걷는 것이 아니라 "황혼"처럼, 다시 말하면 아름다운 순수한 시인으로서 자연처럼 호면 위로 걷기를 소망한다는 사실이다. 그에게는 신앙만큼 순수한 시도 "이적"을 경험할 수 있었고 그것이 그에게 가장 중요했다. 그리하여 "당신"은 기독교적 신앙의 대상인 '하나님'에서 시라는 이적을 허락하는 또 하나의 "하느님"이라는 상당히 모호한 존재로 변하는 것이다.

9 「자상화」와 「자화상」 사이: 윤동주의 거울

우리에게 "자상화自像畵"는 아주 낯선 말이다. 그래서 처음에는 그냥 "자화상"이라고 읽어버리든가 또는 인쇄가 잘못 되었을 거라고 지레짐작을 하기도 한다. 그러나 윤동주는 자기 시를 처음에 그렇게 불렀다. 1939년 9월에 그는 「자상화」라는 제목의 시를 쓰다가 맨 뒷부분을 미완인 채 남겨두었다. 문자 그대로 풀이하자면 "자기 모습의 그림"이다. 본시 자기 작품을 잘 발표하지 않는 "부끄럼" 잘 타는 그로서 비록 교내 학생 잡지(연전 문과 『문우文友』, 1941.6[36])이긴 하나 「우물 속의 자상화」라는 제목으로 조금 수정하고 완성하여 이 시를 발표했었으니 그에게

---

[36] 연희 전문 학생 잡지 『문우』는 1941년을 끝으로 더 내지 못했다. 연희전문은 친일파 거두가 교장이 되었고 우리글 잡지 발행이 금지되었던 것이다. 그러다가 1960년 3월에야 속간 1호로 다시 계속되었다. 이 속간 1호에 필자는 「아키타입과 시」라는 매우 고답적인 제목으로 현대시의 문제를 치졸하게 다뤘었는데 이 때 글을 쓴 학생 남기심, 최철, 장정남, 이재영, 송준호, 봉두완 등은 모두 교수가 되었고 오늘날의 최고 시인의 한 사람 정현종이 철학과 1학년생으로 수필을 발표했다. 지금도 계속되는 이 잡지는 오늘날 주로 문과대 운동권 학생들의 무대가 되어 있다.

분명히 그 "자상화"는 의미가 없지 않았을 것이다. 이보다 훨씬 뒤 1941년 가을에 자선 시집을 엮으면서 비로소 제목을 「자화상自畵像」으로 바꿨다. 자화상이란 우리가 다 잘 아는 바와 같이 "자기를 그린 모습"이다. 그러니까 애초의 "자기 모습의 그림"을 뒤에 "자기를 그린 모습"으로 바꾼 것인데 뜻은 대동소이하달 수 있겠지만 윤동주처럼 자의식이 예민했던 사람의 미세한 의식의 변화에 우리는 주의를 보낼 수 있어야 한다.

"자상화"가 자기 모습을 그린 그림 자체를 말한다면 "자화상"은 그림에 나타나는 자기 모습을 말한다. 하나는 그림을, 다른 하나는 모습을 나타내니까, 하나가 보다 객관적이라면 다른 하나는 보다 주관적이라 하겠다. 「자상화」에서 그는 첫 연 이외에는 짧은 행을 썼고 이 작품을 『하늘과 바람과 별과 시』가 아니라 『창』에 포함시켰을 뿐 아니라 애초에 제목을 「나의 우물」이라 했던 것으로 보아 나중에 고쳐 쓰고 완성한 「자화상」과는 구별하려고 한 듯하다. (「자화상」라는 제목도 처음에는 「자화自畵」로 고쳤다가 다시 상像를 넣어서 만든 제목이다.) 특히 짧은 행을 쓴 것은 「자화상」이 3연 이외에는 행을 가르지 않고 (그러나 『문우』에 발표했을 때에는 3연에서도 행을 가르지 않았다) 연만 가른 것과 대조적이다. 짧은 행 단위의 진행은 운율과 생각의 전개에 통제를 가하는 방식이다. 즉 보다 객관적 형식이다. 2년여의 세월이 흐르면서 윤동주는 자의식이 더 깊어진 "주관적" 시인으로 되었다고 할 수 있다.

산모퉁이를 돌아 논가 외딴 우물을 홀로 찾아가선 가만히 들여다봅니다.

우물 속에는 달이 밝고 구름이 흐르고 하늘이 펼치고 파란 바람이 불고 가을이 있습니다.

그리고 한 사나이가 있습니다.
어쩐지 그 사나이가 미워져 돌아갑니다.

돌아가다 생각하니 그 사나이가 가엾어집니다. 도루 가 들여다보니 사나이는 그대로 있습니다.

다시 그 사나이가 미워져 돌아갑니다. 돌아가다 생각하니 그 사나이가 그리워집니다.

우물 속에는 달이 밝고 구름이 흐르고 하늘이 펼치고 파란 바람이 불고 가을이 있고 추억처럼 사나이가 있습니다.

들여다보는 사람의 얼굴이 비칠 정도의 우물은 북쪽 말로 "박우물"이라는 것으로 긴 끈이 달린 두레박으로 물을 푸지 않고 앉아서 바가지로 직접 떠내는 우물이다. 외딴 산모롱이 논가에 있던 그런 박우물에서 필자 역시 얼굴을 비쳐보던 일이 생각난다[37]. 작은 돌을 쌓아 만든 우물 속에 가재와 작은 물고기들이 놀았고 주변을 고비와 이끼 따위가 둘러싸고 있어 테두리를 두른 거울 같기도 했다[38]. 이런 우물이 아잇적과

---

[37] 이 우물을 북간도 명동 고향집의 수십 길 되던 우물이라고 하기도 하고 그게 아니라 윤동주가 하숙하던 서소문 근처의 우물이라고 주장하는 사람도 있다지만(송우혜, 197쪽) 확실한 것은 그렇게 깊어서 아무것도 안 들여다보이는 우물일 수가 없다는 것이다.

[38] 이처럼 거울 같은 우물, 또는 샘(남쪽에서는 깊든 얕든 우물은 모두 "샘"이라고 한다)은 동서양 막론하고 중요한 시적 모티프 또는 상징으로 쓰인다. 필자는 미국 시인 프로스트Robert Frost의 「그때 한번은 그 무엇이For Once, Then, Something」를 윤동주의 "자화상"과 비교하곤 한다. 원문 내용은 이렇다. "내가 언제나 빛을 잘못 등지고 샘가에 무릎 꿇었다고 남들은 나를 비웃지만, 그래서 우물 속을 아주 깊이 들여다보지 못한다지만, 그러나 나는 환히 빛나는 표면 그림에서 여름 하늘 속 고비 다발과 뭉게구름 사이로 신처럼 내다보고 있는 나 자신이 물에 비친 것을 본다. 한번은 샘가에 턱을 고이고 그림자 저 너머 그림자를 통과하여 뭔진 알 수

는 달리 자의식이 깊어진 시인에게는 얼굴과 가까운 주변 사물이 비쳐 보이는 그냥 우물이 아니라 다분히 상징적인 "마술의 거울"로 변한다. 보통 우물에는 밝은 달과 흐르는 구름과 펼친 하늘과 "파란" 바람과 가을이 한꺼번에 비치지 않는다. 밝은 달밤에 우물을 들여다보면 달밖에 안 보인다. 흐르는 구름과 펼친 하늘은 한낮에 보이고 바람과 가을은 우물 속에 있지 않다. 청소년 시절에 윤동주가 참으로 좋아하던 아름다운 사물과 사실들이 한꺼번에 한 자리에 모일 수 있는 이상한 거울이 되는 것이다. 그런데 그 좋은 사물들 사이에 어울리지 않는 그림자, 자기 모습이 어른거린다.

헬라 신화에서 나르키소스(나르시수스)라는 미남은 개울물에 비치는 자기 얼굴에 반해서 이웃 여자들을 거들떠보지 않았다가 성난 여자들

없어도 하얀 무엇이 보이는 듯했다. 더욱 깊은 데 있는 그 무엇이. 그러자 그만 그걸 놓치고 말았다. 너무 깨끗한 물을 물이 꾸짖으러 온 것. 고비 잎에서 물방울 하나가 떨어지면서, 아아, 잔주름이 일어 바닥에 있던 그 무엇을 흔들어 버리고 흐려버리고 지워버렸다. 그 하얀 것이 무엇이었을까? 진리? 차돌멩이? 어쨌든 그 때 한번은 그 무엇이 있었다." (Others taunt me with having knelt at well-curbs / Always wrong to the light, so ever seeing / Deeper down in the well than where the water / Gives me back in a shining surface picture Me myself in the summer heaven, godlike, / Looking out of a wreath of fern and cloud puffs. / Once, when trying with chin against a well-curb, / I discerned, as I thought, behind the picture, / Through the picture, a something white, uncertain, / Something more of the depths--and then I lost it. / Water came to rebuke the too clear water./ One drop fell from a fern, and lo, a ripple / Shook whatever it was lay there at bottom, / Blurred it, blotted it out. What was that whiteness? / Truth? A pebble of quartz? For once, then, something.) 헬라 속담에 진리는 샘의 바닥에 있다는 말이 있다. 프로스트는 샘의 표면에 비치는 자기의 잘난 모습과 자연의 그림자를 보는 것으로 충분하다고 믿는다. 혹시 더 깊이 들여다보면 언뜻 진리의 모양을 보는 것 같기도 하겠지만, 캄캄한 샘 바닥에서 잠깐만 반짝이는 그 무엇을 태양을 등지고 마냥 기다리고 있는 과학자나 철학자는 아름다운 샘의 빛나는 표면으로 만족하는 시인과 아주 다르다는 것이다.

에게 찢겨 죽어 수선화가 되었는데 수선화는 여전히 물가에 피어 물에 비친 제 모습을 본다. 정신분석학자 라캉에 의하면 인성의 발달 과정에서 출생 2년 이내의 유아기에 "거울의 단계"가 있어 처음 자아를 형성하게 되는데 그때 반드시 "남"("타자 other")이라는 의식과 연결된다고 한다. 유아는 거울에 비친 자기 모습을 보면서 한편으로는 어엿이 한 공간을 차지한 하나의 전체로서의 자기를 좋아하는 한편 또한 자기와 떨어져 있는 그것을 남으로 인식하면서 이질감, 낯섦, 불안, 두려움, 반감을 갖게 된다는 것이다. 그러므로 원초적으로 사람은 자기를 남으로 보는 의식을 가지게 된다는 것이다. 다른 말로 하면 스스로 자기를 사랑하는 동시에 소외시키는 것이 된다. 그러나 자기에 대한 이러한 상반된 의식을 적절히 통제하면 자아의 균형이 유지된다. 그 훈련이 일생동안 진행된다. 그러나 자기를 사랑하거나 또는 미워하는 경향이 어느 한 쪽으로만 치우치면 자아가 불안해지고 심하면 분열된다. 나르키소스는 자기 영상만을 지나치게 사랑하는 유아기에 머물렀던 자이다. 그것은 거울이 보여주는 시각적 영상에만 매달리고 언어에 의한 사회화가 이루어지지 않은 상태이다[39].

윤동주는 지금 우물을 들여다보며 거기 비친 다른 모든 사물들의 자연스러움에 어울리지 않는 자기 자신의 모습을 본다. 한때는 그 모습이 다른 사물들과 한데 어울려 자연스러웠을 것이다. 그런데 지금 자기 모습은 우선 "한 사나이"로 비친다. "낯선 존재"인 것이다. 그것은 낯설다 못해 "미운" 대상이 된다. 완전히 적대적인 "남"이 되는 것이다. 우물을 떠나니 "미운 남"이던 자기가 "가엾어져서" 자기의 의식 속에 다

---

[39] 라캉의 이론에 관해서는 Jonathan Scott Lee, *Jacques Lacan* (Amherst, N.Y.: Massacusetts UP, 1990) 제2장의 도움을 받았다. 서양 정신분석학의 이론을 이 이상 끌어 쓸 필요는 없을 것이다.

시 편입되려고 한다. 자아가 분리되었다가 다시 통합되려고 하는 것이다. 다시 우물을 들여다보니 자기 모습이 비치고 자기는 다시 "미운 남"이 되어 버린다. 다시 우물을 떠나자 "미운 남"이던 자기는 다시 그의 의식 속에서 미움이 가시고 "그리운 남", 지금은 없지만 다시 만나고 싶은 남이 된다. 다시 우물을 들여 보았을 때 자기는 가엾지도, 밉지도 않고 온갖 아름다운 사물에 둘러싸인 "추억 같은 남"이 되어 있다. 모든 좋은 사물들 사이에 스스럼없이 끼여 있던 자기의 옛 모습의 추억을 되살림으로써 자기를 받아들일 수 있게 되는 것이다. 물론 추억에만 남은 옛 자아에 대한 그리움과 현재의 자기에 대한 불만으로 말미암아 회한이 남아 있으나 그는 나름의 평정을 찾는다. 이에는 이전의 순진무구의 상태에 대한 기억을 되살림이 관건이 된다. 시인들이 어린 시절을 예찬하는 이유가 거기 있다. 특히 윤동주에게 유년기의 천진무구는 그의 정신적 힘의 원천이 되었다. 일반적으로, 자아가 성숙하려면 분리되어야 하지만 그 여러 자아들이 서로 균형을 이루어야 한다는 것이 정신분석학의 이론인데 윤동주는 그리운 자아가 남아 있어 미운 자아에 맞설 수 있었다고 하겠다.

「자화상」은 「자상화」로서는 마저 풀 수 없게 된 자아의 분열을 깊은 의식 속에서 평정으로 이끈 과정을 보인다. 「자상화」에서 미완성으로 버려 두었던 마지막 연은 「자화상」에서 둘째 연에 나타나는 좋은 사물들을 그대로 다시 열거하고 비록 한스럽지만 추억 속의 자기를 받아들이는 것으로 끝난다. 한 바퀴 순환하면서 자기에 대한 의식이 미움에서 가엾음으로, 그리움으로, 추억으로 전진하는 것이다.

이렇게 변함 없이 좋은 사물들 사이에 좋은 추억의 자기 모습을 한데 섞어 넣은 「자화상」과는 사뭇 다르게 「참회록」은 아무런 좋은 사물도 함께 비추지 않고 자기의 일그러진 모습조차도 분명치 않게 비추는 녹슨 구리 거울에 관한 것이다. 그러나 그런 거울이지만 그의 낯설고 불쌍하고 참담한 남으로서의 자기를 확인시킬 수 있는 유일한 도구이기도 하다. 이에 대해서는 달리 논의한다.

10 윤동주의 "무서운" 아이러니: 「팔복」, 「위로」, 「병원」

아이러니는 일본인들이 "반어反語"로 번역하여 우리도 가끔 쓰지만 우리 토박이말로는 "비꼬기"라 하는 게 나을 듯하다. 본시 옛 헬라 사회에서 힘세고 잘난 듯이 구는 사람 앞에서 약하고 못난 듯이 구는 사람, 그래서 그 잘난 듯이 구는 사람을 골려주던 "똑똑한 바보"를 가리키던 "에이론"이란 말에서 왔다고 한다. 어쨌든 아이러니는 하는 말과 그 속뜻이 전혀 다른 경우에 생긴다. 아이러니는 일상생활에서는 주로 빈정대는 말투이다. 풍자 문학에서도 그런 말투를 재치 있게 쓴다. 그러나 엄숙하고 심각한 문학에서도 아이러니는 많이 쓰이되 대개 빈정 댄다고 느껴지지 않는다. 우리는 윤동주 같은 순수, 순결한 시인이 아이러니와는 거리가 멀 것이라고 지레 짐작하는 경향이 있지만 많은 우수한 시인들처럼 그도 아이러니를 매우 효과적으로 쓰는 것을 본다. 「팔복八福」은 아마 그의 가장 심각한 아이러니를 담고 있을 것이다.

　　슬퍼하는 자는 복이 있나니

슬퍼하는 자는 복이 있나니
슬퍼하는 자는 복이 있나니
슬퍼하는 자는 복이 있나니
슬퍼하는 자는 복이 있나니
슬퍼하는 자는 복이 있나니
슬퍼하는 자는 복이 있나니
슬퍼하는 자는 복이 있나니

저희가 영원히 슬플 것이오.

이것은 그 자신이 부제에서 밝히듯이 신약 「마태복음」 5장 3절12절에 대한 암유(暗喩, allusion)이다. 이 부분은 예수의 유명한 "산상보훈"으로서 진정한 교인이 누리는 여덟 가지 복을 열거한 것이다.

심령이 가난한 자는 복이 있나니, 천국이 저희 것임이요
애통하는 자는 복이 있나니 저희가 위로를 받을 것임이요,
온유한 자는 복이 있나니 저희가 땅을 기업으로 받을 것임이요,
의에 주리고 목마른 자는 복이 있나니 저희가 배부를 것임이요,
긍휼히 여기는 자는 복이 있나니 저희가 긍휼히 여김을 받을 것임이요,
마음이 청결한 자는 복이 있나니 저희가 하나님을 볼 것임이요,
화평케 하는 자는 복이 있나니 저희가 하나님의 아들이라 일컬음을 받을 것임이요,
의를 위하여 핍박을 받은 자는 복이 있나니 천국이 저희 것임이라.
(마태복음 5장 3절10절)

이 여덟 가지 복을 나열한 후에 예수는 "나를 인하여 너희를 욕하고 핍박하고 거짓으로 너희를 거스려 모든 악한 말을 할 때에는 너희에게 복이 있나니 기뻐하고 즐거워하라. 하늘에서 너희의 상이 큼이라. 너희

전에 있던 선지자들을 이같이 핍박하였느니라.(11절12절)"고 결론적으로 말했다. 예수가 말한 복은 모두 현실적 행복이나 부와는 관계가 없는 "결핍"들이다. 그가 말한 대로 "가난한 자에 대한 복음"이다. 이 "결핍"들이 "복"이 된다는 예수의 선언 자체가 극히 역설적이다. 본시 예수의 가르침은 전통적 종교에 대하여 극단적으로 전복적이었다.

제1복인 "심령이 가난한 자"는 옛 번역에서는 "마음이 가난한 자"로 되어 있었고 또 그렇게 널리 알려져 있다. 마음이 넉넉하여 교만하고 난척하는 사람은 세속적으로는 복을 받은 잘난 사람이지만 마음이 "가난한 자" 곧 마음이 비어 있는 겸허한 사람은 세상에서는 결핍을 겪게 마련이다. 마찬가지로 애통하는 자는 세속적인 의미의 환락이 없는 자이며, 온유한 자는 남에게 양보하는 사람이므로 남을 내리 누르고 자기 주장을 해야 인정을 받는 세상에서 결핍을 자초하며, 정의의 실현을 애타게 기다리는 사람은 현실 세계에서 불의의 압박을 받고 정의의 부재라는 결핍을 겪으며, 세상 사람들은 불쌍한 이웃을 보고도 무관심하거나 몰인정하여 마음에 거리낌 없이 편히 살지만 그들을 보고 불쌍히 여기는 사람은 늘 안타까우니 이는 큰 결핍이며, 세상 사람들은 욕심과 욕망으로 마음이 가득하나 마음이 깨끗한 사람은 세속적 욕심, 욕망이 가져다 주기도 하는 세속적 행복의 결핍을 겪는 사람이며, 세상 사람들이 경쟁, 분쟁, 전쟁에 열심을 내나 평화를 이루려는 사람은 경쟁, 분쟁, 전쟁을 일삼는 사람들의 승리, 쟁취의 환희가 결핍된 사람이다. 이 세상에서 이렇게 여덟 가지의 결핍을 겪는다는 것은 세속적으로 보아서는 아주 불행한 처지이다.

기독교의 이 여덟 가지 "복"은 우리나라의 다섯 가지 "복"과는 성질상 전혀 다르다. 우리 사회에서는 일찍이 중국의 현실주의 문화를 받아들여 "壽, 富, 康寧, 攸好德, 考終命"이라 하여 "오래 살고, 돈 많고, 건강하고, 덕망 높고, 제 명 다하는 것"이 인생의 가장 큰 복이라 믿고 또 그런 상태를 성취하는 것이 도덕적 생활이라고 믿었다. (이 밖에 민속적으로 아들이 많고 이(치아)가 좋은 것이 복의 조건으로 들어가기도 했다.)

이러한 오래 묵은 우리나라의 사회적 정서에서 기독교가 말하는 "결핍"이 복이 된다는 것은 우선 이해가 되지 않았을 것이다. 그러나 한국의 역대 왕조의 피지배 계층이었던 평민 또는 상민은 누구나 현실적 결핍이 무엇인지를 체험하였다. 그러한 현실적 결핍에 더하여 마음의, 정신의, 심령의 결핍이 무엇인지를 조선 왕조 말엽과 일제 식민 압제를 겪으면서 차차 알아차리는 사람들이 생길 수 있었다.

윤동주는 세속적인 의미의 풍요를 독점한 조선 말의 지배 계층과 얼마 후에는 근대화라는 풍요를 구가하는 일본의 압제 세력에 밀려 조선 땅에서 쫓겨나 중국의 한끝 간도로 생활 터전을 옮겨간 사람들의 자손이었다. 단적으로 말해서 그의 조상들은 현실적 결핍을 피하여 나름의 풍요를 얻고자 그리로 옮겨갔던 것이다. 그러나 그들은 얼마쯤 현실적 결핍을 충족시킬 수 있게 되자 또 다른 종류의 결핍을 느꼈으리라 짐작된다. 개화기의 많은 한국인들처럼 그 결핍을 그들은 기독교에서 메우는 길을 택했던 것이다[40].

그러나 윤동주는 제2, 3세대의 기독교인이었으므로 그의 조부모나 부모 세대의 정신적 결핍을 메워준 기독교의 통상적 가르침에 쉽사리 만족할 수 없었던 모양이다. 그가 연희전문 상급반 시절과 졸업한 뒤에

---

[40] 1902년 생인 필자의 선친은 평안남도의 넉넉한 집안 형편을 버리고 3.1. 운동 직후 무단 가출하여 4년 간이나 간도에서 방황하였는데 그 역시 개화기의 특징이었던 한없는 결핍감이 몰려와서 그리하였고 그 역시 기독교에서 그 결핍의 만족을 얻었다. 추모집 간행 위원회 편, 『속사람과 겉치레: 진해 이환신 감독의 생애와 명상』 (1987) 참조.

탐독하였던 저자가 키에르케고르Søren Kierkegaard였다는 사실은 그가 깊디깊은 결핍, 나아가 절망이라는 괴로운 "병"에 위험하게 노출되었음을 암시한다. 그가 읽은 키에르케고르의 책들은 『죽음에 이르는 병』과 『두려움과 떨림』 같은 "무서운" 책들이었을 것이다. "절망", "두려움", "떨림", "불안", "죄책감" 따위의 영혼의 "죽을 병"에서 헤어 나와 신이 주는 최고의 복인 구원에 이르는 과정을 키에르케고르는 강렬하게 "꿈틀거리는" 문장으로 파헤쳐 나갔다. 윤동주처럼 극히 민감한 영혼의 소유자는 그런 문장에 깊이 빠져들게 마련이다.41

「팔복」은 그렇게 키에르케고르 식으로 그의 영혼이 심하게 전율하던 시기, 곧 그가 연희전문 3학년을 끝내던 1940년 말에 지은 것이다. 일제는 중일전쟁을 일으키고 바야흐로 태평양 전쟁에 뛰어들려 하던 때, 소위 창씨개명 등 기괴하기 이를 데 없는 강압 정책을 강화하던 때였다. 그는 가난한 자에게 전해진 복음 중 복음이라는 산상수훈의 여덟 가지 복에서 단순하게 감동하고 위로받을 수 없는 영혼의 깊은 늪에 빠져 있었다. 여덟 가지의 복은 당시 그에게는 결핍을 지나쳐 절망과 같은 뜻이 되어 있었다. 그에게 여덟 가지의 결핍은 결국 한 가지로 "슬픔"에 귀착할 뿐이었다. 다른 말로 하자면 여덟 겹의 슬픔으로 반복될 뿐이었다. 원고를 보면 애초에 「팔복」이라는 제목 다음에 부제로 "마태복음 5장 4절"이라 적혀 있었다. 바로 "애통하는 자는 복이 있나니 저희가 위로를 받을 것임이요"라는 절이다. 즉 그는 제2복인 "애통하는

---

41 그가 키에르케고르를 탐독했다는 사실은 널리 알려져 있는데 일반 철학사나 백과사전 따위에서 언급되는 그의 "심미적" 대 "윤리적" 선택론은 실상 그의 시에서는 중요하지 않다. 그럼에도 학자들은 윤동주가 키에르케고르에서 얻은 것은 심미적 차원을 넘어서는 윤리적 차원뿐인 것처럼 말하곤 한다. 이는 윤동주가 가장 감명 받았을 것으로 생각되는 키에르케고르의 실존론적 신앙 차원을 고려하지 않은 해석이다. 요즘의 한국인은 키에르케고르를 깊이 읽지 않는다.

자는 복이 있나니"를 그 여덟 가지 "복"의 대표로 삼았던 것이다. 그는 슬퍼하는 것이 복이 된다는 역설 중의 역설에 붙잡혀 있었던 것이라고 하겠다. 그리하여 "팔복"은 그의 의식 속에서 "슬퍼하는 자는 복이 있나니"를 여덟 번 반복하는 「팔복」으로 변하고 말았다. 그가 "애통(哀慟, 哀痛)하다"라는 한자어를 "슬퍼하다"라는 토박이말로 바꾸어 쓴 것은 한국인의 피부적 느낌을 더욱 절실히 표현하고자 한 것이라 생각된다. 한자어는 "아프게 슬퍼하다"란 뜻이니 더 강렬하다고도 할 수 있지만 아무래도 직접성은 떨어진다. 같은 문장을 여러 번 반복하여 얻는 효과를 그는 아마도 이상의 『오감도』 따위에서 배웠는지 모른다. (그러나 그가 이상을 주의 깊게 읽어 보았으되 더 따르지 않은 것은 우리 시문학사를 위해 큰 다행이다. 그는 지적인 언어유희에 빠지지 않았다.)

윤동주는 "슬퍼하는 자는 복이 있나니"에 대한 대구를 찾는데 적이 고심한 듯하다. 성경에는 "저희가 위로를 받을 것임이요"로 되어 있다. 그러나 그의 아픈 문제는 "위로"가 불가능하다는 것이었다. 성경에도 너무 슬퍼서 결코 위로 받을 수 없음에 대한 언급이 있다. "라마에서 슬퍼하며 크게 통곡하는 소리가 들리니 라헬이 그 자식을 위하여 애곡하는 것이라. 그가 자식이 없으므로 위로 받기를 거절하였도다(예레미야 31:15)."

자필 원고를 보면 처음에 그는 "저희가 슬플 것이요"라 썼다가 지웠다. 그것은 "슬퍼하는 자는 복이 있나니"의 여덟 번 반복에 대한 대구로서는 우선 리듬이 맥없이 깨진다. 게다가 그 뜻은 너무나 어울리지 않는다. 그래서 그는 다시 고쳐 성경에 나오는 대로 "저희가 위로함을 받을 것이요"로 썼다. 이게 리듬으로는 낫다. 그러나 "슬퍼하는 자는 복이 있나니"를 여덟 번이나 반복한 것은 오로지 슬플 뿐임을 강조한 것인데 그냥 성경 구절을 그 대구로 인용한다는 것은 "위로"가 아주 쉽게 주어진다는 말밖에 안 된다. 바로 그것을 부인하기 위해서 슬픔을 여덟 번이나 반복했던 것임에랴! 그래서 그는 "저희가 오래 슬플 것이요"로 고쳤다가 드디어는 "오래"를 지우고 그 대신 더 적극적이고 기독교적이기도 한 "영원히"로 고쳐 쓴 것이다. "영원"은 기독교의 말이고 불교에서는 "영겁"이란 말을 쓴다. (육필 원고의 중요성이 여기에 명백히 드러난다. 시적 의도의 전개를 보여 주므로 올바른 해석의 방향을 지시한다.[42])

여덟 가지의 큰 복들이 합쳐 한 가지의 영원한 슬픔이 되는 것이니, 이는 당연한 기대에 대한 전혀 뜻밖의 결말이다. 이런 결말이 가장 심각한 "비극적 아이러니"가 된다. 아리스토텔레스가 말하는 비극적 "뒤바꿈"이다.[43] 모든 위대한 비극이 그렇듯 기대에 대하여 그 결말은 전혀 뜻밖이지만 그 결말밖에 다른 결말이 있을 수 없다는 필연성의 느낌을 준다. 「팔복」은 "저희가 영원히 슬플 것이요"라는 결말 이외에 다른 결말을 가질 수 없다고 느껴진다. 그러나 그런 결말에 도달한다는 것은 너무나도 아프게 두려운 일이다. 그래서 윤동주는 몇 번이나 망설였다. 그러나 "슬퍼하는 자"는 복이 있으므로 "영원히 슬퍼하는 자"는 영원히 복이 있다는 역설도 성립된다. 말을 바꾸어 영원한 복을 받기 위해서는 영원히 슬퍼해야 한다는 말도 성립된다. 이는 물론 정확한 의미의

---

[42] 육필 원고에 나타나는 수정의 과정을 보면 시인의 의도가 완성을 향하여 어떻게 움직여 갔는지를 알 수 있다. 뉴 크리티시즘은 완성된 작품만을 비평의 대상으로 한다는 근거 없는 비판을 받았지만 학습자가 원고 수정에 나타난 시인의 의도를 알아보게 하는 방법을 도입한 것은 뉴크리티시즘의 정교재라고 할 Understanding Poetry(4판, 1974)이 처음이고 마지막일 것이다.

[43] "뒤바꿈"은 아리스토텔레스의 "페리페테이아peripeteia"를 옮긴 말로서 종래에 "역전逆轉"으로 번역되었지만 필자는 『아리스토텔레스의 「시학」 연구』(문학과지성사, 2002)에서 그렇게 우리말로 옮기고 자세한 설명을 붙였다. (64-67, 205-216쪽 참조)

강렬한 역설이다. 강력한 아이러니는 이처럼 독한 역설이 된다.44

「팔복」에서 윤동주는 그가 평상시 그의 가족과 같이 믿은 기독교 자체를 비꼬는 것인가? 결론부터 말하자면, 아니다. 그는 실상 기독교의 한 특징인 깊은 내성적 모험에 뛰어들었다고 할 수 있다. 그 점에서 키에르케고르는 그의 위대한 선배였다. 그는 키에르케고르처럼 기독교의 일반적, 상식적 교리와 관행을 초탈할 만큼 예민한 영혼을 가진 사람이었다. 어떤 종교도, 철학도 그러한 초월적 차원을 가질 수 있지만, 키에르케고르는 막연히 신의 절대성을 전제하고 세상의 만사를 논리적으로 설명하는 데에 안주하던 당시의 신학과 특히 헤겔 철학의 외피를 꿰뚫고 들어가는 모험을 감행했던 사람이다. 고향에서 윤동주는 매일 그의 할아버지가 주재하는 가정예배를 보았고 주일이면 가족과 함께 예배당에 출석했고 연희전문 시절에는 매일 아침에 있는 기도회(채플)에 참석해야 했으며, 주일에는 학교 건너편 이화여전 강당(지금의 중강당)에 있던 협성교회에 출석했다고 한다.45 그러면서도 그는 그의 "슬픔"에 대한 진정한 위로를 받지 못했던 것 같다. 그러나 그는 그 슬픔을 쉽게 회피하거나 처리하지 않고 깊이 파고들었다. 바로 이러한 끈질긴 태도가 진정한 의미의 종교성이요 경건성이라 할 수 있다.

한 가지 간과해서는 안 될 중요한 점은 마지막 행 "저희가 영원히 슬플 것이요"를 한 줄 띄어서 썼다는 것이다. 이는 이 한 줄로써 앞의 "슬퍼하는 자는…"의 여덟 줄에 맞서는 대구로 삼겠다는 의지를 표현한

---

44 김재홍은 「팔복」에 대해서 "현실의 고통과 운명의 슬픔을 인정하고, 오히려 즐겁게 받아들이려는 기독교적 수난 의식과 긍정적 사랑을 표현한 것이다(「운명애와 부활 정신」, 권영민 엮음, 237-238)"라고 해석하는바, "역설적 읽기"를 주장하는 필자에게는 도저히 납득이 되지 않는 해석이다.

45 필자는 1947년-50년 사이에 바로 그 협성교회 유년주일학교를 다녀 수료했다. 수료증이 아직도 내게 있다. 내 형님을 비롯한 연희대학과 이화여대 학생들이 주일학교 교사였다. 윤동주도 고향에서 주일학교 교사 노릇을 했다. 필자도 오래 했다.

것이라 할 수 있다. 마지막 한 줄로 그 앞 부분의 리듬과 논리와 내용 모든 것을 맞받아내는 구조를 이룬 것이다. 이런 대구 구조는 「서시」("오늘밤에도 별이 바람에 스치운다"), 「사랑스런 추억」("아아 젊음은 오래 거기 남아 있거라"), 「무서운 시간」("나를 부르지 마오"), 「흐르는 거리」("이 밤을 하염없이 안개가 흐른다.") 등 주로 후기의 작품에서 효과적으로 쓰였다.

그는 이처럼 위로 받을 수 없는 슬픔에 대하여 비슷한 시기에 두 편의 시를 더 썼다. 바로 「팔복」 원고의 뒷면에 쓴 「위로慰勞」와 그 작품을 다시 청서한 원고의 뒷면에 쓴 「병원病院」이다. 그러니까 「팔복」과 「위로」, 「위로」와 「병원」은 서로 "표리" 관계에 있는 셈이다. 다음은 「위로」 전문이다.

거미란 놈이 흉한 심보로 병원 뒤뜰 난간과 꽃밭 사이 사람 발이 잘 닿지 않는 곳에 그물을 쳐 놓았다. 옥외 요양을 받는다는 젊은 사나이가 누워서 치어다보기 바르게

나비가 한 마리 꽃밭에 날아들다 그물에 걸리었다. 노란 날개를 파득거려도 파득거려도 나비는 자꾸 감기우기만 한다. 거미가 쏜살같이 가더니 끝없는 끝없는 실을 뽑아 나비의 온몸을 감아 버린다. 사나이는 긴 한숨을 쉬었다.

나이(歲)보담 무수한 고생 끝에 때를 잃고 병을 얻은 이 사나이를 위로할 말이 – 거미줄을 헝클어 버리는 것밖에 위로의 말이 없었다.

이 작품은 1940년 12월 3일에 쓰였다고 적혀 있다. 바로 "위로할 말이 없는" 상황을 말하고 있다. 거미줄에 걸린 나비는 흉악한 음모에 걸

려든 아름다운 또는 순진한 사람에 대한 비유로 흔히 쓰인다. 이 흔한 비유를 윤동주가 어떻게 자기의 독특한 심경을 나타내는 데에 쓰는지 우리의 주의가 쏠린다. 우리는 마지막 연 "나이보담 무수한 고생 끝에 때를 잃고 병을 얻은 이 사나이를 위로할 말이… 없었다"에서 우리의 심금이 울림을 느낀다. 거미줄에 칭칭 감겨 꼼짝할 수 없이 죽게 된 나비는 어쩌면 거미줄을 걷어버리는 사람의 도움을 받아 살아날 수도 있을지 모른다. 사람은 적어도 다른 나비가 걸려들지 못하게 거미줄을 헝클어버릴 수는 있다. 그러나 그것이 "때를 잃고 병을 얻은" 젊은이에게 무슨 위로가 되겠는가! 나비에게는 우연히도 사람이라는 구원자가 있을 수도 있지만 젊은이에게는 그처럼 초인적 구원자가 있을 것 같지 않다. 사나이는 젊은 나이에 걸맞지 않게 온갖 고생을 다 하였다고 하는데 (이 작품을 쓸 때 윤동주는 고작 23세였다) 이는 산전수전 다 겪는 인생살이를 했다는 말이 아니라 온갖 마음의, 정신의, 영혼의 괴로움을 당했다는 말이고, 그 결과로 어떤 진실을 깨달은 것이 아니라 (젊어서 하는 고생 돈 주고 못 산다는 격언이 있지만) 때를 놓쳤다는, 헛고생을 했다는 무한한 뉘우침만이 생겼고 그로 인한 마음의 병, 곧 절망만이 남았다는 것이다. 여기에는 어떤 말이든 행동이든 위로가 될 것이 없다.

    거미줄을 헝클어 버리는 것은 동물계에서는 우발적인 단순한 행동에 지나지 않지만 사람에게는 부당한 압제를 제거한다는 상징, 곧 "의미"를 띠는 "말"이 될 수 있다. 사람은 사회적 약속의 체계인 말로 위로를 받는 한편 자연계에 일어나는 사건을 상징적 언어로 해석하여 위로를 받을 수도 있다. 칸트가 별들의 질서를 양심의 질서를 담보하는 것으로 해석한 것을 우리는 안다. 그러나 거미줄을 헝클어버리는 행동을 위로의 말로 상징화하는 것을 젊은이는 받아들이지 않는다.[46] 병원 뒤뜰의

---

[46] 윤동주는 시인답게 사물의 특별한 모습에서 의미를 읽어내려는 성향, 곧 어떤 사

거미줄뿐 아니라 세상의 모든 거미줄을 없애 버린다 하여도 "젊은이를 위로할 말"이 되지는 못한다. 그의 슬픔은 절대적인 실존적 슬픔인 것이다. 이것은 바로 「팔복」의 아픔을 다시 한번 더 말한 것이 된다. 성경의 모든 말씀도 그에게 위로가 되지 않음에랴!

「병원」은 앞서 말했듯이 「위로」의 뒷면에 쓴 작품이다.

　　살구나무 그늘로 얼굴을 가리고 병원 뒤뜰에 누워 젊은 여자가 흰옷 아래로 하얀 다리를 드러내놓고 일광욕을 한다. 한나절이 기울도록 가슴을 앓는다는 이 여자를 찾아오는 이 나비 한 마리도 없다. 슬프지도 않은 살구나무 가지에는 바람조차 없다.

　　나도 모를 아픔을 오래 참다 처음으로 이곳에 찾아왔다. 그러나 나의 늙은 의사는 젊은이의 병을 모른다. 나한테는 병이 없다고 한다. 이 지나친 시련, 이 지나친 피곤, 나는 성내서는 안 된다.

　　여자는 자리에서 일어나 옷깃을 여미고 화단에서 금잔화 한 포기를 따 가슴에 꽂고 병실로 사라진다. 나는 그 여자의 건강이 - 아니 내 건강도 속히 회복되기를 바라며 그가 누웠던 자리에 누워 본다.

흰옷 입은 젊은 여자는 아마도 그 당시 만연했던 폐결핵 환자로서 햇

물을 상징으로 해석하려는 시적 버릇이 있었다. 그는 「흐르는 거리」에서 '모든 것이 흐르는 속에 어렴풋이 빛나는 가로등, 꺼지지 않는 것은 무슨 상징일까?'라고 말했다. 일체의 사물이 안개 속에서 흐르는 듯 움직여 사라지지만 가로등만이 꺼지지 않고 그 자리에서 희미하나마 빛을 던지고 있는데 그는 그것을 하나의 상징으로 보고자 하는 것이다. 즉 그 사물이 그에게 무엇을 "말하려고" 한다고 느끼는 것이다. 그러나 그것이 어떤 신비로운 능력을 가지고 그와 공감하며 그에게 인간적인 교감을 가지려 하는 것이 아님을 그는 안다. 그 광경은 단지 심상이나 은유는 될 수 있지만 사람에게 우주의 비밀을 암시하는 "상징"은 아니다. 고전적 상징주의 이후 상징의 신비성은 더 이상 신뢰되지 않는다.

볕을 쪼이라는 처방을 받았던 모양이다. 오래 병석에 누워 있었으므로 그녀의 피부는 하얗다. 흰옷에 흰 피부는 이 경우 깨끗함과 건강함이 아니라 무기력과 병약함을 나타낸다.

그런데 윤동주는 그녀가 폐병을 앓는다 하지 않고 "가슴을 앓는다"고 한다. 물론 폐병을 속칭 가슴앓이라고도 하지만 가슴앓이는 문자 그대로 마음 아픔이다. 그녀의 마음 아픔은 폐병보다도 외로움에서 생긴 것이리라고 윤동주는 생각한다. "이 여자를 찾아오는 이"가 없다. 잊혀진 여자인 것 같다. 여자는 살구나무 그늘에 얼굴을 가리고 하반신은 햇볕을 쪼이며 아마도 병문안 오는 이를 기다리는 것 같다. 윤동주는 "나비 한 마리도" 찾아주지 않는다고 한다. 바로 「위로」에서 그처럼 병원 뒤뜰에 찾아온 나비가 거미줄에 걸려 파닥거리는 것을 보고 거미줄을 흩어버리는 것밖에 앓는 청년을 위로할 수가 없었다고 하였는데 여기서는 그렇게 거미줄에 걸릴 나비조차도 없다. 젊은 여자를 꽃이라고도 하는데 꽃이라면 으레 나비가 찾아올 것이다. 그러나 이 여자는 아마도 향기를 잃은 시든 꽃인가 보다. 뿐만 아니라 바람조치도 없다. 그러나 거미줄을 흩어버리는 행위가 실상 아무런 실질적 위로가 되지 못하듯, 병원 뒤뜰에 날아든 나비, 더구나 한 줄기 바람이 가슴을 앓는 그녀에게 무슨 실질적 위로가 될 수 있겠는가! 사람의 슬픔에 살구나무가 슬퍼해 주는 것은 아니다. 자연과 사람이 서로 교감하며 자연은 사람에게 동정을 보인다는 등의 정조는 소망적 사고에 지나지 않는 "감상적 허위"[47]라는 것을 윤동주 같은 민감한 사람은 소년기를 마치며 뼈저리게 인식했을 것이다. 이처럼 위로는 절대적으로 불가능하다.

---

[47] 19세기 영국 평론가 존 러스킨John Ruskin의 "pathetic fallacy"를 옮긴 말이다. 그 비평적 의미에 관하여서는 필자의 『영미비평사 2: 낭만주의에서 심미주의까지, 1800-1900』(민음사, 1996) 254-255쪽에서 간략히 언급하고 있다.

윤동주는 젊은 여자가 흰옷을 입었다고 한다. 흰옷은 백의, 흰옷 입은 사람은 백의민족이다. 그는 「슬픈 족속」에서 백의의 조선 여자를 이렇게 묘사했다.

> 흰 수건에 검은 머리를 두르고
> 흰 고무신이 거친 발에 걸리우다.
> 흰 저고리 치마가 슬픈 몸집을 가리고
> 흰 띠가 가는 허리를 질끈 동이다.

흰 수건, 흰 고무신, 흰 저고리 치마, 흰 띠 – 온통 흰색이지만 검은 머리, 거친 발, 슬픈 몸집, 가는 허리는 분명 나약한 병자의 그것들이 아니며 아마도 살빛은 흰색이 아니라 "질끈 동일" 만큼 탄력 있는 건강한 살색(또는 "살아 있는 빛깔")일 것이다. 다만 폭력의 질곡 밑에 있어 "슬픈" 몸집이지만, 언제라도 속박에서 풀리면 힘차게 도약할 몸집이다. 이를 가리고 있는 흰색은 깨끗하고 소박한 "민족적" 빛깔이다. 그런데 「슬픈 족속」을 쓴 지 약 2년 뒤에 「병원」에서 윤동주는 흰빛에서 치료, 위로도 불가능한 핏기 없는 창백한 병색만을 보는 것이다. 그 전에는 슬픔은 힘을 되찾을 수 있는 몸집을 덮은 것이었지만, 이제 슬픔은 영원히 슬픔 그대로 남고, 위로가 절대적으로 불가능한 창백한 색깔로 남은 것이다.

2연에서 시인은 시선을 자기에게로 돌린다. 젊은 시인은 "이름 모를 병"을 앓고 있다. 여자의 병도 "가슴을 앓는다는" 불명확한 병에 시달리고 있다. 확실하게 이름이 있는 병만을 아는 "늙은 의사"에게 이름 모를 병은 존재하지 않는다. "늙은 의사"는 세상의 모든 병의 치료에 능통한 노련한 직업인일 것이나 청년이 앓는 병을 모를 뿐 아니라 그런 병은 없다고 한다. 이보다 다시 2년 뒤에 쓴 「쉽게 씌어진 시」에서 윤

동주는

> 땀내와 사랑내 포근히 품긴
> 보내주신 학비 봉투를 받아
> 대학 노트를 끼고
> 늙은 교수의 강의 들으려 간다.

고 했다. 일본의 한 대학 늙은 영문과 교수의 강의가 멀리 북간도에서 부모가 어렵사리 마련하여 보낸 학비를 대가로 하여 제공된다. 그러나 영문학이랍시고 일본식 영어 발음으로 무어라 뇌까리는 기운 없는 늙은 교수의 강의가 식민지 청년에게 무슨 유용한 지식을 주어 "위로"가 될 수 있는가? 게다가 일제가 피투성이가 되어 싸우는 상대국 영·미의 문학에 대하여 일인 교수가 마음대로 말할 수도 없는 형편이었다. 일제 강점기가 아니더라도 우리 모두 젊은 시절의 불만과 분노의 대상이 되었던 "늙은 교수들"의 강의를 기억하고 있다. "늙은 의사", "늙은 교수"가 식민지 청년의 가슴앓이를 어찌 병으로 진단하며 이해하며 치료 또는 위로를 할 수 있는가! 청년은 "나이보담 무수한 고생 끝에 때를 잃고" "지나친 시련, 지나친 피로"라는 확실한 병을 앓고 있지만 그런 몽매한 늙은이들이 그것을 알아볼 수는 없는 노릇이다. 사실은 자기 자신도 그 병의 정체를 확실히 알 수 없다. 진단할 수도 없고 나을 수도 없고 위로도 불가능한 병이다. 당연히 그는 늙은 의사와 늙은 교수와 또한 자기 자신에게 불만, 분노하지만 "성내서는 안 된다." 참는 수밖에 다른 도리가 없다. "참는 자는 복이 있나니, 저희가 영원히 참아야 할 것이요"라고 그는 느꼈음 직하다.

 3연에서 가슴을 앓는 여자는 금잔화 한 송이를 따서 가슴에 꽂고 안으로 들어가는데, 앓는 가슴에 황금빛 금잔화를 꽂는다는 것은 예사롭지 않은, 다분히 상징적인 행위이다. 꽃, 그것도 태양을 닮은 황금빛 금잔화는 죽어가는 가슴에 생명이 소생하기를 바라는 표시이기도 하다. 그러나 자연과의 교감이 부정된 시대에 사는 사람에게 그것은 허망한 행위, 단지 소망적 사고를 나타내는 짓일 뿐이다. 거미줄을 흩어버리는 것이 속박에 옥죈 청년을 위로할 수 없듯, 가슴에 꽂은 황금빛 꽃이 그녀의 앓는 가슴을 낫게 할 수는 없다.

여자가 누웠던 자리에 누워보는 청년의 행동은 사람끼리의 동병상련의 공감을 뜻한다. "가슴앓이"라는 같은 병을 앓는 사람들끼리 동정하는 것이다. 그러나 그의 동정이 그녀의 건강을 회복시킬 수 없듯 그 자신의 건강을 회복시킬 수도 없다. 식민지 질곡 아래 있는 사람들끼리 오로지 동병상련만이 가능할 뿐이라는 슬픈 상념이다. 모두가 이름 모를 병을 앓고 있는 환자들이다.

그 중에서도 윤동주 자신이 앓는 병은 특별한 병인 듯하다. 도대체 무슨 병일까? 아마도 그가 탐독했다던 키에르케고르의 다음 일절이 그 정체를 다소 밝힐 수 있을 것 같다.

> 절망은 더욱 분명히 죽음에 이르는 병인 것이다. 물론 글자 그대로 이 병 때문에 죽는다든가, 혹은 이 병이 육체적인 죽음으로써 끝을 맺는다는 말과는 거리가 멀다. 반대로 절망의 고민은 사람이 그 병으로는 죽을 수가 없다는 바로 그 사실에 있다. 따라서 절망은 죽을 병에 걸린 사람의 상태와 극히 흡사하다─ 그는 누워서 죽음에 시달리면서도 죽을 수가 없는 것이다. 그러므로 죽을 지경으로 앓고 있다는 것은, 곧 죽을 수가 없다는 것이라 하겠지만, 그렇다고 해서 삶에 대한 소망이 있는 것도 아니다. 아니, 이 경우에 있어서 가망성이 없는 정도란, 죽음이라는 최후의 소망, 즉 죽음의 소망조차 없는 그런 상태인 것이다…
>
> 절망은 자기잠식自己蠶食이고 그러면서도 자기가 원하는 바를 하지 못하는 무력한 자기잠식이다… 이것은 불을 때주는 자 즉 절망 속에서 타오르는 차가

운 불길이고, 끊임없이 안으로 좀먹어 들어가고 더욱더욱 깊이 자기잠식 속으로 파고드는 가책인 것이다. 절망자에게는 절망이 그를 완전히 잠식하지 않는다는 것이 하등의 위로가 안 된다. 오히려 그와는 반대로 이 위로야말로 고통이고 이 위로가 바로 가책에게 활기를 주어 삶을 가책 속에 붙들어 두게 하는 것이다.[48]

일제의 압박으로 말미암은 현실적 불안과 실망과 절망은 이상적 삶을 그리워하는 청년에게는 으레 있기 마련이지만 기독교적 교양을 받은 윤동주에게는 그런 통상적 의미의 불안과 절망뿐 아니라 더 깊게 실존적 절망, 곧 "죽음에 이르는 병"이라는 그 절망, 끊임없는 자기잠식, 전혀 위로가 있을 수 없는 그 병에 시달렸다고 할 수 있다. 그러나 그 병을 회피하지 않고 스스로 앓고 있음을 뼈저리게 느꼈기 때문에 윤동주의 정신은 오히려 건강했다고, 키에르케고르는 진단했을 것이다. 그런 만큼 그는 진정한 기독교적 정신의 소유자였다.

윤동주가 연희 전문 졸업 전에 위의 「위로」, 「병원」 등 19편을 가려 모아 시집을 내려 했다는 사실을 우리는 알고 있다. 그런데 이 자선 시집에서 「팔복」은 제외했다는 사실을 예사롭게 생각해서는 안 된다. 자기 스스로 깊이 파고들었던 슬픔의 심연을 남에게 알게 하고 싶지 않아서일 것이다. 처음에 이 시집의 이름을 『병원』이라 하여 77부의 한정판을 내려 했더니 당시 그를 가르치던 이양하가 극구 말려서 『하늘과 바람과 별과 시』라는 이름을 붙였다는 사실도 우리는 알고 있다. 이양하는 아마 시국을 이유로 말렸을 터이지만 윤동주 자신은 한때 자기의 후기 시의 분위기가 그처럼 "병원"에 의하여 대표된다고 느꼈으리라. 치료와 위로가 전혀 가능하지 않은 병을 앓는 사람들의 집단 수용소로서

---

[48] 키에르케고르, 임춘갑 역, 『죽음에 이르는 병』 (서울: 창림사, 1959) 330-331쪽. 윤동주처럼 필자도 대학생 시절에 이 책을 탐독했다.

의 병원이 윤동주가 처한 일제하의 우리나라 현실이었다고 우리는 해석할 수 있다. 그렇다고 우리는 그런 손쉬운 해석의 저 너머에 그의 실존적 자각이 앓고 있던 또 다른 병이 있었음을 간과할 수 없다. 그러나 그는 그 이전에 쓴 더 많은 시까지, 더욱이 「서시」까지, 병원으로부터의 울부짖음이라고는 하지 않기로 했다고 생각된다. 시는 시인의 "병"에 대하여 직접, 간접의 관계를 가질 터이지만 전적으로 병의 고백만은 아니기 때문이다.

11 「무서운 시간」: 죽음 같은 절망

거 나를 부르는 것이 누구요?

가랑잎 이파리 푸르러 나오는 그늘인데,
나 아직 여기 호흡이 남아 있소.

한 번도 손들어 보지 못한 나를
손들어 표할 하늘도 없는 나를

어디에 내 한 몸 둘 하늘이 있어
나를 부르는 것이오?

일이 마치고 내 죽는 날 아침에는
서럽지도 않은 가랑잎이 떨어질 텐데…

나를 부르지 마오.

앞에서 다룬 바와 같이 「이적」에서 윤동주는 "내 모든 것을 여념 없이 / 물결에 씻어 보내려니 / 당신은 호면으로 나를 불러 내소서"라고 썼었다. 자기를 무겁게 잡아당기는 "여념"들을 모두 물결에 씻어버려 가볍게 될 터이니 "당신"은 자기를 베드로가 갈릴리 호수 위를 걷듯 물 위로 걸어갈 수 있게 불러달라는 것이다. 즉 그는 어떤 부름을 기다렸던 것이다.

기독교인은 하느님이 어떤 일을 하라고 자기를 부르신다고 믿는다. 사람이 평생 성심성의로 할 일, 즉 평생 직업을 기독교에서는 "소명召命"이라고 한다. 즉 "부름받은 사명"이란 말이다. 우리는 이 개념에서 기독교적 냄새를 없애고 "천직天職"이라고 옮겨서 쓰기도 한다. 서양말로는 "콜링calling' 또는 "베루프(Beruf)"이니 우리말로는 그냥 "부름"이라 옮겨도 좋겠다.

「이적」을 쓸 때 만해도 윤동주는 머나먼 만주에서 "경성"의 연희전문 문과 1학년생이 되어 있어서 장래에 대한 큰 희망을 가지고 있었을 것이다. 즉 그는 어떤 "부름"에 응답할 기분이었다. 그런데 1941년 2월 7일, 3학년 마지막 무렵 방학 중에 만주 용정 본가에 돌아온 그가 자신이 절망의 늪에 빠져 있음을 통렬히 느끼면서 지은 「무서운 시간」에서 그 어떤 "부름"에 응답하기를 거부한다.

거 나를 부르는 것이 누구요?

그는 어떤 부름을 듣는 모양이다. 그러나 그는 그 부름에 응하기를 거부한다. 그냥 얌전히 거절하는 것이 아니라 퉁명스럽게 힐문하는 투로 거부하는 것이다.

어떤 부름일까? 우선 당시에 조선 청년에게 "독립운동"을 권유하던 은밀한 부름이라고 해석해 보자. 이는 특히 만주 출신 청년들이 뿌리치기 어려운 당위적 부름이었지만 그것은 한편으로는 현실적으로 죽음의 길도 됨을 거의 누구나 의식했을 것이다. 민족의 앞날을 내다보고 공부에 정진하는 것도 중요하다고 생각되었지만 당위의 명분은 언제나 강압적이다. 그의 고종 사촌으로 연희전문 동창인 송몽규는 바로 그런 부름에 응답하여 독립군 모병에 응했던 사람이었다. 그런 부름에 그는 강하게 거부한다. 무엇이 그로 하여금 그처럼 강력한 부정으로 이끄는가? 이 시를 자세히 읽어 보자. (그러나 3년 뒤 그는 끝내 그런 부름에 응한 것으로 일본 법정의 판결이 나서 옥사하였다[49].)

> 가랑잎 이파리 푸르러 나오는 그늘인데,
> 나 아직 여기 호흡이 남아 있소.

아직도 호흡이 남아 있는 자기를 구태여 불러가지 말라는 것 같다. 그러지 않아도 곧 멈출 "호흡"을 미리 불러가지 말라는 것이다. "가랑잎"은 보통 가을에 말라서 떨어지는 잎, 즉 낙엽을 뜻하는데 왜 윤동주는 "가랑잎 이파리 푸르러 나오는 그늘"이라고, 이른 봄철을 말하고 있는가? 그가 낱말을 잘못 쓰고 있는 것인가? 결론부터 말하여, 아니다. 우리는 "가랑잎"의 정확한 뜻을 더 잘 알아볼 필요가 있다[50]. 큰사전에

---

[49] 그때 윤동주와 같이 일본 교토에 유학중이던 송몽규도 같이 체포되어 비슷한 시기에 옥사했다. 일본 관헌은 특히 송몽규를 요시찰 인물로 지목하고 그를 늘 미행하였는데 그가 사촌이요 연희전문 동창이며 교토대의 이웃 대학인 도시샤대에 다는 윤동주의 하숙방("육첩방은 남의 나라")에 자주 와서 독립운동 얘기를 했고 하숙집 주인은 이를 관헌에 밀고했다고 한다. 송우혜 『윤동주 평전』 개정판 참조.

[50] 김우창은 "가랑잎 이파리 푸르러 나오는 그늘"을 "여기에서는 그것이 그늘이기 때문에 오히려 가랑잎까지도 푸르러 보인다. 그러나 이것은 환상 효과에 불과하다"고 해석한다. 물론 틀린 해석이다. "가랑잎"을 그냥 낙엽이라고 해석하고 들어

보면 "가랑잎"은 "갈"이라고도 하며 "갈"은 다시 "떡갈나무"라는 뜻도 있다고 한다. 그러니까 "가랑잎"은 "떡갈나무 잎"이라는 말도 되겠다. 우리 산야 어디서나 흔히 볼 수 있는 떡갈나무는 그 넓은 잎이 가을에 바짝 말라도 안 떨어지며 한겨울에도 바람에 부딪쳐 서걱서걱 스산한 소리를 내면서 그대로 붙어 있다가 이른봄에 새 잎이 나오면서 떨어진다. 윤동주가 이 시를 지은 때는 2월이니 늦겨울, 그러니까 떡갈나무의 마른 이파리들이 떨어지면서 파란 새잎이 돋아날 새 봄을 내다볼 수 있는 때이겠다. 한참 뒤에 그가 「별 헤는 밤」에서 말하는 것처럼 "그러나 겨울이 지나고 나의 별에도 봄이 오면 / 무덤 위에 파란 잔디가 피어나듯이" 누렇게 마른 떡갈나무 잎을 떨구고 그 자리에 파란 새 잎이 돋아나올 것이다. 그러기 전까지는 마른 가랑잎은 나무에 붙어 있을 것이다. 그와 같이 그의 호흡도 극도로 위축되긴 했어도 채 끊어지지 않고 있으니 스스로 미리 끊지는 않겠다고 하는 것이다.

그러나 그렇다고 해서 그가 종교적 의미의 재생이나 부활의 소망을 이야기하는 것은 아니다. 그는 자신을 앞으로 곧 피어날 새잎에 비하는 것이 아니라 저절로 떨어질 묵은 가랑잎에 비한다. 새잎은 밝고 넓은 하늘 향하여 손짓하듯 활짝 피지만 - 푸른 떡갈나무 잎은 활짝 편 손바닥처럼 생겼다 - 그는

> 한 번도 손들어 보지 못한 나를
> 손들어 표할 하늘도 없는 나를
>
> 어디에 내 한 몸 둘 하늘이 있어
> 나를 부르는 것이오?

가면 그렇게 좀 억지를 부려야 한다. (「손들어 표할 하늘도 없는 곳에서」, 이선영 편, 102쪽)

다시 말하면 묵은 가랑잎 같은 나를 부르지 말라는 것이다. 우리는 "하늘"이 그에게 절대적 기준이 됨을 그의 「서시」에서 읽는다. "죽는 날까지 하늘을 우러러 / 한 점 부끄러움이 없기를"이라는 그의 염원은 우리 모두의 귀에 쟁쟁하다. 그러나 지금 그에게는 하늘이 거부되고 오로지 절망의 어두운 좁은 공간("그늘")만이 주어져 있다. 여기에 그의 시에 자주 나오는 밀폐된 공간으로서의 "방"의 이미지가 간접적으로 나타난다. 방은 하늘의 정반대의 공간이다. 방은 구속이요 하늘은 자유다.

그는 자유를 "마음껏 손을 뻗어 표할 수 있는 공간"으로 표현하고 있다. 오늘날의 우리에게는 손을 들어 표하는 것은 회의 같은 데서 찬성 또는 반대 의사를 표하는, 매우 일상적인 행위다. 그러나 손을 들어 의사를 표할 수 있는 당연한 기본적인 자유가 당시의 그에게는 거부되어 있었다. 또한 그는 하늘을 마음대로 손을 뻗어 뜻을 말할 수 있는 자유와 해방의 공간으로 심상하고 있었다. 몸뿐 아니라 정신의, 영혼의 손을 마음대로 뻗어 생각을 나타낼 수 있는 자유는 이른바 자유세계에 사는 사람에게도 저절로 주어지는 특권은 아니다. "하늘"이 아니라면 그를 불러갈 만한 어떤 공간도 없다는 것이다.

　　일이 마치고 내 죽는 날 아침에는
　　서럽지도 않은 가랑잎이 떨어질 텐데…

"일이 마치고"는 "일을 마치고"의 잘못인 듯하지만 대사전에 보면 "마치다"는 "끝이 나다"라는 뜻의 자동사도 된다[51]. 지금 우리에게는 좀 낯설지만 윤동주에게는 자연스러운 용법이었던 것 같다. 무슨 일을

---

[51] 거의 모든 윤동주 시집들의 원천으로 되어 있는 1955년 정음사판 『하늘과 바람과 별과 시』에는 자필 원고와는 다르게 "일을 마치고"로 되어 있다. 그래서 항간에 그렇게 알려져서 유포되고 있다.

마친다는 말인가? 긴긴 겨울 동안 억지로 나무에 붙어 있는 가랑잎처럼 그냥 오래 참고 견디는 것이 그의 무의미한 "일"이라고 여겼던 것일까? 가랑잎은 새잎이 돋아나면 "서럽지도 않"게 저절로 떨어진다.[52] 그런 가랑잎처럼 그냥 있어도 죽을 목숨인데 구태여 나를 불러내어 괴롭고 무서운 죽음의 길로 몰아가지 말라는 절규인 듯하다. 절망하는 사람에게는 아무리 위대한 명분을 가진 소명이라도 무의미할 수 있다. 여기서 우리는 그 부름이 반드시 독립운동에의 부름이라고 한정할 수가 없다고 느끼게 된다. 아마도 그것과 뒤섞여서 종교적 의미의 소명, 구체적으로 엄숙한 기독교적 결단에 대한 요청일 수도 있다. 그것은 절망하고 있는 그에게는 괴롭게 버겁기만한 소명이었을 것이다. 그래서 그는,

나를 부르지 마오.

하고 잘라 말한다. 이렇게 부르는 소리가 있는 순간은 "무서운 시간"이며 이 무서운 부름에 무섭게 잘라서 거절해야 하는 것이 윤동주의 무서운 운명이다.

이 시는 절망의 늪에서 아프게 외치는 윤동주의 목소리를 들려준다. "가랑잎"이 손바닥 같은 싱싱한 떡갈나무 잎을 뜻하는 동시에 아이러니컬하게도 그와 정반대로 앙상한 겨울 가지에 붙어 있는 바싹 마른 잎을 뜻한다는 사실을 기막히면서도 무섭게 이용하여 이처럼 무서운 시를 만든 것이다.

---

[52] 가랑잎은 자연의 순리대로 그냥 "서럽지도 않게" 떨어지고 만다. 「병원」에도 "슬프지도 않은 살구나무"라는 구절이 나온다. 인간은 오랫동안 자연과 사람은 서로 교감하여 사람이 슬퍼하면 자연도 슬퍼한다고 느꼈었다. 그러나 오늘날 자연은 자연이고 사람은 사람이지 둘 사이에는 아무런 교감이 없다고 믿는데 이것이 사람의, 특히 시인의 슬픔이기도 하다. 윤동주는 자연과의 교감을 믿을 수 없음을 못내 아쉬워하는 듯하다. 이 구절에서 윤동주는 그냥 가랑잎처럼 떨어져버릴 존재이니 무거운 사명 운운하지 말라는 절망의 소리를 부르짖는 것 같다.

12 「새벽이 올 때까지」: 묵시록적 비전

윤동주는 「태초의 아침」과 「또 태초의 아침」에서 아담, 「이적」에서 예수의 수제자 베드로, 「십자가」에서 예수를 떠올렸다. 「새벽이 올 때까지」에서는 신약의 요한계시록에 제시되는 묵시록적 비전을 빌리고 있다. 그는 이렇게 성경의 심상들을 자주 썼다.

> 다들 죽어 가는 사람들에게
> 검은 옷을 입히시오,
>
> 다들 살아 가는 사람들에게
> 흰 옷을 입히시오.
>
> 그리고 한 침대에
> 가지런히 잠을 재우시오.
>
> 다들 울거들랑
> 젖을 먹이시오.

성경에 보면 최후의 심판 날에 그리스도가 "모든 민족을 그 앞에 모으고 각각 분별하기를 목자가 양과 염소를 분별하는 것같이 하여 양은 그 오른편에, 염소는 왼편에 두리라(마태복음 25장 32-33절)[53]"고 선언한다. 모든 사람을 의인과 악인의 두 무리로 나누어 의인에게는 영원한 상을, 악인에게는 영원한 벌을 주리라는 것이다. 기독교의 상징 체계에서 양은 하얗고 염소는 검다. 양은 착한 사람을, 염소는 악한 사람을 상징한다. 요한계시록에 보면 "큰 무리가 흰옷을 입고 손에 종려가지를 들고 보좌 앞과 어린 양 앞에 서서 큰 소리로" 외친다고 한다(7장 9-10절). 염소는 마귀가 만든 짐승이라는 전설이 있을 만큼 생김새가 민속 전통에 나타나는 마귀의 꼴을 닮았다. 이는 사람이 하느님의 모습을 닮았다는 유대-기독교의 기본 사상에 견줄 만하다. 게다가 사람들이 죄의 허물을 벗기 위하여 염소에게 사람의 죄를 들씌워 쫓아내는 의식을 유대인들은 오래 전에 행하였는데(구약 레위기 16장 참조) 이때 쓰이는 염소를 "속죄양scapegoat"이라 했던 것이다[54].

윤동주는 성경에서 심판의 날에 "모든 민족"이 양과 염소 또는 의인과 악인, 또는 흑백의 두 무리로 나뉜다는 기본 심상을 얻어온 듯하나 이 시에서는 흑백은 의인과 악인의 상징이 아니라 "죽어 가는 사람"과

---

[53] 34-45절까지 이어지는 이 대목에서 예수는 의인이란 세상의 일상 생활에서 보상을 바라지 않고 "내 형제 중에 지극히 작은 자 하나에게 한 것이 곧 내게 한 것이니라"고 하고 악인은 "지극히 작은 자 하나에게 하지 않은 것이 내게 하지 않은 것이니라"고 하였다.

[54] "속죄양"에 대하여 윤동주는 관심이 있었던 것 같다. 「화원에 꽃이 핀다」에서 "일반은 현대 학생 도덕이 부패했다고 말합니다. 스승을 섬길 줄을 모른다고들 합니다. 부끄러울 따름입니다. 하나 이 결함을 괴로워하는 우리들 어깨에 지워 광야로 내쫓아버려야 하나요?"라고 하는데 "어깨에 지워 광야로 내 쫓아" 버림을 당하는 것이 바로 "속죄양"이다. 기성 사회에서 괜히 학생들에게 도덕적 부패의 책임을 떠맡기려고 한다는 항변이다.

"살아 가는 사람"에게 입히는 옷의 색깔이다. 무슨 뜻일까? 흰옷은 우리의 상복, 검은 옷은 서양의 상복 빛깔이니 둘 다 모두 상복이라고 할 수 있다. 다시 말하면 살아가는 사람이나 죽어 가는 사람이나 다 상복을 입은 상태라는 것이다. 즉 이 질곡의 세상에서 근근히 살아 가는 것이나 매일 조금씩 죽어 가는 것이나 둘 다 꼭 마찬가지로 죽음의 그늘에 묻혀 괴롭게 목숨을 이어간다는 뜻이리라. 좀더 확대 해석하자면, 당시 일제 하에서 좀 사는 한국인이나 못 사는 한국인이나 괴롭기는 다 마찬가지라고 한다고 할 수 있을까. 윤동주는 그처럼 흑백으로 옷 빛깔을 달리 하지만 죽어 가는 사람과 살아가는 사람을 전혀 구분하지 말고 모두 "한 침대에 가지런히 잠을 재우"라고 한다.55 마치 아동 병원처럼, 또는 고아원처럼 흑백 옷을 입은, 그러나 꼭 같은 살과 피를 가진 아기들이 한 침대에 누워 자다가 배가 고파 보챈다. 그들에게 꼭 같이 젖을 먹이라고 한다. 실상 어두운 밤중이어서 옷 빛깔도 알아 볼 수 없을 것이다. (여기에 다시금 "병원"의 심상이 쓰인 것에 우리 시선이 간다.) 아기들은 꼭 같이 길고 어두운 밤을 보내야 한다. 그런데 잠자는 아기들은 새벽이 가까워 올 때 가장 배가 고프다. 아기가 젖 달라고 보채면 새벽이 멀지 않은 것이다. 윤동주는 「애기의 새벽」에서 "우리 집에는 / 닭도 없단다. / 다만 / 애기가 젖 달라 울어서 / 새벽이 된다. // 우리 집에는 / 시계도 없단다. / 다만 / 애기가 젖 달라 보채어 / 새벽이 된다"고 했다. 이 동시의 기본 심상이 이 시에 다시 도입된 것이다. 밤새껏 아기를 돌보아야하는 어머니나 병실의 간호사나 고아원의 보모가 몹시 기다리는 것은 새벽이다.

---

[55] 문익환은 죽어 가는 사람들은 지조를 지키는 사람이요, 살아 가는 사람은 지조를 팔아먹고 사는 사람이라고 다분히 도식적으로 해석하였다고 한다. 그러나 김홍규가 말하듯(「윤동주론」, 이선영 편, 67) 윤동주는 그런 구별을 하지 않았다고 보아야 한다.

이제 새벽이 오면
나팔 소리 들려 올 게외다.

젖 달라 보채는 아기의 울음 소리나 수탉의 울음 소리 때문에 새벽이 오는 것이 아니라 "나팔 소리"가 들려 새벽이 오리라는 "예언"이다. 아기 울음이나 수탉의 울음은 날마다 들을 수 있는 소리에 불과하다. 그러나 나팔 소리는 인류 역사상 꼭 한 번만 있을 최후 심판에만 있는 것이다. 따라서 이 새벽 역시 꼭 한 번만 있을 "절대적" 새벽이다. 요한계시록에 "일곱 나팔 가진 일곱 천사가 나팔 불기를 예비하더라(8장6절)"는 구절이 나오고 드디어 나팔이 울리며 악의 세력에 대한 심판과 징벌이 시작된다. 천사들이 부는 굉장한 나팔 소리와 더불어 이 세상의 심판의 날이 닥친다는 것은 기독교의 가장 중요한 상징적 알레고리의 하나다. 윤동주는 기독교인으로서 자주 듣던 이 상징을 여기에 쓰고 있다. 그는 직접적으로는 한국 민족의 광복을 간절히 소망하면서 그 날이 반드시 올 것을 "예언"하는 것이지만 더 넓게는 어두운 인간 고난의 역사가 끝나 새로운 밝은 세상이 도래하기를 절실히 염원하는 것이라고 할 수도 있다. 그것이 바로 기독교의 "종말론적" 믿음이다.[56]

적어도 민족의 광복에 관하여서는 그의 예언은 적중했다. "시대처럼 올 아침"(「쉽게 씌어진 시」)을 채 맞지 못하고 죽었지만. 수많은 당시의 한

---

[56] 우리에게 그의 마지막 시로 남겨진 「쉽게 씌어진 시」에서는 남의 나라인 "육첩방"에 켠 등불로 "어둠을 조금 내 몰고 / 시대처럼 올 아침을 기다리는 나"라고 했다. 역시 종말론적 발상을 나타낸다. 아침은 자연의 순리대로 반드시 올 것이지만 "시대"는 어떤 역사의 종말로 말미암아 오는 것이다. 즉 24시간마다 돌아오는 "아침"처럼 으레 오지는 않는다. 그의 염원은 광복이라는 새 시대가 이제 곧 올 '아침처럼' 꼭 오는 것이다. 그런데 윤동주는 애타게 염원하는 새 "시대처럼" 아침이 온다고 말을 뒤집어, 아침이 반드시 오듯 광복이 반드시 오리라고 하여 그의 염원을 절실히 나타내는 것이다. 이는 인상적인 환유metonymy의 예가 될 것이다.

국인이, 다수 문인과 명목상의 기독교인까지도, 일본 제국의 승승장구를 믿어 의심치 않았고 거기 껴붙은 것을 최고의 행복으로 알고 "덴노헤이카天皇陛下"에게 감읍했던 사실을 생각할 때 그의 그러한 "예언"은 대단히 귀중한 것이라 아니할 수 없다. (그러나 그들은 현실적으로 "심판"을 받지 않았다. 정치적 변화는 그처럼 매우 한정돼 있다.)

13 「십자가」의 "순교적 비전"

윤동주는 「무서운 시간」에서 곧 죽을 자기를 무서운 지경으로 불러내어 괴롭히지 말라고, 정체불명의 어떤 부르는 자("거 나를 부르는 것이 누구요?")에게 직접 대답했다. 석 달 뒤에 쓴 「십자가」에서 그는 그 무서운 부름에 대하여 아주 다르게 대응하고 있다. 그는 물음에 직접 거부의 대답을 말하는 것이 아니라 자기 나름의 "십자가"를 준비한다.

    쫓아오던 햇빛인데
    지금 교회당 꼭대기
    십자가에 걸리었습니다.

    첨탑이 저렇게도 높은데
    어떻게 올라갈 수 있을까요.

윤동주는 날 때부터 기독교인이었다. 그는 할아버지 윤 장로가 주재하는 개신교적 가정 생활 방식에 따라 가정 예배를 보았고 주일에는 교회 집회에 참석하였고 청소년 시절과 대학 시절에도 기독교 학교에 다니면서 매주 몇 번씩의 기도회(채플)에 참석했다. 기독교적 생활 방식은 그에게 습관처럼 되어 있었을 것이다. 이는 기독교적 배경을 가지고 있는 한국이면 대체로 다 가지고 있는 경험이다.

또한 그러한 기독교인이 청년 시절 거의 반드시 경험하는 것은 비기독교적 내지 반기독교적 사회 현실과 맞부딪치면서 순진 소박한 기독교적 인생관이 받는 심한 도전 내지는 좌절이다. 더욱이 일제의 적극적인 반기독교적 강압 아래에서 기독교적 이상은 너무나 감감히 먼 이야기로만 들릴 수 있었다. 그리고 현실의 괴로움에 더하여 기독교가 말하는 십자가의 고난은 끔찍하달 만큼 너무나 아프게만 느껴지는 것이었다. 윤동주는 가정 교육에 따라 "햇빛"을 "쫓아오던" 청소년이었지만 좀더 나이가 들어 현실에 발을 붙이고 바라볼 때, 해는 저 높이 "교회당 꼭대기 십자가에 걸려 있"다. 교회당도 현실적 삶과 좀 떨어진 곳이지만 교회당 첨탑 꼭대기의 십자가는 높아서 도저히 오를 수 없는 곳이다. 게다가 십자가는 단순한 고난의 표상이 아니다. 그것은 예수 자신이, 그리고 진정한 예수의 제자들이, 스스로 선택한 고난으로서 악에 대한 궁극적 승리를 의미한다. 민감한 청년 윤동주에게 그것은 받아들이기에 너무나 어려운 부름이요 사명이었다.

> 종소리도 들려오지 않는데
> 휘파람이나 불며 서성거리다가,

교회당 첨탑은 높아서 자기가 직접 올라갈 수 없다. 그러나 첨탑에서 울리는 종소리를 들을 수는 있다. 물론 여기의 종소리는 영혼의 귀로 들을 수 있는 "부름"이다. 그는 「또 태초의 아침」에서는

>전신주가 잉잉 울어
>하나님 말씀이 들려온다.
>무슨 계시일까?

하고 짐짓 아잇적 이야기를 떠올리며 하느님의 "부름"이란 다름 아닌 인간의 일상적 생활을 힘써 하라는 자연스러운 신호에 불과하다고 다소 아이러니컬하게 말할 수 있었다.

그러나 지금 절망의 늪에 빠져 있는 그가 그런 "부름"의 종소리를 쉽게 들을 수 있는 심적 상황이 아니다. 그럼에도 불구하고 그는 해가 걸려 있는 첨탑의 십자가 근처를 떠나지 못하고 있다. 여기서 그는 일상적 교회 생활에서 소외된 자로 자처하지만 그렇다고 교회와 완전히 단절한 것은 아니다.57 그래서 교회와는 관계가 없는 양, "휘파람이나 불며 서성거리"지만 교회를 아주 떠나지 못하고 근처에서 배회하는 것이다. 우리가 잘 알듯 우리는 휘파람은 자신감이나 자족감을 위장할 때 불기도 한다. 그것은 속으로 타들어 가는 근심, 좌절, 절망을 숨기고 하는 짓이다.

그로 하여금 교회를 떠나지 못하고 근처에서 무관한 사람인 양 휘파람 불며 서성이게 하는 것은 무엇인가? 어릴 적에 단순하게 믿었고 지금도 절대 고독, 절대 괴로움, 절대 절망 ("엘리 엘리 라마 사박다니―

---

57 홍기삼은 "종소리도 들려오지 않는다고 한 말은 무엇을 뜻한 것인가? 그것은 더 말할 필요도 없이 신의 구원도 낙천적인 복음주의도 인간을 구제하지 못하는 허망한 약속이었음을 뜻한 것이다"라고 단정한다. 그러나 그렇게 단정할 수 있는가? 종교적 고뇌의 의미를 너무 간단히 다룬다고 아니할 수 없다. 그는 또 "예수에게 종소리가 들려 오지 않았"다고 해석하는데(「고독과 저항의 세계」 이선영 편, 37), 이는 확실히 잘못 읽은 것이고, 윤동주가 십자가에 달려 피를 흘리겠다는 것은 그의 "결연한 모습"을 보여 주므로 그를 "민족시인이라는 에피세트로 부르게 되는 것이다(38)"라고 하는데 이는 윤동주를 단순히 항일투사로 보아야 한다는 관점이다.

하느님, 하느님 어찌하여 나를 버리시나이까!"[58])을 겪은 예수 그리스도가 그를 놓지 않고 끌어당기기 때문이다. 윤동주가 당하는 괴로움을 알아줄 수 있는 이는 예수 자신일 것이라는 끊을 수 없는 느낌 때문에 그는 십자가 근처를 떠나지 못하는 것이다.

이때 그는 예수를 저 멀리 높이 있는 "주님"으로보다는 인간 중 가장 큰 괴로움을 당했던 "사나이"로 가까이 접근하고자 한다. 첨탑 위의 십자가는 멀고 높아 접근할 수 없지만 "괴로웠던 사나이"는 접근이 가능하고 자기도 괴로운 사나이니까 웬만큼은 동일시도 가능하다. 그런데 "사나이"라는 말은 윤동주가 「자화상」에서 우물에 비친 자기를 가리킨 말이기도 하다.

어쩐지 그 사나이가 미워져 돌아갑니다.

돌아가다 생각하니 그 사나이가 가엾어집니다. 도루 가 들여다보니 사나이는 그대로 있습니다.

다시 그 사나이가 미워져 돌아갑니다. 돌아가다 생각하니 그 사나이가 그리워집니다.

---

[58] 예수 그리스도는 십자가에 달려 운명할 때에, 그보다 700여 년 전에 살았던 그의 조상 다윗이 원수들에게 에워싸여 지은 시(구약 시편 22편)의 첫 구절을 인용하였다. 그런데 이 비통한 절규로 시작되는 이 시의 17절에는 "내 겉옷을 나누며 속옷을 제비 뽑나이다"라는 구절이 나오는데 바로 예수 자신이 십자가에 달렸을 때 그 밑에서 그가 입었던 옷을 로마 군인들이 제비 뽑아 나눠가지는 사건이 벌어진다 (마태복음 27장 46절 이하 참조). 그런데 이 시의 23-24절에 "여호와를 두려워하는 너희여, 그를 찬송할지어다. 그는 곤고한 자의 곤고를 멸시하거나 싫어하지 아니하시며 그 얼굴을 그에게서 숨기지 아니하시고 부르짖을 때에 들으셨도다."라는 구절이 나온다. 이 구절을 도외시한 채 첫 구절만 인용하는 것은 이 시를 잘못 이해하는 것이다. 예수 역시 이 뒤의 구절 때문에 이 시의 첫 구절을 인용하기 시작했다.

우물 속에는 달이 밝고 구름이 흐르고 하늘이 펼치고 파아란 바람이 불고 가을이 있고 추억처럼 사나이가 있습니다.

즉 "사나이"는 그가 객관화하여 본 그 자신의 분신이다. 그러나 그가 처음에는 미워하고 얼마 후에는 가엾어 하고 다시 미워하다가 끝내 그리워하여 추억처럼 그리운 사나이가 된다[59]. 이제 그러한 "사나이"가 된 예수의 의미를 생각해 본다.

> 괴로웠던 사나이,
> 행복한 예수 그리스도에게
> 처럼
> 십자가가 허락된다면
>
> 모가지를 드리우고
> 꽃처럼 피어나는 피를
> 어두워가는 하늘 밑에
> 조용히 흘리겠습니다.

인간 예수는 더 없이 괴로웠겠지만 과거의 많은 예언서의 예언대로 십자가에 달려 죽으면서 구세주로서 "'다 이루었다' 하시고 머리를 숙

---

[59] "윤동주 말뭉치"에 보면 윤동주는 "사나이"를 13번 썼으니 아주 많이 쓴 셈이다. 여기 「십자가」와 「자화상」 말고 다른 데에 쓰인 예는 아래와 같다. 「위로」에서 세 번이나 썼다.
□시 그늘은 맴돌고, 따라 사나이도 맴돌고. 「가로수」
옥외 요양을 받는 젊은 사나이가 누워서 쳐다보기 바르게 「위로」
실을 뽑아 나비의 온몸을 감아 버린다. 사나이는 긴 한숨을 쉬었다. 「위로」
때를 잃고 병을 얻은 이 사나이를 위로할 말이 – 거미줄을 헝클어 버리는 것밖에 「위로」
가을 이슬이란 선득선득하여서 설운 사나이의 눈물인 것이다. 「달을 쏘다」

이시고 영혼이 돌아가시니라(요한복음 19장 30절:)." 비록 고통스러운 일이지만 자기가 믿은 예언대로 되어 "다 이루었다"고 할 수 있는, 소명대로 살고 죽는 사람은 인간적으로 말하자면 "행복한" 사람이라고 할 수 있다.

그러나 엄밀히 말해서 "행복한"이라는 형용사는 예수 그리스도에게는 전혀 어울리지 않는다. 그것은 다만 "괴로웠던 사나이"에게나 어울릴 형용사이다. 그리스도는 이 시에서 "괴로웠던 사나이"로 변하면서 윤동주가 접근할 수 있는, 나아가서는 윤동주 자신의 분신으로 다룰 수 있는 보통 남자가 된다. 그래서 아마 "그리스도에게처럼"이라고 쓰지 않고 일부러 조사 "처럼"을 떼어서 줄을 바꾸고, 그 불완전한 말로 시의 한 행을 이루게 하여 그 말의 뜻을 강조한 듯하다. 예수 그리스도는 절대로 아니고 그 비슷하게 자기에게도 "십자가" 같은 고통의 종말이요 다 이룸의 행복을 주는 어떤 상징적 행동을 소망하는 것이다[60]. 윤동주는 자기가 예수 그리스도처럼 하나의 "괴로웠던 사나이"였으니까 그가 바라던 대로 무엇을 다 이룬 "행복"까지도 원하는 것이다. 이 경우 십자가는 숭고한 종교적 고통을 이겨낸 승리의 표상이 아니라 인간적 고통이 해소되는 "행복"을 기약하는 상징이 된다.

그런데 실상 윤동주는 "행복"이라는 낱말을 아주 좋아하지는 않았다. 그는 "행복"에 대하여 대체로 아이러니의 시선을 보냈던 것 같다. 「별똥 떨어진 데」에서 그는 "그리고 보니 행복이란 별스런 손님을 불러들이기에도 또 다른 한 가닥 구실을 치르지 않으면 안 될까 보다"라

---

[60] "'처럼'을 별행으로 처리하는 배려는 아마도 겸허에서 온 게 아닐까 싶다… 분명 의식적으로 행을 가르는 경우라 여겨"진다고 김남조는 말한다(「윤동주 연구」, 권영민 엮음, 44). 옳은 해석이라고 생각된다. 그러나 그녀는 또 그것이 "운율적 배려로 보이지는 않는다"고 하는데 나는 시의 모든 행은 운율적 단위가 되며 모든 운율적 단위는 또한 의미의 단위가 된다고 믿는다.

고 하여 자기처럼 버릇같이 "어둠"속에 있는 자조적인 청년은 "행복"과는 별로 인연이 없으므로 그것을 불러들이려면 별다른 이유를 마련해야 할 터이라고 했다. 이 시에서는 그 별다른 구실이란 "십자가"를 지는 일이 되어 있다.[61] 그러나 십자가가 고통을 딛고서는 구원이 되기 때문이라기보다 "어두워가는 하늘 밑에 조용히 피를 다 흘리고" 평화롭게 죽게 하는 틀이기 때문일 것이다. 그에게 지금 조용히 죽을 수 있음은 행복이라 느껴지는 것이다.

　우리는 윤동주가 순교나 순국이라는 어마어마한 명분의 죽음을 죽고 싶다고 말하는 것이 절대로 아님을 알아야 한다. 십자가에 달려 죽어 목을 드리고 있는 예수 그리스도의 그림은 화가들의 매우 중요한 제재로서 그 모습은 신자들에게 고통과 속죄의 의미를 극적으로 일깨워 감사와 회개의 마음을 북돋아 준다. 그러나 윤동주는 목을 드리고 피를 흘리는 예수의 모습에서 회개의 신심을 일으키기보다는 고즈넉한 평화를 느끼고 싶었던 것 같다. 자기는 예수가 아니고 보통 "사나이"이니 "목"이 아니라 "모가지를 드리우고" 조용히 피를 흘리겠다고 한다[62]. 그러니까 그가 그려보는 십자가에 달린 자기 자신은 괴로웠던 한 사나이의 행복한 모습, 즉 예수 그리스도의 수난을 인간적으로 미화한 "패러디"이다.

　그런데 그 피는 "꽃처럼 피어나는 피"이다. 이 말은 중요하다. 이 말

---

[61] 김우창은 "아마 지적되어야 할 점은 예수를 간단히 행복하다 하고 수난의 피가 꽃처럼 피어난다고 한 묘사의 지나친 낭만 취미일 것이다"라고 비판한다(「손들어 표할 하늘도 없는 곳에서」, 이선영 편, 104). 윤동주는 기독교의 준엄함을 회피하려고 했다고 볼 수 있지만 그것을 못난 "낭만 취미"라고 할 수 있는가? 우리는 고뇌에 찬 청년 윤동주를 생각해야 할 것이다.

[62] 그러나 전통적인 십자가 그림에는 무섭게 구름이 일어 어두운 하늘에 번개가 치고 땅에는 지진이 일고 있어 결코 조용하지 않다. 윤동주의 이 그림에는 그런 무서운 소란이 없이 안식을 기약하듯 하늘이 조용히 어두워갈 뿐이다.

에는 붉은 피를 흘리겠다는 일상적인 뜻 이외에 마치 해마다 봄이면 다시 "피어나는" 붉은 꽃처럼, 또는 그의 "이름자 묻힌 언덕 위에도 / 자랑처럼 풀이"(「별 헤는 밤」) 돋아날 것처럼 조용하게 죽은 그가 부활하리라는 소망도 조금은 곁들여 있다고 보겠다. 예수의 피는 언제나 새롭게 흐르는 "보혈"로서 신자가 고백하는 죄를 말갛게 씻어 준다는 것이 예수 그리스도의 부활과 속죄 신앙의 핵심을 이룬다. "거의 모든 물건이 피로써 정결케 되나니, 피 흘림이 없은 즉 죄사함이 없느니라"고 성경에 씌어 있다(히브리서 9장22절). 그는 만인이 감탄하며 쳐다볼 높은 첨탑 위의 십자가에 오를 생각은 절대로 할 수 없다. 다만 지금 자기가 겪고 있는 괴로움의 끝에 무엇인가 "다 이룬" 사람으로서의 결말에 도달할 수 있다면 그 나름의 "십자가" 위의 죽음은 오히려 꽃 같은 선혈을 조용히 흘릴 수 있는 좋은 죽음이라고 하고 싶다.

그는 자기가 흘리는 피가 "꽃처럼 피어나는", 즉 해마다 부활하는 "꽃"이 될 염원을 가져 본다. 그 피가 자기의 괴로움을 말갛게 씻어주고 고민의 사슬에서 그를 풀어 주리라는 소망이 그 염원 속에 들어 있는 것 같다. "모가지"를 숙이고 피가 다 빠질 때까지 조용히 피를 흘리는 것은 마치 제단의 제물로 받쳐진 하얀 양이 붉은 피를 끝까지 흘리듯(구약 신명기에는 희생 제물의 피를 모두 흘리게 하여 사람이 조금도 피를 먹어서는 안 된다고 되어 있다.) 그가 지금 절실히 필요로 하는 안식과 평화를 줄 것이다. 이것은 어마어마하게도 그리스도 자신이나 그의 사도들이었던 베드로나 바울처럼 십자가에 달려 장엄한 순교를 하는 것과는 달리, 마치 화가 루오Rouault의 「황색의 예수」처럼 평화로운 죽음의 주인공이 되는 것으로 그치려는, 다시 말하면 그가 끝까지 두려움을 느꼈던 신앙적 차원을 예술적 차원으로 인간화하여 수용하고자 하는 그의 소망적 사고라 할 수 있다.[63]

그러나 어쨌든 예수의 최후 완성을 멀리서나마 본뜨고자 하는 그 행위는 어쩌면 부활을 기약하겠기에 그런 부활의 소망에서 나온 것일 수 있는 것이다. 이처럼 「십자가」는 예수의 수난과 부활이라는 기독교 신앙의 배경을 꽤 잘 이해하지 않고는 계속 수수께끼로 남게 된다.
 필자의 이런 해석은 거의 모든 평자의 공식적 해석으로 되어 있는 윤동주의 숭고한 자기 희생 의지와는 너무나 다를 것이다. 그러나 필자는 이러한 읽기가 윤동주의 내밀한 고뇌를 더 정확하게 밝히는 것이라 의심치 않는다.

---

[63] 오세영은 윤동주가 "기독교의 이념을 거부한다. 적어도 그에 있어서 기독교 휴우머니즘은, 종말의식을 극복하는 데 아무런 의미를 지니지 못한다"고 했다(김영민, 「윤동주 연구사의 평가 정리」, 이선영 편, 244, 재인용). 확실히 이 해석은 잘못됐다. 그렇다고 이선영처럼 "「십자가」에서는 종교적 신앙에 바탕을 두고 세계의 어둠에 맞서는 비장한 행동의 결의로 나타"났다고(「암흑기 시인, 윤동주 재론」, 이선영 편, 272) 단정할 수도 없다. 윤동주는 어마어마하게도 십자가를 지는 순교자가 되고자하는 결의를 나타내는 것이 아니다. 「십자가」는 십자가를 자기의 고뇌를 풀기 위한 상징으로 삼고자한다는 고백이다. 그렇다고 해서 이를 반기독교적이라고 해석한다는 것은 많은 민감한 기독 청년의 고뇌를 잘 이해하지 못하는 소치이다.

14 「또 다른 고향故鄕」: 자아분열의 비극적 아이러니

윤동주는 1941년 여름 방학 동안에 북간도의 고향에 다녀와서 연희전문에서 마지막 학기를 막 시작했을 무렵 이 시를 썼다. 전에는 언제나 즐거웠을 귀향이었지만 이번에는 졸업 후의 진로에 대하여 아마도 부모와 의견이 맞지 않아 무척 고민했을 것이다. 더 근본적으로는 나날이 심하여 가는 일제의 압제 속에 어둡기 그지없는 앞날을 거의 절망하고 있었을 것이다. 그의 부모는 문학 공부를 위한 그의 일본 유학을 마지못해 허락했지만 그가 문학으로, 더더구나 우리말로 쓰는 시로 현실사회에서 어떤 성공을 거두리라 바랄 수 없었고 윤동주 자신도 문학으로 어떤 성취를 이루리라고 자신만만했던 것도 아니다.

아이러니컬하게도 우리말로 쓸 시를 공부하기 위하여 일본 대학에 일본말로 가르치는 영문학을 공부하러 가겠다고 그는 고집했다. 아마도 그것은 그러한 절망으로부터의 한 탈출구가 되리라 여겨졌기 때문이었겠으나 그가 아주 큰 희망을 거기 두고 있었다는 증거는 없다. 만주 용정은 이미 그가 단순하고 순진하게 즐거워할 수 있는 "고향"이 아니었다. 어딘지는 모르나 "또 다른 고향"이 그에게는 절실히 필요했다.

고향에 돌아온 날 밤에
내 백골이 따라와 한 방에 누웠다.

어둔 방은 우주로 통하고
하늘에선가 소리처럼 바람이 불어온다.

어둠 속에서 곱게 풍화작용하는
백골을 들여다보며
눈물짓는 것이 내가 우는 것이냐,
백골이 우는 것이냐,
아름다운 혼이 우는 것이냐?

지조 높은 개는
밤을 새워 어둠을 짖는다.

어둠을 짖는 개는
나를 쫓는 것일 게다.

가자, 가자, 쫓기우는 사람처럼 가자.
백골 몰래
아름다운 또 다른 고향에 가자.

　이 시는 어둠 속에 시작하여 어둠 속에서 끝난다. 이 시에서 어둠의 검은 빛깔과 백골의 하얀 빛깔이 무섭게 마주친다. 그런 공간 속에 하늘로부터는 바람이 부는 소리가 들리고 땅에서는 도둑을 지키는 개 짖는 소리가 들린다. 그 사이에서 윤동주가 세 개의 자아로 분열된다.

서울에서 만주 용정까지는 세 번 기차를 갈아타는 먼 길이었다.64 고향에 도착하면 가족과 친지를 만나 기쁠 터이지만 몸은 무척 고단할 것이다. 고향에 도착한 첫날밤은 그렇게 피곤한 몸을 푹 쉬는 기분 좋은 밤이 되었을 것이다. 전에는 늘 그랬을 것이다.

그러나 1941년 여름은 달랐다. 고단한 몸은 쓰러져 쉬다 못해 아주 사그라져 "백골"이 되어 있고 그냥 백골로 남아 있지도 못하고 그야말로 백골이 진토가 되도록 "곱게 풍화작용"하고 있다.

윤동주는 이 시에서 일상 언어에서 서로 비슷한 뜻을 가지는 "곱다"와 "아름답다"라는 두 낱말을 쓰고 있는데, "곱다"는 백골에 관하여, "아름답다"는 "혼"과 "또 다른 고향"에 관하여 쓰고 있다는 사실에 우리는 주목해야 한다. 둘은 확실히 구별되고 있다. "곱게" 풍화작용을 한다는 것은 "아무 말썽 부리지 않고, 고스란히, 완전히 수동적으로, 자연스럽게, 조용히" 변하여 간다는 뜻이다. 우리나라 어떤 섬 지방에서 죽은 사람의 유해를 오랫동안 바람맞이 쪽에 내어두어 뼈만 남게 하던 풍장(風葬)을 연상시킨다. 매장은 땅에 묻힌 시신의 살을 썩혀 흙에 혼합시키는 방식이다. 그러나 풍장은 말 그대로 시신의 살이 그대로 바람에 불려 없어지고 백골만 남기는 방식이다. 그런데 이 시에서는 "하늘에선가 소리처럼 바람이 불어" 백골마저 "풍화(風化)" 작용을 입어 바람처럼 사라질 것 같다.

우리는 극심한 긴장을 겪을 때 피로한 자신과 그런 자신을 관찰하는 또 다른 자신으로 분열되는 경험을 하는 적이 있다. 필자는 한국전쟁의 포화 밑에서 며칠을 새면서 그런 경험을 했다. 지치고 겁에 질린 나와 그런 나를 바라보는 또 다른 나를 경험했다. 이럴 경우, 대개 능동적으로 관찰하는 자아에 비하여 관찰의 대상이 되는 또 다른 자아는 피곤하

---

64 송우혜에 의하면 두만강까지만 해도 1660킬로미터나 된다(『윤동주 평전』 190).

여 수동적이 된다.

　윤동주의 경우에도 "나"의 관찰의 대상이 되는 자아는 수동적이다 못해 "백골", 그것도 막 사라져 가는 "백골"이 된다. 아이러니컬하게도 고향의 부모와 친지들이 전과 다름없이 사랑하는 것은 그런 고분고분한 "고운" 윤동주이지만 "나"가 볼 때 그것은 그의 "백골"일 뿐이다. 그의 백골은 진짜 쉬러, 영원히 쉬러, 고향에 돌아와 척 누워버렸던 것이다. 실제로 이 시를 쓰고 2년 반쯤 뒤에 그는 피골이 상접한 채 죽어 화장되어, 문자 그대로 백골이 진토가 된 채, 고향 땅 무덤 속에 영원히 눕고 말았다. 그 자신이 자기의 훗날 모습을 그렇게 그려보았던 것일까? 우리는 그의 이 예견적 비전에 섬찍함을 아니 느낄 수 없다. 이는 블레이크나 뭉크 같은 표현주의 화가의 무서운 그림으로나 표현될 수 있는 장면이다.

　그의 피곤한 몸이 백골이 되면서 "나"는 몸을 떠나 자유롭게 된다. 어두운 좁은 방은 갑자기 우주로 확대된다. 백골이 되어 누워버린 일상적 공간은 무의미하게 된다. 동시에 예사롭던 바람 소리는 하늘로부터의 무슨 "말씀"처럼 들린다. 아직은 "소리처럼" 부는 바람이지만 그것이 뜻있는 소리 또는 말씀 자체로 들리기를 윤동주는 절망적으로 고대했을 것이다. 그가 어릴 적부터 듣고 읽은 기독교 성경에는 "하늘로서 소리가 있어 말씀하시되 이는 내 사랑하는 아들이요 내 기뻐하는 자라 하시니라(마태복음 3장 17절)"라는 구절이 있다. 이 시를 쓸 때 그의 의식 속에 이 구절이 아련히 떠돌았음 직하다. 이 시보다 먼저 쓴 「또 태초의 아침」에서도 그는

　　　전신주가 잉잉 울어
　　　하나님 말씀이 들려 온다.

무슨 계시일까.

라고 쓴 적이 있다. 그는 어렸을 적에 바람이 불 때 전선이 우는 소리를 하나님의 말씀으로 두려워하거나 신기해하며 들었던 것 같다. 필자도 아잇적에 아이들과 같이 전신주에 귀를 대고 웅웅 울리는 소리를 들으면서 그게 하나님 말소리라고 했다. 그러나 지금 윤동주는 어디서든 "말씀"을 들을 수 없어 속이 타고 있다.

"나"는 백골을 들여다보면서 눈물을 흘린다. 그런데 돌연 "혼"이 끼어들어 함께 눈물을 흘린다. 다시 말하면 그는 "나"와 "백골"과 "혼"으로 분열되어 그 세 자아가 동시에 눈물을 흘리는 것이다. 이 대목에 이르러 그는 "나"와 "백골"로만 분열된 것이 아니라 "혼"으로도 분열되어 일종의 "삼위일체"가 된 것이다.

심신이 모두 지친 윤동주는 고향에 돌아온 첫날밤에 자리에 누워 울었던 모양이다. 갑자기 그는 그렇게 우는 자기를 관찰하며 우는 다른 자기와 그 두 자기를 바라보며 우는 또 다른 자기를 의식했던 것 같다. 셋은 모두 회한의 눈물을 흘렸을 것이다. 정신분석학에 의하면 일단 자아가 분열되기 시작하면 걷잡을 수 없이 무수하게 분열될 수 있다고 한다. 그러나 시인 윤동주는 자아의 분열을 셋으로 통제하고 그 각각의 역할을 확정한다. 셋이면서 하나이다. 즉 삼위일체다.

그는 고향 땅에 누워버린 "백골"을 측은하게 여길 뿐 아니라 백골과의 이별이 또한 한없이 슬플 것이다. 이것은 육신의 고향과의 작별이기도 하다. 그때로부터 그는 만주의 고향과 그의 유소년 시절과 육친의 동기들과의 갈라섬을 아프게 느끼지 않을 수 없다. 한 마디로 해서 그의 "순진"의 시대는 종말을 고한 것이다. 이제로부터 암흑한 전망의 새 삶이 시작되려고 한다.

그는 그의 또 다른 자아를 "혼"이라 부르고 그에게는 "아름다운"이라는 형용사를 붙였다.[65] 유령이나 귀신같은 무서운 존재가 아니라 "아름다운" 혼이다. 혼은 몸을 떠날 때에 비로소 주체를 획득한다. "아름다운 혼"은 피곤한 백골에서 벗어난 깨끗하고 사랑스러운 존재다. 그는 백골의 고향을 떠나 "아름다운 혼"과 함께 또 다른 고향, 이상향을 찾는 길에 오른다. "고운" 백골과는 달리 "아름다운" 혼은 능동적으로 확대된 우주 공간으로 날아다닐 수 있는 존재다.

그는 이미 고향에 속하지 않는 "이방인"이다. 그래서 이방인의 내습을 막는 개 짖는 소리에 그는 거기가 이미 고향이 아님을 직감한다. 앞에서 하늘에서 들리는 듯한 소리가 있었는데 여기서 소리는 개 짖는 소리가 된다. 하늘에서는 끝내 소리가 안 들리고 땅에서는 소리가 들리지만 그것은 개 짖는 소리, 자기를 내 모는 것으로 들리는 소리일 뿐이다.

밤을 새워 짖는 개를 그는 "지조 높다"고 했는데, 개를 지사(志士)나 충성심의 상징이라고 엄숙하게 해석하는 것은 잘못이다.[66] 여기서 우리는 윤동주 특유의 아이러니를 아니 느낄 수 없다. 개는 개의 본성을 그대로 살려 밤이면 으레 짖어대니 타고난 "지조"를 지킨다고 할 수 있지만, 윤동주 자신은 본래의 순진을 버리고 고향을 등지려 한다는 사실을

---

[65] "아름답다"는 말은 그가 애용한 낱말 중의 하나로 11번이나 썼다. "마음에 들어 보기 좋고 사랑스럽다"는 뜻으로 썼다. "곱다"는 단 한 번 썼다.
[66] 그러나 "지조 높은 개"는 "어둠 속에 소모되는 백골을 보며 우는 '나'의 소극적 태도를 꾸짖는 것"이라고 김흥규는 해석한다(「윤동주론」, 이선영 편 82). 김윤식은 "'어둠'이라는 조건 상황을 제거하고 결단을 촉구하는 거부의 목소리"라고 해석한다(「어둠 속에 익은 사상, 윤동주론, 권영민 엮음, 194). 개 짖는 소리를 이렇게 엄숙하게 해석하는 것이 평론가들의 일반적 관행이지만, 이것은 윤동주의 죄의식, 자책감만을 강조하고 그의 육신의 고향으로부터 또 다른 고향으로의 탈출이라는 그의 절실한 상황을 눈여겨보지 않는 읽기이다. 그래서 김우창은 그렇게 해석하지 않는다(「손들어 표할 하늘도 없는 곳에서」, 이선영 편, 107). 이는 내 해석과 비슷하다.

그렇게 자조적으로 표현한 것이라고 하겠다. 그는 "이 육중한 기류 가운데 자조하는 한 젊은이"라고, 수필 「별똥 떨어진 데」에서 자신을 특징지은 적이 있다. 누가 보나 얌전했던, 즉 고왔던 그는 속으로는 자조적인, 자의식이 강한 청년이었다. 개의 본성적 지조에 반하여 자기는 그의 육친의 정이 깃든 본래의 고향을 저버림을 자조하고 있는 것이다.

그는 "어둠을 짖는 개"가 백골을 남겨둔 채 떠나는 자기를 쫓아버리는 것이라고 해석한다. 즉 그는 육신의 고향을 떠나는 것이다. 하얀 백골에서 떨어져 나온 자기는 "어둠"의 검은 빛깔일 것이다. 확실히 그는 어두운 그림자처럼 쫓기는 이방인이다. 그래서 백골을 거기 그냥 남겨둔 채 또 다른 고향을 찾아, 어딘지도 확실치 않은 그곳을 찾아 떠나자고, 그는 "아름다운 혼"에게 재촉하는 것이다. 확실한 고향이 있는 백골을 떠나 그들은 몸 없이 방황하는 이방인이 되려는 것이다.

이 시는 고향 상실을 말하는 동시에 미지의 또 다른 고향을 향한 방랑의 출발을 뜻하기도 한다. 그리하여 고향으로부터의 "추방"은 또 다른 고향으로의 "해방"이 되는 것이다. 추방이 곧 해방이 된다는 아이러니와 파라독스를 이 시가 절절하게 구현하고 있다. 그러나 확실한 고향으로부터의 추방은 한없이 슬픈 일이고 새로운 고향을 찾아 날아갈 수 있는 해방은 무한히 자유롭되 또한 무한히 두려운 일이다.

윤동주는 많은 좌절을 겪으면서도 포기하지 않고 새로운 고향을 찾아 가다가 비극적 불행을 당했지만 그의 아름다운 혼은 지금 우리 말 속에 우리 정감 속에 마침내 새로운 고향을 찾았다. 이제 우리는 윤동주를 찾아 그의 백골이 진토 되어 묻힌 중국 땅 용정을 찾을 필요는 없다. 아직도 그곳의 "지조 높은 개"들은 우리 같은 이방인을 짖어 쫓을 것이다. 그러나 그는 벌써 그때 거기를 떠났으므로 거기에는 없다.

15 「간肝」의 착잡한 아이러니

「간」은 1941년 11월 29일에 지은 것으로 되어 있다. 따라서 『하늘과 바람과 별과 시』를 편집하고 「서시」를 써서 붙인 다음에, 「참회록」 바로 전에 쓴 작품인데, 매우 난해한 작품으로 알려져 있다.

  바닷가 햇빛 바른 바위 위에
  습한 간을 펴서 말리우자.

  코카서스 산중에서 도망해온 토끼처럼
  둘러리를 빙빙 돌며 간을 지키자.

  내가 오래 기르던 여윈 독수리야!
  와서 뜯어먹어라, 시름없이.

  너는 살찌고
  나는 여위어야지. 그러나,

거북이야!
다시는 용궁의 유혹에 안 떨어진다.

프로메테우스, 불쌍한 프로메테우스,
불 도적한 죄로 목에 맷돌을 달고
끝없이 침전하는 프로메테우스.

 이 시에는 토끼, 거북이, 독수리 등의 신화 전설의 짐승과 코카서스, 용궁 등의 신화 전설적 장소와 프로메테우스라는 신화적 인물이 간을 매개로 하여 서로 복잡하게 연결되어 있다. 그런데 토끼, 거북이, 간, 용궁은 우리나라의 『별주부전』 같은 동화에 나오고 코카서스, 프로메테우스, 독수리, 간은 헬라의 신화에 나온다. 양쪽에 공통으로 들어 있는 것은 간이다. 그러나 간을 공통 매개로 하고 있다 하여도 두 신화가 자연스럽게 연결되는 것은 아니다. 그런 만큼 둘의 연결에는 상당한 강제가 필요하다. 서양 이론에서 말하는 이른바 "가장 이질적 관념들이 강제적으로 함께 얽어 매인"[67] 양상이라 하겠다. 그런데 윤동주는 끝에 가서 느닷없이 "맷돌을 목에 매고 가라앉음"이라는 전혀 뜻밖의 모티프를 도입하여 앞에 이미 행사된 강제력에 또다시 무서운 강제력을 가하여 전체를 뭉치려고 한다.

 그러니까 이 수수께끼 같은 짧은 시에는 첫째 토끼와 거북이의 이야기, 둘째 프로메테우스와 독수리 이야기, 그리고 셋째 맷돌을 목에 달고 물속에 빠지는 이야기가 얽혀 있다. 토끼의 간이 앓는 용왕에게 약

---

[67] "…the most heterogeneous ideas are yoked by violence together." 이는 "형이상학파 시"에 대한 18세기 영국 비평가 존슨Samuel Johnson의 유명한 비평인데 영국 시인 비평가 엘리엇T.S. Eliot이 "형이상학파 시인(1921)"이라는 평론에서 현대시의 특징을 말하면서 인용하고 있다. 필자는 『영미비평사3: 뉴크리티시즘: 복합성의 시학』(민음사: 1996), 21-22쪽에서 이에 대하여 설명했다.

이 된다고 하므로 계교에 능한 거북이가 뭍에 나와 용궁의 갖은 호사로 토끼를 꾀어 용왕 앞에 대령시켜 그의 간을 빼내려 하자 토끼가 때마침 간을 말리려고 바닷가 바위 위에 널어놓았으니 거북이가 다시 뭍에 데려다 주면 간을 주겠노라고 하여 용왕과 거북이를 속이고 자기 목숨을 건지는 『별주부전』이야기를 우리는 잘 알고 있다. 어둠과 추위 속에서 불행하게 사는 사람들을 동정하여 신들에게서 불을 훔쳐다 준 죄로 거인 프로메테우스가 코카서스 산꼭대기 바위 위에 영원히 붙들어 매이고 옆구리로 비어져 나온 간을 신들의 왕 제우스가 독수리에게 계속 쪼아먹게 하였다는 헬라의 이야기도 상당히 잘 알려져 있다. 독자들은 여기까지는 대개 알 터이지만 목에 맷돌 달고 물속에 빠짐은 마태복음 18장 1절-7절에 나온다는 사실을 대개 모를 것이다.[68]

---

[68] 마광수는 『윤동주 연구』(정음사, 1983, 75쪽)에서 아마도 처음으로 이 사실을 언급한 듯하다. 이 책은 연세대학교 대학원 박사학위 논문인데 필자가 그 논문심사위원의 한 사람으로 그에게 바로 그 사실을 알려주고 「간」의 의미를 새로이 해석해 주었었다. 그런데 한국 학자들이 대개 그러듯 마광수는 필자가 그런 해석을 그에게 제시하였다는 사실을 밝히지 않았다. 성경 지식이 좀 있어야 알 만한 사실이다. 이에 대해서는 필자의 「뜻겹침의 일곱 유형」, 『자세히 읽기로서의 비평』(문학과지성사, 1988) 218-222에서도 언급했다. 이 글에서 필자는 「간」의 복잡한 뜻의 갈래들(뜻겹침)을 엠슨William Empson의 분석법에 따라 풀어보려 하였다. 「간」은 엠슨이 말하는 제5유형의 "뜻겹침ambiguity"에 속하는데, 이는 "시인이 글을 써 내려가면서 비로소 생각을 발견하든가, 한꺼번에 생각을 명확하게 가지고 있지 아니하여 글에 혼란, 불일치, 또는 단절이 생겨 여러 뜻이 겹치는 경우"(Empson, *Seven Types of Ambiguity*, New York, Meridian Books, 1955[1933], p.175)라고 한다. 서로 다른 생각들이 갑자기 서로 마주친 자국이 선명히 보이는 경우인데 「간」이 바로 그러하다. 필자는 "윤동주는 자기에 대한 긍정과 부정, 자기 주장과 자책감의 심한 대립에 고민하고 있는 것 같다. 이러한 상태를 덮어두지 않고 세 개의 전혀 다른 이야기들을 느닷없이 뒤섞음으로써 착잡한 상태를 그대로 나타내고자 한 것이다. 그 자신 일목요연하게 자기의 할 말을 미리 정돈하여 내다볼 수 없었기 때문에 써나가면서 격심한 바꿔치기(프로이트가 말하는 "자리바꿈")를 했던 듯싶다"고 썼다. 그리고 주석에서, "여기의 '어린이 유혹죄'는 '용궁의 유혹에 빠지면서 순결(자기

하루는 제자들이 예수에게 천국, 즉 완전한 인류 사회에서 가장 높은 사람은 누가 될 것인가고 물었는바, 예수는 어린 아이 하나를 가리키며 누구든지 그런 아이처럼 스스로 자기를 낮추는 사람이라야 한다고 했다. 그리고는

> 누구든지 나를 믿는 이 소자 중 하나를 실족케 하면 차라리 연자 맷돌을 그 목에 달리우고 깊은 바다에 빠뜨리우는 것이 나으니라 실족케 하는 일들이 있음을 인하여 세상에 화가 있도다 실족케 하는 일이 없을 수는 없으나 실족케 하는 그 사람에게는 화가 있도다 (6장-7절)

윤동주가 읽었음 직한 옛 번역 성경을 아직도 한국의 개신교회에서 사용하고 있어서 그대로 인용했지만, 오늘날의 새 번역에 따르면 "나를 믿는 이 작은 사람들 가운데서 하나라도 죄짓게 하는 사람은, 차라리 자기 목에 연자맷돌을 달고 바다 깊숙이 잠기는 편이 낫다. 사람을 죄짓게 하는 일 때문에 세상에 화가 있다. 범죄의 유혹이 없을 수는 없으나 유혹하는 사람에게는 화가 있다"로 되어 있어 이해가 쉽다. 예수는 순진한 사람을 죄악에 빠뜨리는 짓(실족失足케 하는 짓)을 모든 죄 중에서 가장 악질로 단죄하였다. 그는 모든 기독교인이 가장 자주 외는 "주기도문"에서 일용할 양식과 이웃과의 상호 용서를 통한 화해를 빌고 나서 "우리를 유혹에 빠지지 말게 하시고 악에서 구하여 주소서"라고 간구할 것을 가르쳤다. 육체와 사회 생활의 건강과 아울러 올바른 정신 생활을 위한 기도가 "주기도문"인데 정신 생활의 건강을 위해서

속의 어린이)을 잃고 죄책감의 심연으로 빠져드는 것을 암시하지는 않을까? '용궁'은 성인들의 놀이가 벌어지는 곳, 거북은 남근의 상징, 불 도적질은 청춘 시절의 불장난, 즉 성적 유희, 프로메테우스는 독립적인 성인, 이렇게 읽으면 성적으로 성인이 되는 의례를 통과하고 나자 자기 속의 어린이다운 순결이 더럽혀졌다고 자책하는 것은 아닌가? 이것은 상식적인 프로이트적 읽음이다(221쪽)"라고 썼다.

는 죄의 유혹에 빠지지 않아야 한다는 것이다. 그만큼 죄의 유혹이 맹렬하여 두렵기 짝이 없음을 가르친 것이다. 그러므로 순진한 보통 사람으로 하여금 죄를 범하도록 유혹하거나 강요하는 자야말로 가장 혹심한 벌을 받아 마땅하다. 예수는 연자맷돌을 목에 걸고 바다 속에 깊이 빠지는 것이 오히려 약과라고 할 정도로 그런 죄를 엄히 꾸짖은 것이다.

윤동주는 토끼-거북 이야기와 프로메테우스-불 이야기를 간을 매개로 하여 연결시켰다. 목에 맷돌 달고 바다 속에 빠지는 비유가 그 두 이야기에 연결되기 위하여서는 역시 간의 매개가 필요한데 이 부분에 간이 나타나지 않아 해석이 어려워지는 것이다. 그러므로 여기서 우리는 간의 행방을 찾아야 한다.

간은 동양 내지 민속 의학에서 사람의 생명의 중심이 되는 기관으로 간주되었다. 실상 현대 의학에서도 중심적 기관이기는 마찬가지이다. 간의 고장은 생명을 위태롭게 한다. 간은 맑고 깨끗해야 한다.[69] 긴 장마에 습하게 된 옷, 종이, 책 따위는 곰팡이가 슬어 상하거나 변질하거나 썩으므로 곧 햇볕에 말려야 한다. 그러므로 간 역시 무슨 이유로 해서 "습하게" 되었을 경우에 곧 햇볕에 말려야 할 위험 상태에 있다. "습한 간"이라는 무섭게 기발한 비유에 우리의 시선이 쏠린다. 오랜 장마 같은 음울한 환경에서 곰팡이 슬고 변질하여 썩어버릴 위험에 처한 간이란 일제 하의 우리 민족의 정신 상태임을 우리는 쉽게 알아차린다. 이 책의 다른 데서도 논의하지만, 윤동주가 이 시를 쓰던 순간에도 일제의 교활한 꼬임에 빠져 많은 지도급 한국 지식인이 일제의 열렬한 앞잡이가 되고 있었다. 즉 모두 "간"을 빼어 용왕 아닌 일왕에게 바쳤다.

---

[69] 간에 관련된 이야기와 그 상징적 의미에 대해서는 『한국문화 상징 사전 2』(동아출판사, 1995) 의 "간" 항목 참조할 것. 『삼국유사』 제2권 기이편 2 진성여왕조에 거타지라는 활 잘 쏘는 사람이 용왕의 아들들의 간을 빼먹어 죽이는 늙은 중을 활로 쏘아 죽이니 여우더라는 얘기가 있다고 한다.

그 꼬임에 속아넘어갈 뻔한 소수의 사람들이 바로 "코카서스 산중"에서 도망해온 "토끼"에 비유된다. 실상 이야기 속의 토끼는 바다 속 용궁으로부터 도망쳐 나왔다. 바다 속과 코카서스 산중은 지형적으로는 정반대이지만 토끼와 프로메테우스를 연결시키기 위해 그렇게 바꿔치기를 한 것이다. 일종의 유추적 비유라고 하겠다. 그렇게 용케 도망쳐 나온 토끼이지만 한참 호화와 사치의 유혹을 받는 동안 마치 긴 장마에 습하게 된 옷과 책처럼 그의 간은 말짱하지 않고 습하게 되어 있었다. 곧 햇빛에 말리지 않으면 변질하고 썩을 판이다. 그러나 원래 이야기에는 토끼의 간이 썩어가고 있었다고 되어 있지 않다. 아마 겁이 나서 간이 콩알 만하게 되었을 것이지만 썩지는 않았다.

　이것은 전반적으로 오염된 분위기에서 자기 자신도 오염되기 시작한 것을 깨달았다는 말이라고 해석할 수 있다. 즉 윤동주 자신도 오염을 느꼈다는 말이다. 아마 보통 사람이라면 그것을 전혀 오염이라 느끼지 않고 도리어 자기의 고결을 자부하였을 터이지만 그는 지극히 예민한 내성의 소유자였다는 사실을 기억해야 한다. 그는 분명 창씨개명하여 일본 유학을 강행하려고 하고 있지 않은가! 그만큼 자기 간도 습한 기운에 영향을 입은 것이라고 뼈저리게 느끼고 있었다고 할 수 있다. 다만 그 습한 간이 다 말라 건전해질 때까지 위험을 무릅쓰고 간의 주위를 돌며 지켜야 한다. 이것은 『별주부전』이나 프로메테우스 신화에는 나오지 않는 윤동주 자신의 이야기이다. 이야기 속의 토끼가 간을 빼어 햇볕을 쪼인다는 것은 거짓말이었지만 여기 윤동주의 토끼는 정말로 간을 꺼내어 말리고 있는 것이다. 이때는 남이 간을 훔쳐가거나 빼앗아 갈 위험이 가장 높은 순간이다. 그런 위험을 무릅쓰고라도 일단 습기를 머금었던 간을 그대로 숨겨 두지 않고 적나라하게 내놓고 원래의 상태로 돌려놓아야 한다. 이 시를 쓰는 행위 자체가 윤동주가 그의 "간"을

백일하에 꺼내놓은 행위가 된다. 그는 무섭게 솔직하고 고백적이다.

그렇게 자기 간을 내보이고 나서 그는 느닷없이 "내가 오래 기르던 여윈 독수리야! 와서 뜯어 먹어라"고 한다. 간은 바닷가 바위 위에 햇볕 쪼이려고 내놓고 누가 훔쳐갈까 봐 둘레를 빙빙 돌면서 지키던 것인데 상황은 아주 엉뚱하게 바뀌어 굶주린 독수리가 아주 쉽게 쪼아먹도록 내 놓은 것이 되어버린다. 여기서 배경은 다소 분명하지는 않으나 다시금 코카서스 산꼭대기의 바위로 바뀐 듯하다. 이야기는 간 뜯어먹는 독수리와 더불어 사슬에 묶인 프로메테우스 이야기로 급전한다. 그러나 이번에는 그 독수리가 제우스가 보낸 것이 아니라 윤동주 자신이 보낸 "오래 기르던 여윈 독수리"이다. 습한 간을 말리기 위하여 햇볕 속에 내놓고 조심스럽게 지켜야 한다고 하고는 느닷없이 독수리더러 와서 뜯어먹으라고 하는데 그 독수리는 자기 자신이 오래 기르던 굶주린 독수리라는 것이다.

여기에는 논리적으로 엄청난 단절과 비약이 개재되어 있다. 우리는 더 이상 윤동주의 착잡한 감정의 흐름을 따라가지 않고 포기하고 말든가 또는 몇 겹으로 중첩된 상반되는 뜻의 흐름들을 찬찬히 가려보아야 한다. 그러나 필자는 우리를 심란하게 하면서도 우리를 잡아 끄는 큰 힘이 있는 이 시를 포기하지 않는 것이 마땅하다고 생각한다.

자기 권위에의 도전을 절대로 용서하지 않으며 그러는 자에 대한 벌을 절대로 멈추지 않는 제우스신은 신들의 특권인 불을 훔쳐 암흑과 추위 속에 살던 불쌍한 사람들에게 갖다준 프로메테우스를 코카서스 산 꼭대기 바위에 절대로 끊을 수 없는 사슬로 묶어 놓고 그것도 모자라 언제나 배고파하는 독수리에게 프로메테우스의 간을 쪼아먹게 하는데 그의 간은 먹어도 먹어도 없어지지 않고 자꾸 자라서 그의 옆구리를 뚫고 비어져 나온다. 프로메테우스는 인간의 편에서 보면 인간을 위해 고통받는 영웅적 구세주이다. 그러나 윤동주의 이야기에서 그런 영웅적 구세주의 간과 나약한 토끼의 간을 연결시키기 위해서는 프로메테우스는 다시 토끼처럼 되는 수밖에 없다. 다시 말하면 병적이랄 정도로 민감하게 자기 자신을 성찰하는 윤동주가 되어야 한다. 제우스의 독수리는 변하여 우람한 맹금이 아니라 궁극적으로는 윤동주 자신의 속을 언제나 아프게 찌르는 그의 양심적 자아가 된다. 깊은 양심은 추호의 부끄러움도 용납하지 않고 그의 속을 자꾸 아프게 쪼아대지만, 그렇다고 부끄러움, 죄책감이 조금이라도 줄어들지는 않는다. 여기에 변명이나 정당화의 근거는 전혀 마련되지 않는다. 자기가 "오래 기른 여윈 독수리"로서의 첨예한 양심이 유혹을 느끼는 자기 자신을 이렇게 아프게 쿡쿡 쑤셔대는 양상이 벌어지는데 우리는 여기서 셋으로 분열된 자아를 볼 수 있다. 하나는 여윈 독수리처럼 자기 양심을 아프게 찌르는 자아, 하나는 독수리에게 간을 뜯기는 것처럼 가책, 죄의식을 아프게 느끼는 자아, 또 하나는 그 모든 것을 괴롭게 바라보는 자아이다. 이렇게 셋으로 갈라진 자아는 「또 다른 고향」에도 나타난다. (177쪽 이하 참조)

"나"는 그 독수리에게 "나"의 간을 뜯어먹되 "시름없이" 뜯어먹으라고 한다. 독수리는 오래 여위었는데 이제 간을 뜯어먹을 기회가 생겼으니 신나게 뜯어먹게 되었지만 아무리 먹어도 독수리는 "시름없다." "시름"은 본시 "걱정, 근심"이라는 뜻이지만 의미의 기이한 변화를 입어 "시름없이"는 "아무런 걱정이나 근심이 없이, 신나게"라는 뜻이 아니라 "기운 없이, 맥없이"란 뜻이 된다.[70] 아무리 뜯어먹어도 윤동주의 독

---

[70] 윤동주는 「흰 그림자」에서 "허전히 뒷골목을 돌아 / 황혼처럼 물드는 내 방으로 돌아오면 // 신념이 깊은 의젓한 양처럼 / 하루종일 시름없이 풀포기나 뜯자"고 썼는데 이때의 "시름없이"는 "기운없이"라는 일반적인 뜻에 더하여 문자 그대로 "아무 걱정 없이, 태연히"라는 뜻을 겹쳐 가지고 있다고 생각된다. 먹이를 반추하느라고 계속 입을 우물거리는 양은 아무 걱정 없는 듯 태연하지만 그것이 책을

수리는 기운이 없기는 매한가지다. "나"는 여위고 대신 독수리는 살쪄야 하는데 실상 둘이 다 계속 여위어만 간다. 둘은 하나인 까닭이다.

오늘날의 상식적인 보통 사람, 특히 "고고孤高를 표방하고 은둔적인 구석을" 찾지 말고 "마땅히… 일본적인 예술가로 재생할 것"을 강력히 촉구한 이광수[71]는 이러한 윤동주의 자의식을 지나친 자기 천착이라고, 쓸데없을 뿐 아니라 사회 전체에 극히 해로운 태도라고 경멸하거나 공격할 터이지만 "우리의 건강은 오로지 질병에 있다"고 한 엘리엇의 말대로 그러한 아픈 자기 고백이야말로 "찢기면서도 가장 온전한"[72] 상태를 지향하는 치열한 정신의 표출로서 아마도 종교적 신앙에 의한 내면적 훈련을 거치지 않은 사람에게는 불가능한 상태일 것이다.

그런데 윤동주는 "나는 여위어야지"라는 말을 하고서는 곧이어 "그러나"라 하고 한 줄을 띄어 긴 여운을 두고 있다. 지금까지의 생각의 흐름과는 아주 다른 방향으로의 흐름을 예고하는 대목이다. 이 연에서 토끼는 코카서스 산중에서가 아니라 다시 원래대로 바다 밑에서 도망쳐 살아난 것으로 되어 있다. 거북이에게 한번 속아서 "용궁의 유혹"에 떨어졌었지만, 즉 바다 밑에 빠져 간이 습하게 되는 변을 당하고 다시금 뭍으로 나와서는 두 번 다시는 속지 않겠다고 한다. 이것은 무엇의 알레고리인가? 윤동주는 처음 한번 달콤한 유혹에 잠시 속아 "간이 습하여 졌다가" 얼른 정신 차리고 도망하여 정신을 차리는 (햇볕에 간을

읽는 자신에 대한 회화적 비유인 만큼 "맥없이, 전혀 신이 나지 않아서"라는 뜻을 나타낸다. 말의 상반된 두 뜻을 동시에 씀으로 날카로운 아이러니를 조성한다.
[71] 이광수, 「예술의 금일 명일」, 이경훈 편 『춘원 이광수 친일 문학 전집』 2(평민사, 1995), 88쪽.
[72] 영국 시인 엘리엇T.S. Eliot의 『네 편의 사중주The Four Quartets』에 나오는 "Our only health is the disease"란 구절과 「재의 수요일Ash Wednesday」에 나오는 "Torn and most whole"이란 구절의 옮김.

말리는) 사이에 이번에는 자기 자신의 "독수리"에게 간을 먹히운다. 그런 아픔을 당하면서도 그 유혹만은 "그러나"의 강한 어조에 나타나듯이 완강히 뿌리친다. 어떤 유혹에 처음에는 솔깃하였다가 소스라치게 놀라 멀찍이 물러섰고 이번에는 그로 인한 아픈 가책을 받으면서도 다시는 그 유혹에는 절대로 안 넘어가리라 다짐하는 것이라고 해석할 수 있다.

드디어 마지막 연의 더더욱 풀기 힘든 수수께끼의 결말에 도달한다. 토끼는 없어지고 2연에서 "코카서스"와 "간"으로 암시만 되었던 프로메테우스가 전면에 등장한다. 그러나 우리는 여기서 간을 몸 밖에 꺼내 놓은 토끼와 역시 간이 밖으로 비어져 나온 프로메테우스가 동일시됨을 알 수 있다. 다만 신화의 프로메테우스는 불을 도적한 죄로 코카서스 산꼭대기 바위에 영원히 사슬로 묶였지만, 윤동주의 프로메테우스는 죄는 역시 불을 도적한 것이면서도 영원히("끝없이") 쇠사슬로 목에 맷돌을 달고 바다 밑으로 가라앉는다. 산꼭대기가 아니라 바다 속으로 영원히 침전한다니 방향이 정반대이다. 실상 토끼는 그 전에 거북의 유혹에 속아 깊은 바다 속에 들어갔던 적이 있었는데 이제는 용궁이 아닌 차고 어두운 깊디깊은 물속으로 계속 빠질 뿐이다. 여기서 토끼는 "불쌍한 프로메테우스"가 되어 있다.

윤동주의 프로메테우스가 훔친 "불"은 무엇일까? 신화의 프로메테우스는 분명 인류를 위해 위대한 일을 한 영웅이었다. 그러나 윤동주의 프로메테우는 남을 위하여 어떤 큰 일을 한 "영웅"인가?

여기서 우리는 마태복음의 구절로 돌아가게 된다. 어린 사람, 나약한 사람을 죄짓게 하는 짓은 맷돌을 목에 달고 바다에 빠지는 게 나을 정도로 절대로 용서받지 못할 것이라고 예수는 강력히 꾸짖었다.[73] 윤동

---

[73] 김흥규는 토끼와 프로메테우스에 관하여서는 탁월한 해석을 가하고 있음에도 "목

15. 「간肝」의 착잡한 아이러니

주의 경우 "어린 사람"은 순진무구했던 자기 자신이 아닐까? 티없이 순진한 유소년기를 보내고 맑고 밝은 정신을 그대로 지켜 깨끗한 시인이 되고자 했던, "잎새에 이는 바람에도 괴로워했다"던 그가 스스로 용서할 수 없는 죄를 저질렀다고 한없이 절망하는 것이 아닐까? 불을 도적질했다는 것은 불행한 많은 사람들을 돕기 위한 영웅적 행위가 아니라 몰래 "불장난"을 한 것, 다시 말하면 자기의 순진무구함을 잃은 것을 말하는 것이 아닐까? 혹시 당시에 사면에서 타오르던 친일의 불길에 순간적으로 솔깃했던 것, 그래서 그랬던 자신에 대한 한없는 자책의 늪으로 "침전하는" 것을 암시하지 않을까? 시 공부를 더 하기 위해서는 가져야 할 일본식 이름이 그를 한없는 부끄러움의 구렁으로 빠져들게 한 것일까? 잠시 습했던 그의 간은 이제는 아무리 말려도 채 마르지 않고 여윈 독수리가 아무리 먹어도 없어지지 않고 이제는 온 몸 전체가 끝없이 절망 속에 빠져들어도 다함이 없다.74 이렇게 해석하면 그의 프로메

에 맷돌을 달고 / 끝없이 침전하는 프로메테우스"라는 마지막 연에 대해서는 "우리는 [이러한 의지는 고유한 의미에 있어서 비극적 인간상임을] 확인하게 된다"고 근거 박약하게 끝맺고는 스스로 "결코 충분하다고는 할 수 없는 논증"임을 시인한다(「윤동주론」, 이선영 편, 87). 김윤식도 "만일 이 시인에게 프로메테우스 신화를 정확히 알고 있었느냐고 누가 묻는다면 그렇지 않다고 답할 수도 있다. 불을 훔쳐 인간에게 준 죄의 대가로 '쇠사슬로 바위에 묶여 독수리에게 그 간을 쪼아 먹힌 바'라는 디테일과 '목에 맷돌을 달고'의 디테일 사이의 강음부의 차이는 누구나 지적할 수 있는 일이기 때문이다"라고, 이 부분에서 윤동주가 신화에 대해 좀 무식을 드러낸다고 해석하는데(「어둠 속에 익은 사상, 윤동주론」, 권영민 엮음, 198) 오히려 좀 무식한 것은 그렇게 해석한 평자일 터이다. "맷돌 달고 물속에 빠짐"의 출처와 의미를 알지 못하는 한 그렇게 불충분한 이해밖에 별 도리가 없다.
74 "침전沈澱하다"라는 말을 윤동주는 얼마 뒤 일본 유학 중에 쓴 「쉽게 씌어진 시」에서

나는 무얼 바라
나는 다만 홀로 침전하는 것일까?

테우스는 영웅이 아니라 "안티프로메테우스", 곧 "반영웅antihero"이 되어 다시 바다 속으로 가라앉는 것이다. 습하여 썩어들어감을 절감한 자기의 "간"과 용기의 상징인 프로메테우스의 "간"은 이처럼 서로 정반대의 상징성을 지니지만 둘은 다 같이 "간"이므로 어쩔 수 없이 서로 연결된다. 반영웅과 영웅이 어쩔 수 없이 만난다. 토끼와 프로메테우스가 기이한 숙명으로 만난다. 이래서 그 두 개의 간은 서로 완전한 파라독스를 이룬다. 이처럼 이 작품은 서로 충돌하는 여러 겹의 의미들이 매우 착잡하게 뒤엉킨 아이러니를 보인다.

그런데 이 시를 쓰기 바로 9일 전에 윤동주는 "하늘을 우러러 한 점 부끄럼이 없기를, 잎새에 부는 바람에도 괴로워했다"고 썼었다. 앞에서 논의한 것처럼 윤동주는 과거에는 조그만치의 부끄러움도 용납할 수 없이 순진하였지만 그와 같은 절대 결벽이 "모든 죽어가는 것들을" 사랑하는 데에는, 즉 온전한 시인이 되는 데에는, 오히려 방해가 된다는 것을 그는 깨달았다. 그러나 누구나 조금씩은 경험하듯 자신의 순진을 잃은 데 대한 회한은 두고두고 그를 괴롭혔을 것이다. 그런 회한을 그는 「간」에서 얼버무리지 않고 용감히 직면하였다고 하겠다. 그런 의미에서 그는 유혹에 솔깃한 겁 많고 약한 토끼이면서도 시적 양심에 있어서는 용감한 프로메테우스이었던 셈이다. 그래서 오늘의 우리는 그를 우리의 귀중한 "영웅"으로 사랑하는 것이다.

라고 한 번 더 썼다. 이 때 그는 그토록이나 심한 고민을 무릅쓰고 찾아온 일본 대학에서 만족스럽게 공부를 하기보다 오히려 증폭되는 부끄러움, 실망, 상실감, 절망 속에 한없이 가라앉고 있었다. 그것을 그는 다시 "침전"한다고 표현했다. 「간」에서 시작된 그의 "침전"은 일본 유학 중에도 계속되고 심화되었던 것이다.

16 「참회록懺悔錄」의 "정치적" 아이러니

「참회록」은 윤동주의 무서운 아이러니의 또 하나의 예가 된다.
"참회록"이라는 글은 중세 이후 서양의 기독교 문학에서 생겨난 자서전의 일종이다. 가장 이름 높은 참회록은 성 아우구스티누스St. Augustinus(354-430)의 『참회록』이다. 아우구스티누스는 처음 헬라 철학과 수사학에 정통한 인기 있는 교수였다가 기독교인 어머니에게 감화를 받아 기독교인이 된 후 기독교 최고의 사상가, 지도자의 한 사람이 되었다. 그의 『고백들Confessiones』을 일인들이 『참회록』으로 옮긴 이래 그렇게 굳어버렸다. 또 다른 유명한 참회록은 톨스토이의 『참회록』이다. 아마 일본인들이 많이 읽은 것이 이 책일 것이다. 그리고 18세기의 프랑스 문인 루소의 『참회록』도 독자가 많았음 직한데 엄격히 말해서 이 흥미진진한 책은 죄의 뉘우침을 기록한 것이 아니라 자기의 내밀한 사생활 내력을 제 자랑 겸해서 털어놓은 것이니 만큼 이 책은 정통적 고백록 또는 참회록의 "패러디"라 할 수 있는 글이다. 이 책이야말로 "참회록"이라고 옮기기보다 "고백록"이라 해야 옳다. 어쨌든 일본인들은 위의 세 참회록을 세계 3대 참회록이라 하여 교양인의 필수상식 항목으로 정하여 놓았다. 그런데 여기 아주 짧은 글이지만 윤동주의 「참회록」이 또 하나 생긴 셈이다.

> 파란 녹이 낀 구리 거울 속에
> 내 얼굴이 남아 있는 것은
> 어느 왕조의 유물이기에
> 이다지도 욕될까?
>
> 나는 나의 참회의 글을 한 줄에 줄이자.
> ─ 만 이십사 년 일 개월을
> 무슨 기쁨을 바라 살아왔던가?
>
> 내일이나 모레나 그 어느 즐거운 날에
> 나는 또 한 줄의 참회록을 써야 한다.
> ─ 그때 그 젊은 나이에
> 왜 그런 부끄런 고백을 했던가?
>
> 밤이면 밤마다 나의 거울을
> 손바닥으로 발바닥으로 닦아보자.
>
> 그러면 어느 운석 밑으로 홀로 걸어가는
> 슬픈 사람의 뒷모양이
> 거울 속에 나타나온다.

윤동주는 1942년 1월 24일에 이 시를 썼다고 하는데, 이 때는 그가 그 전 해 말(1941년 12월 27일)에 연희전문을 마치고 일본 리쿄 대학에 입학 준비를 하면서 고향 간도에 가 있던 때다. 바로 그보다 닷새 전 19일에 그는 서울에 다시 와서 연희전문에 "창씨계創氏屆"를 제출하였다고 한다. "창씨계"란 일제가 한국인들에게 한국식 성명을 일본식 성명으로 바꾸라고 강압함에 따라 일본식 성명을 만들어 관계 기관에 적어냈던 서류를 말한다. 친일파는 물론 기꺼이 앞장서서 그리했고 일본인과 공식적인 관계에 있는 모든 사람들, 정식으로 일본 학교에 입학할 사람, 단순히 일본에 볼일이 있어 배 타고 건너야 할 사람도 그래야 했다. 일제 말까지 한국민의 근 80퍼센트가 일본식 이름을 가질 수밖에 없었을 만큼 일제의 강요가 극심했다.

윤동주의 아버지는 아들의 연희 전문 졸업과 일본 리쿄 대학 입학을 위해 고향에서 그보다 얼마 전에 평소동주(平沼東柱, 일본식 발음으로는 히로누마도슈)라고 윤동주의 이름을 일본식으로 바꾸어 "계출"(屆出, 일본식 용어)하였다고 한다. 1931년 만주 사변 이래 간도는 이미 일본제국의 한 괴뢰인 만주국이 되어 그 지배 하에 있은 까닭에 일본의 정책대로 해야 했다.

그리고 1937년에는 일본군은 중국 본토를 침공하기 시작하여 파죽지세로 중국의 동부 해안을 따라 점령해 갔다. 군국주의 일본은 유럽의 독재정권 나치 독일과 파시스트 이탈리아와 동맹을 맺었고 그들이 1939년에 전쟁을 일으켜 유럽과 아프리카의 큰 지역을 점령하자 유럽이 동양에 힘을 뻗치기 어렵게 된 것을 이용하여 일본은 1941년 12월에 하와이에 있던 미국 태평양 함대를 선제공격하는 동시에 인도차이나 반도와 남태평양 열도로 진격하여 단시일 내에 점령했다. 일본의 온 국민과 조선의 수많은 백성까지 일본이 동양 천지를 이른바 "대동아 공영권"으로 통일하여 일본 왕의 영원한 지배 하에 둘 것이라 믿고 굉장히 우쭐했다.

윤동주가 자기 시에다 "참회록"이라는 제목을 붙인 데에는 특별한 이유가 있다고 생각된다. 당시 실로 수많은 국내 문인들이 – 이 중에는 윤동주가 매우 존경하던 사람들도 있었다 – 바로 얼마 전까지 민족주의적, 자유주의적, 사회주의적, 예술지상주의적, 주지주의적 태도와 주장들을 고집하였던 "부끄러운" 사실을 통감하고 "황도문학皇道文學"에 매진할 것을 굳게 맹세하는 글을 조선어로 또한 "국문(일어)"으로 앞 다투어 발표했다. 그들은 일본의 절대적 승리를 믿어 의심치 않았다. 그들은 우리말은 버릴 때가 되었으며 치욕의 우리 역사를 버리고 일본 역사를 "국사"로 삼아야 하며 민족주의, 자유주의, 개인주의, 사회주의, 민주주의 따위의 타락한 서양 사조를 배격하고 일본 왕을 떠받드는 "국민"이 되어 "황군"의 최후 승리를 위하여 단결하자고 떠들어댔다.

수많은 예가 있지만 신문학을 창조하여 한국문학의 수장으로 추앙받던 이광수가 1940년 10월 1일 일제 관제 신문『매일신보毎日新報』에 우선 한글로「조선문학朝鮮文學의 참회懺悔」라는 제목의 글을 발표하고 이어 "국문(일본어)"으로 여러 번에 나눠 "참회"라는 제목의 글을 썼다. 우리 글로 된 "참회"의 주요 부분을 아래에 인용한다.

> 내가 古邑 역 대합실에 병합조서併合詔書의 등사본을 봉독한 것은 운무 자옥한 8월 29일 아침이었다. 그때에 겨우 19세인 소년 교사인 나는 통곡하였다. 나는 합병의 진의를 오해한 것이었다. 이 오해는 그 후에도 오랫동안 계속하였다…
>
> 그런데 나도 시정始政 30주년75의 이 날에 내 문학의 동지들과 및 과거 30년간 내 졸렬한 글을 읽어주신 독자에 대하여 진심으로 참회하고 사죄하지 아니하면 아니 될 경우에 달하였다. 그것은 내 문학의 태도에 그릇된 점이 있었다는 것이다… 내가 내 평생의 창작 중에 인생에 대한 태도에 있어서는 일관한 바

---

75 "始政 30주년"이란 1910년 8월29일 국권이 강탈되어 일본의 지배가 시작된 지 30주년이 되는 1940년 8월 29일을 말한다. 이 글은 1940 10월 1일에 발표되었다.

있는 것을 그윽이 자부한다. 다만 내가 이에 참회하는 것은 민족관념에 대하여 서이다76.(필자 강조)

이것이 바로 이광수의 "참회록"이었던 것이다. 톨스토이를 존경하였다는 그는 분명 그의 유명한 『참회록』을 읽었을 것이다. (물론 그것을 일본식의 "인도주의"로 이해, 즉 오해하였을 터이지만.)

바로 이 시기, 우리 문학사에서 암흑기라 부르는 이 시기에 윤동주는 연희전문학교 문과를 다녔고 또 일본 리쿄 대학에 영문학을 공부하러 유학할 준비를 하고 있었던 것이다. 당시 연희전문에서는 아직 한국사, 한국어 등이 몰래 강의되었지만 곧 숙청당할 운명에 있었고 우리말은 물론 영어가 우리나라 모든 학교에서 추방당하기 직전이었다. 분명 한동안 이광수를 존경했을 터인 윤동주가 이광수의 그런 "참회록"을 보자 그의 실망, 절망, 통분이 어떠했을까! 게다가 "'우리는 힘차게 나가자. 자발적으로, 모든 조선적인 것을 벗어 내던지고 일본인이 되자'고 말하는 사람들이 있습니다. 제 젊은 친구 중에는 점점 그렇게 생각하는 사람들이 많아져 갑니다"고, 이광수가 고등 교육 받은 우수한 조선 청년들에 대하여 매우 낙관한다 하였음에랴!77 그러니까 윤동주는 이광수

---

76 이경훈 편역, 『춘원 이광수 친일문학전집 2』(평민사, 1995) 120쪽. 이광수는 이즈음 "참회"라는 말을 애용한 듯하다. 『경성일보』 1940년 10월 1일부터 시작해서 며칠에 걸쳐 일어로 일본 왕에 대한 감사와 충성이 넘치는 글을 연재했는데 2일에는 「나의 참회」라는 제목으로, 3일에는 「거짓없는 참회」라는 제목으로 썼다. (이경훈, 128, 127쪽). 「학명기鶴鳴記」란 글에서도 "몸, 입, 마음 지은 모든/ 죄를 참회하옵니다"고 했다.(『신시대』, 1941.3. 이경훈 180쪽) "참회"는 깊은 종교적 죄책감에서 생기는 것으로 일본 왕에 대한 불복종, 불충을 종교적인 죄였다고 회개하는 것이다. 불교도라는 그가 "황도皇道"라는 사이비 종교에 그토록 심취할 수 있었다.
77 사실상 1940년-45년간에 이처럼 "황도문학"에 앞 다투어 뛰어들었던 윤동주 또래의 청년이 무척 많았다. 그러나 그 중 몇 사람을 내놓고는 거의 모두 광복 후에는 문필 활동을 하지 않았다. 아마도 일제하의 반도인 아닌 한국 사람으로서의 글쓰

가 희망을 가졌다는 우수한 조선 청년 중에 끼이지 못했던 것이다.

이런 상황에서 윤동주는 「참회록」을 썼다. 이렇게 하여 이 시기에 한국문학에는 정반대의 이유를 가진 두 편의 "참회록"이 나타난 셈이다. 자기가 저지른 죄를 깊이 뉘우치는 것이 "참회"이니 윤동주가 깊이 뉘우칠 만한 죄란 무엇이었을까? 수백 년 이어오던 자기 집안의 이씨 성을 고집한 것을 이광수는 크게 부끄러워하여 "참회"하노라 했고 香山이라는 일본 성을 갖게 된 것을 한없는 황은皇恩이라 감사했는데 마찬가지로 수 백년 변함 없이 써오던 윤씨 성을 그가 일본 대학 영문과에 입학하기 위하여 "히로누마平沼"라는 기괴한 일본식 성으로 바꾸었다는 사실에 그는 참담한 부끄러움을 느꼈을 것이다.

> 파란 녹이 낀 구리 거울 속에
> 내 얼굴이 남아 있는 것은
> 어느 왕조의 유물이기에
> 이다지도 욕될까?

조선 왕조를 일인들과 일인에게 배운 한국인들이 "이씨조선"이라고 격하해서 불렀을 뿐 아니라 친일파들은 한사코 모든 조선적인 것을 없애고 진짜 일본인이 되자고 했다. 모든 조선적인 것은 부끄러운 것 뿐이요 일본적인 것은 세상에 제일 자랑스러운 것이라고 했다. 반짝반짝 빛나는 오늘의 일본식 거울이 아니고 오래 묵었을 뿐 아니라 오래 안 쓰고 버려 두어 푸른 녹이 슨 청동 거울에 희미하게 비추이는 자기 얼

기를 전혀 배운 바 없기 때문일 것이다. 그들은 철두철미 일본인으로 교육받아 성장하였다. 그 중 다수는 일상생활에서도 한국어를 잘 못했을 것이다. 그러나 그들이 나중에 한국의 각급 학교의 교사, 교수들이 되었다. 일제 35년은 짧았지만 아주 긴 그림자를 드리웠다.

굴은 아무래도 이광수 등이 타기하여 마지않는 조선 청년의 모습이다. 그러나 확실히 지금은 빛이 바랜 것 같은 장구한 조선 역사에 속한 그것이 "이다지도 욕될까?"라는 의문은 "과연 욕된 것이냐!" 하는 항의의 뜻을 함축하고 있는 아이러니이다.

> 나는 나의 참회의 글을 한 줄에 줄이자.
> ㅡ만 이십사 년 일 개월을
> 무슨 기쁨을 바라 살아 왔던가?
>
> 내일이나 모레나 그 어느 즐거운 날에
> 나는 또 한 줄의 참회록을 써야한다.
> ㅡ그때 그 젊은 나이에
> 왜 그런 부끄런 고백을 했던가!

"참회의 글"은 이광수가 먼저 여러 번 그 나름의 명문으로 썼다. 그러나 윤동주는 이광수처럼 구구하게 길게 "참회의 글"을 쓰려고 하지 않는다. 이광수는 1940년 10월 1일 일본의 소위 합병 30주년 기념일에 50평생 조선 민족의 독립을 위하느라고 일본의 선의를 "배반"했던 것을 깊이 뉘우친다고 참회하면서 앞으로 일본인으로서의 기쁨과 영광만이 남았다고 썼지만 윤동주는 단 한 줄로 "만 24년 1개월을 아무 기쁨 없이 살았고 앞으로도 기쁨을 바랄 수 없다"고 쓸 것밖에 없다고 "참회"한다. 그는 투쟁적 독립운동가가 아니라 다만 조선인으로서 24년을 괴로움 속에 살아온 사실을 고백하는 것이다. (또한 형편상 어쩔 수 없이 일본식 이름을 갖게 되었음을 고백하지 않을 수 없었을 것이다.)

일본 앞잡이들은 조선 청년들에게 자꾸만 "참회록"을 쓰라고 꾀고 강요한다. 그런 "참회록"을 쓰는 날은 과거를 뉘우치고 앞날의 기쁨을 받아들이니 "즐거운 날"이 될 것이다. 그러나 조선 사람으로서는 죽는 날이다. 여기서도 윤동주의 날카로운 아이러니를 느낄 수 있다. 그의 참회록의 내용은 "그 젊은 나이에 그런 부끄러운 고백을 했습니다"일 터인데 겨우 24세밖에 안 된 그가 그보다 더 젊은 나이에, 이를테면 평양 숭실중학에 다닐 때나 용정에서 학교 다닐 때, 무슨 "부끄러운 고백"을 하였을까? 아마 일본 앞잡이가 보기에 "부끄러운" 고백일 터인 일제에 반대하는 말을 했을 듯하다. (그러나 이 시를 쓴지 불과 1년 반 만에 그는 체포되어 형무소에서 일본 관헌의 강요로 "자백서"를 썼다. 내용은 물론 과거를 "참회"하는 것이어야 했을 것이다. 그러나 그의 이 강압된 "참회록"은 지금 남아있지 않다.) 또는 해석을 아주 달리하여 "내일이나 모레나", 즉 가까운 장래에 조선이 일본의 압제를 벗어나는 "그 어느 즐거운 날에" 그는 "시 공부 하고 싶어 하는 수 없이 부끄럼 무릅쓰고 일본식 이름으로 바꿨었습니다"고 또 다른 고백참회를 할 것을 암시한다고 할 수도 있다. 그러나 이 경우 민족 해방의 날을 "그 어느 즐거운 날"이라는 다소 비아냥거리는 낌새가 느껴지는 표현을 쓰지는 않았을 것이다.

그러나 이런 조선 청년으로서의 "참회"와 "고백" 이면에는 윤동주가 밥벌이가 될 만한 공부도 아닌 영문학을 공부하고 싶어 부모가 간도에서 힘들여 마련하는 학비로 일본 대학에 유학하려고 수백 년 이어온 성씨까지 "히로누마"로 바꾸었다는 엄연한 사실에 한없는 부끄러움을 느끼고 있음을 우리는 감지할 수 있다. 이것이야말로 그의 진정한 "참회록"일 터이지만 창씨를 철회하고 일본 유학을 그만두겠다는 무서운 결심을 채 할 수 없음이 그의 한없이 아픈 부끄러움이었을지도 모른다. 그의 문학에 대한 열의가 그의 그러한 부끄러움을 억지로 눌렀다고 하겠다. 이것이 바로 자기 자신의 모순에 대한 쓰라린 아이러니인 것이다. 당시 일본을 미워하면서도 일본에 유학하고 간혹 일본 문화의 어떤 대목을 경탄한 많은 조선 청년의 착잡한 심정을 읽을 수 있다.

밤이면 밤마다 나의 거울을
손바닥으로 발바닥으로 닦아 보자.

그러면 어느 운석 밑으로 홀로 걸어가는
슬픈 사람의 뒷모양이
거울 속에 나타나 온다.

우리는 여기서 자기의 뚜렷한 현실적 목적 때문에 자칫하면 잊힐 수 있는 조선 사람으로서의 의식을 자기 자신과 대면할 수 있는 순간에 되살리곤 하는 윤동주의 모습을 본다. 그런데 왜 청동 거울을 손바닥뿐만 아니라 "발바닥으로 닦아 보자"고 하는가? 손과 발은 사람이 일하러 움직일 때 함께 쓰는 지체이다. 그래서 우리는 손발이 맞는다, 손발을 움직인다 등등의 말을 한다. 그러니까 손바닥, 발바닥으로 거울을 닦는다는 말은 온몸으로 닦는다는 말이 된다. 그러나 굳이 "발바닥"이라는 비속한 말을 쓴 것은 흐려진 조선인으로서의 정체성, 자신의 부끄러움에 대한 자조적인 아이러니이다.

처음에 그는 희미한 거울에서 자신의 욕된 얼굴 모습을 보았다. 이제 시의 끝에서 그는 별똥이 떨어지는 밤하늘 밑에 홀로 걸어가는 자기의 뒷모습을 본다. 이보다 얼마 전 그는 「별똥 떨어진 데」라는 수필을 썼다. 이 글에서 그는 자신을 가리켜 "자조自嘲하는 한 젊은이"라고 하고 "저 별이 번쩍 흐른다. 별똥 떨어진 데가 내가 갈 곳인가 보다. 하면 별똥아! 꼭 떨어져야 할 곳에 떨어져야 한다"고 했다. 그런데 이 시에서 그는 과연 별똥이 떨어지는 곳으로 향하고 있는 것인가? 또는 별똥의 방향과는 등을 돌리고 가는 것인가? 별똥이 아닌 "운석"은 그가 갈 곳을 과연 암시라도 해주는가? 운석이란 떨어지는 별이니 희망이 완전히 없어짐을 뜻하는 것은 아닌가? 아마 다소라도 앞날에 대한 희망을 가질 수 있었던 연전 시절에 비하여 일본 유학을 앞둔 일본식 성명의 그는 조선 청년으로서의 의식을 억지로 간신히 되살릴 수는 있지만 앞날에 대한 희망은 거의 꺼져버린 것을 "고백"하는 것 같기도 하다. 지금은 밤에 몰래 녹슨 구리거울을 온몸으로 억지로 닦아 거기 비치는 "욕된" 자기 얼굴이나마 희미하게 확인할 수 있고 떨어지는 별 밑에 혼자 걸어가는 뒷모습이라도 보이지만 얼마 안 있어 청동거울이 완전히 녹슬어 없어지거나 별똥마저 완전히 떨어지고 완전한 어둠이 지배할 때에는 그 모습도 자취를 감출지 모른다는 한없는 두려움을 말하고 있다고 할 수 있다. 이것이 지금 그가 쓸 수 있는 "참회록"인 것이다. 이렇게 우리는 「참회록」이라는 제목의 심각하기 그지없는 아이러니를 짐작할 수 있다.

다시금 말하거니와 이광수의 명백한 여러 "참회록"에 대하여 윤동주의 "참회록"은 짧지만 지극히 복합적인 대꾸로서, 다시 말하면 아이러니로서 읽을 때 그 뜻이 더 분명히 밝혀진다.

17 「종시終始」: 수사적 아이러니와 역설

　윤동주의 산문에는 그의 아이러니스러운 말투가 금방 드러난다. 특히 「종시終始」는 직접적 아이러니의 뭉치라고 할 만하다. 여기서 "직접적" 아이러니라고 하는 것은 저자가 의도한 아이러니를 독자가 명백하게 파악할 수 있게 되어 있는 수사법을 말한다. 아이러니는 저자(또는 말하는 이)가 하는 말의 두 상반된 의미를 알아차리는 독자(듣는이)가 있어야 성립된다. 즉 저자는 똑똑한 독자를 직접 상대하면서 어떤 대상(인물이나 사물이나 상황)의 우스꽝스러움, 못남, 멍청함, 불합리를 짐짓 못난 듯한 말로 우회적으로 꼬집어 그 대상을 함께 비웃거나 놀린다. 못난 척하는 저자(이른바 에이론eiron)와 그런 수사법을 알아차리는 똑똑한 독자가 한 편이 된다. 이처럼 말에 의한 아이러니는 말의 재치 있는 사용으로 저자와 독자를 긴밀히 연결시킨다. 다음은 윤동주가 처음부터 끝까지 아이러니로 의도한 산문 「종시」의 앞부분이다.

　　종점이 시점이 된다. 다시 시점이 종점이 된다.

아침, 저녁으로 이 자국을 밟게 되는데 이 자국을 밟게 된 연유가 있다. 일찍이 서산대사가 살았을 듯한 우거진 송림 속, 게다가 덩그렇이 살림집은 외따로 한 채뿐이었으나 식구로는 굉장한 것이어서 한 지붕 밑에서 팔도 사투리를 죄다 들을 만큼 모아 놓은 미끈한 장정들만이 욱실욱실하였다. 이곳에 법령은 없었으나 여인 금납구였다. 만일 강심장의 여인이 있어 불의의 침입이 있다면 우리들의 호기심을 적이 자아냈고 방마다 새로운 화제가 생기곤 하였다. 이렇듯 수도 생활에 나는 소라 속처럼 안도하였던 것이다.

사건이란 언제나 큰 데서 동기가 되는 것보다 오히려 작은 데서 더 많이 발작하는 것이다.

눈 온 날이었다. 동숙하는 친구의 친구가 한 시간 남짓한 문안 들어가는 차시간까지를 낭비하기 위하여 나의 친구를 찾아 들어와서 하는 대화였다.

"자네 여보게, 이 집 귀신이 되려나?"

"조용한 게 공부하기 작히나 좋잖은가?"

"그래, 책장이나 뒤적뒤적하면 공분 줄 아나? 전차간에서 내다볼 수 있는 광경, 정거장에서 맛볼 수 있는 광경, 다시 기차 속에서 대할 수 있는 모든 일들이 생활 아닌 것이 없거든, 생활 때문에 싸우는 이 분위기에 잠겨서, 보고, 생각하고, 분석하고, 이거야말로 진정한 의미의 교육이 아니겠는가? 여보게! 자네 책장만 뒤지고 인생이 어드렇니 사회가 어드렇니 하는 것은 16세기에나 찾아볼 일일세. 단연 문안으로 나오도록 마음을 돌리게."

나한테 하는 권고는 아니었으나 이 말에 귀띔이 뚫려 상푸둥 그러리라고 생각하였다. 비단 여기만이 아니라 인간을 떠나서 도를 닦는다는 것이 한낱 오락이요, 오락이매 생활이 될 수 없고, 생활이 없으매 이 또한 죽은 공부가 아니랴. 하여 공부도 생활화하여야 되리라 생각하고 불일내에 문안으로 들어가기를 내심으로 단정해 버렸다. 그 뒤 매일같이 이 자국을 밟게 된 것이다.

나만 일찍이 아침 거리의 새로운 감촉을 맛볼 줄만 알았더니 벌써 많은 사람들의 발자욱에 포도는 어수선할 대로 어수선했고 정류장에 머물 때마다 이 많은 무리를 죄다 어디 갖다 터뜨릴 심산인지 꾸역꾸역 자꾸 박아 싣는데 늙은이, 젊은이, 아이 할 것 없이 손에 꾸러미를 안 든 사람은 없다. 이것이 그들 생활의 꾸러미요, 동시에 권태의 꾸러민지도 모르겠다.

이 꾸러미를 든 사람들의 얼굴을 하나 하나씩 뜯어보기로 한다. 늙은이 얼굴이란 너무 오래 세파에 찌들어서 문제도 안 되겠거니와 그 젊은이들 낯짝이란 도무지 말씀이 아니다. 열이면 열이 다 우수 그것이요, 백이면 백이 다 비참 그것이다. 이들에게 웃음이란 가물에 콩싹이다. 필경 귀여우리라는 아이들의 얼굴을 보는 수밖에 없는데 아이들의 얼굴이란 너무나 창백하다. 혹시 숙제를 못해서 선생한테 꾸지람을 들을 것이 걱정인지 풀이 죽어 쭈그러뜨린 것이 활기란 도무지 찾아볼 수 없다. 내 상도 필연코 그 꼴일 텐데 내 눈으로 그 꼴을 보지 못하는 것이 다행이다. 만일 다른 삶의 얼굴을 보듯 그렇게 자주 내 얼굴을 대한다고 할 것 같으면 벌써 요사하였을는지도 모른다.

나는 내 눈을 의심하기로 하고 단념하자!

차라리 성벽 위에 펼친 하늘을 쳐다보는 편이 더 통쾌하다. 눈은 하늘과 성벽 경계선을 따라 자꾸 달리는 것인데 이 성벽이란 현대로서 카무플라지한 한 옛 금성이다. 이 안에서 어떤 일이 이루어졌으며 어떤 일이 행하여지고 있는지 성 밖에서 살아왔고 살고 있는 우리들에게는 알 바가 없다. 이제 다만 한 가닥 희망은 이 성벽이 끊어지는 곳이다.

기대는 언제나 크게 가질 것이 못 되어서 성벽이 끊어지는 곳에 총독부, 도청, 무슨 참고관, 체신국, 신문사, 소방조, 무슨 주식 회사, 부청, 양복점, 고물상 등 나란히 하고 연달아 오다가 아이스케이크 간판에 눈이 잠깐 머무르는데 이놈을 눈 내린 겨울에 빈집을 지키는 꼴이라든가 제 신분에 맞지 않는 가게를 지키는 꼴을 살짝 필름에 올리어 본달 것 같으면 한 폭의 고등 풍자 만화가 될 터인데, 하고 나는 눈을 감고 생각하기로 한다. 사실 요즈음 아이스케이크 간판 신세를 면치 아니치 못할 자 얼마나 되랴. 아이스케이크 간판은 정열에 불타는 염서가 진정코 아수롭다.

눈을 감고 한참 생각하노라면 한 가지 거리끼는 것이 있는데 이것은 도덕률이란 거추장스러운 의무감이다. 젊은 녀석이 눈을 딱 감고 버티고 앉아 있다고 손가락질하는 것 같아서 번쩍 눈을 떠본다. 하나 가차이 자선할 대상이 없음에 자리를 잃지 않겠다는 심정보다 오히려 아니꼽게 본 사람이 없으리란 데 안심이 된다.

이 글의 제목 「종시終始」 자체가 아이러니이다. 일상 언어에서는 "종시"가 아니라 "시종始終"이라고 한다. 모든 일은 처음에서 시작하여 종말에 이르므로 "시종"이 옳은 말이다. 저자는 뒤이어 그 뒤집은 말의 뜻을 말한다. "종점이 시점이 된다. 다시 시점이 종점이 된다." 그러나 이것은 알쏭달쏭한 궤변 또는 역설paradox이다. 역설은 물론 아이러니의 한 가지이다. 「종시」는 바로 이 역설, "끝이 처음이 되고 다시 처음이 끝이 되는, 무의미한 반복"을 말하려는 것이다. 이 무의미한 반복이 주는 권태, 그로부터의 탈출이 거의 불가능함이 이 글의 주제가 되며 이 주제를 그는 아이러니의 수사법으로 다루고 있다. 그의 반어적 어조는 그 다음 문장에서 확연히 드러난다. "일찍이 서산대사가 살았을 듯한 우거진 송림 속, 게다가 덩그렇이 살림집은 외따로 한 채뿐이었으나 식구로는 굉장한 것이어서 한 지붕 밑에서 팔도 사투리를 죄다 들을 만큼 모아 놓은 미끈한 장정들만이 욱실욱실하였다"는 언뜻 보기에는 아주 "무해"하지만 윤동주의 어조를 알아차리기 위해서는 자세히 읽을 필요가 있다. 한국 민족의 가장 존경받는 승려 서산대사가 수도를 했을 만큼 송림이 우거진 곳이니 과연 묘향산처럼 적막하고 그윽한 산골이려니 하는 기대를 자아내나 곧 이어 조선 팔도의 우락부락한 청년들의 괄괄한 사투리 소리가 요란한 기숙사임이 드러난다. 깊은 숲속의 시끄러운 기숙사. 기대에 대한 엉뚱한 배반이다. 이 기숙사가 수도사의 암자가 못됨은 이미 "덩그렇이" 외딴 "살림집"과 "식구"라는 말로 암시되었다. 그런데 여자 출입을 금하는 "여인 금납구"이니 일견 남자 수도승들만 모인 수도원 같기도 하여 저자는 "수도 생활"에 "소라 속처럼 안도"하였다고, 자기 자신을 짐짓 비하하는 정통 아이러니의 수사법을 쓴다. "소라 속"은 외부의 번잡을 피할 만한 조용한 공간이기보다는 자폐의 공간일 뿐이다. "안도安堵"라는 말을 골라 쓴 저자의 반어적 의도도 짐작할 수 있다. "안도"란 밖의 공격으로부터 보호해줄 만큼 견고하게 쌓은 안전한 담이라는 말이다. 그러나 기숙사가 그의 심적, 정신적 안전, 위안, 보호의 울타리가 되지 못한다는 것이 이 글의 요지이다. "소라 속처럼 안도"한다는 것은 그래서 말이 안 된다. 이처럼 저자는 처음부터 이 글을 아이러니로 일관할 것을 명백히 알린다.

  기숙사 방친구의 친구가 문안 가는 기차를 타려고 기다리면서 한 시간 가량을 기숙사의 친구를 찾아와 "낭비"한다. 역시 아이러니이다. 그가 친구에게 하는 말은 일견 아주 뜻 깊은 말이니까 그 시간을 "낭비"한다고는 할 수 없다. "낭비"란 소용없는 일에 귀중한 것을 함부로 쓰는 것을 뜻하는데 친구는 귀중한 시간을 함부로 쓴다는 것이다. 그러나 글 전부를 다 읽고 나서 생각해 보면 역시 그 친구는 시간을 "낭비"한 것에 불과하다. 한 시간을 들여 역설한 그의 권고는 결국 윤동주의 반복적 행동("종시"이자 "시종")이라는 무의미로 귀착했기 때문이다.

  그가 엿들은 바, 친구의 친구가 한 말에서 그가 깨달은 것은 공부란 도를 닦는 것처럼 현실에서 떨어져서 할 짓이 아니라 현실과 부딪혀 생활화하여야 한다는 것인데, 그가 기차에 의한 문안 나들이로 공부의 생활화에 성공한 것이 아니라 괜한 나들이라는 무의미한 반복에 그쳤다는 내용이니 이 역시 큰 아이러니이다. 아침에 문안에서 거리의 새로운 감촉 대신 그가 만나는 것은 무수한 군중의 활기 없는 우굴거림뿐이다. 이것은 기대에 대한 엉뚱한 배반이다. 찻간을 가득 메운 군중은 저마다 짐 꾸러미를 들고 있는데, 그는 그것을 "권태의 꾸러미"라 하고 싶다고 한다. 자신은 아무 꾸러미도 들지 않았지만 보이지 않는 "권태"의 꾸러미는 마음속에 무겁게 들고 있는 셈이다. 뭇 사람 속에 섞인 자기 얼굴도 활기가 없을 터인데 자기 얼굴을 늘 본다면 "요사"했을 것이라고, 과장의 아이러니를 발휘한다. "활기"가 없다는 것은 곧 죽은 꼴이라는 말이니까 자기 얼굴은 "송장"의 낯짝이나 마찬가지라는 것이다. 매일

송장의 낯짝을 볼 수밖에 없다면 그야말로 일찍 죽을 수밖에 없다. 그러나 "요사夭死"는 우수한 사람이 아깝게도 일찍 죽는다는 뜻이니 이 말 속에는 자기 자신의 천재성에 대한 의식이 몰래 숨겨 있음직하다. 날카로운 아이러니이다.

찻간의 동승객들보다는 창 밖의 성벽 위의 하늘을 내다보는 것이 "통쾌"하다고 한다. "통쾌"라는 말은 이 경우 잘 어울리지 않는 말이지만 "통쾌"가 곧 "불쾌"로 전락한다는 것을 보이려고 일부러 쓴 것이라고 할 수 있겠다. 그러나 성벽이란 무엇인가? 옛날 임금 등 최고 지배계급이 일반인의 접근을 금하던 "금성禁城"이다. 그것은 통쾌한 해방감을 느끼게 하는 것이 아니라 오히려 답답한 폐쇄성을 나타낸다. 그래서 그는 자연히 그런 성벽이 끊어지는 지점을 바란다. 그게 그의 "다만 한 가닥 희망"이다. 그러나 "기대"는 항상 좌절되기 마련이다. 그게 식민지 청년의 경험이다. 일제는 조선의 옛 성벽을 철거하면서 언필칭 조선 대중의 "자유로운" 통행을 위한다고 떠들었다. 그러나 성을 헐고 그 자리에 들어선 것은 총독부, 도청, 체신국, 주식회사, 신문사, 부청, 양복점 따위인데, 윤동주는 이들 식민지 기관들 가운데 "고물상"을 슬쩍 집어넣어 이들의 번듯한 외양에 흠집을 내는 아이러니를 발휘한다. 옛 성벽이라는 고물을 헐어내고 새 집들을 지은 것이지만 결국은 고물들이 될 것임을 암시한다고도 할 수 있다. 총독부, 도청, 부청 등이 모두 헐려버린 오늘날 이 예언적 아이러니는 물론 기대 이상으로 실현되었다.

그제나 이제나 행인들의 눈길, 발길을 멈추는 것은 길가에 즐비한 스낵집들인데 당시의 신식 스낵집은 아이스케이크 가게였나보다.[78] 겨울

---

[78] 일인들이 설탕과 물감을 탄 물에 나무 막대를 꽂아 얼려 가지고 이를 "아이스겟기"라 했는데 물론 이 말은 영어가 아니라 일인들이 영어처럼 꾸며 만든 말이다. 따라서 영어사전에는 "*icecake"이란 단어는 올라 있지 않다. 그런데 우리『표준대국어사전』을 비롯한 국어사전들에는 일인들이 만들어낸 그 사이비 영어 철자를

에도 아이스케이크 간판을 내건 가게 주인 노릇 하는 사람이 있었던 모양인지 그런 어울리지 않는 꼴을 사진으로 찍으면 "고등풍자만화"가 될 것이라고 빈정댄다. 뿐만 아니라 제 신분에 맞지 않는 "간판"을 내건 사람이 많을 수밖에 없는 현실이라는 것, 식민지의 모든 사람이 실상 그처럼 어울리지 않는 짓을 하는 사람이라는 것, 그것도 주인공이 아니라 단지 "간판"노릇이나 한다는 것, 즉 조선 사람 전부가 "고등풍자만화"의 주인공이라는 것이 그의 냉소적 아이러니인 것이다. 풍자란 어울리지 않은 꼴을 우습게 드러내 보이는 말이다. 그런데 윤동주는 "아이스케이크 간판신세를 면치 아니치 못할 자가 얼마나 되랴"고 썼는데 이 문장은 몇 번의 부정을 거듭한 끝에 문맥상의 의미와는 달리 "아이스케이크 간판신세를 면하지 못할 자가 얼마나 되랴"라는 말이 되니 결국 "모든 사람이 아이스크림 간판신세를 면하게 된다"는 긍정문이 되어버린다. 정상적 작문법에 의하면 확실히 틀린 문장이다. 윤동주가 혼동한 것인가? 또는 의도적으로 그렇게 알쏭달쏭하게 쓴 것일까? 윤동주의 일관된 아이러니 태도를 고려하면 이는 의도적이라고 할 수밖에 없다. 그래서 그는 그것을 "고등" 풍자만화라고 한 모양이다. 아이스케이크 간판은 여름에 어울리는데 지금 계절은 그렇지 못해 "아수롭다"고 한다. 그런데 윤동주는 왜 더운 여름을 "정열에 불타는 염서炎暑"라 했을까? 그는 단지 아이스케이크가 제맛이 날 더운 여름날을 생각하는 것이 아니라 "정열이 불타는" 뜨겁게 신나는 시대를 바라고 있음을 슬쩍 내비친다고 할 수 있다.

  대중교통 수단에 올라 자리에 앉은 젊은이는 대개 노약자에게 자리를 양보해야 하는 "도덕률이란 거추장스러운 의무감"의 압력을 받는

당당히 베껴 쓰고 있다. 그 비슷한 먹거리를 미국에서는 Popsicle이란 상표로 팔고 영국에서는 ice lolly라고 한다.

다. 그래서 버티고 앉은 젊은이는 모른척하고 눈을 감고 있는 것이 보통이다. 윤동주도 전찻간에서 그랬다고 터놓는다. 그런데 다행히도 "자선할 대상"이 없어 안심하고 그냥 앉아 있을 수 있었다고 한다. 이것은 자기 자신을 아이러니의 대상으로 내놓는 것이다. 아이러니의 주체는 "제가 뭐 잘난 데가 있습니까. 저도 껄렁하기는 마찬가집니다"라는 짐짓 자기비하적 태도를 보여 상대방의 비난의 화살을 미리 무력화시킨다. "위악僞惡"은 아이러니의 강력한 무기 중 하나다. 그래야 위선僞善을 공격할 유리한 입장에 있게 되는 것이다.

　이 흥미로운 글을 마저 읽어보면 내용은 다음과 같다.

　기차 승객들은 서로 친하게 되나 전차 승객들은 서로 원수 진 것 같이 무표정 내지는 적대적 태도를 견지한다. 이는 전차는 대도시 사람들이 바쁜 용무 때문에 이용하는 것이고 기차는 주로 지방 사람들이 이용하는 까닭일 것이다. 윤동주는 기차를 같이 타고 가는 사람들처럼 인생을 사는 것이 "이 얼마나 다정한 인생행로냐"고 그리워한다. 도시 생활의 비정함을 고발하는 것이다.

　경성역에서 기차를 내려 그 앞에서 전차를 타고 남대문을 지나곤 하면서 남대문을 눈여겨 본 일이 없음을 상기한다. "횟수가 너무 잦으면 모든 것이 피상적으로 되어버리느니라"는 교훈을 떠올린다. 지금은 대한민국 국보 제1호가 된 속칭 남대문의 현판을 눈여겨본 자랑스런 서울 시민이 아직도 적을 터이지만 그 당시에는 더욱 적었을 것이다. 낯이 너무 익은 것의 귀중함을 잊는 것이 인지상정인데—그래서 그것을 다시금 낯설게 만들어 그 귀중함에 눈뜨게 하는 것이 예술이라고 하는 주장도 만만치 않은데—윤동주는 자기도 그런 습성을 공유하고 있음을 인정한다. 이 역시 자기비하적 아이러니이다. 그러면서 남대문을 지나면서 "南大門"이라고 멋진 글씨로 쓴 현판을 보았다고 거짓말하는 시골 양반 이야기를 한다. 우리 모두가 잘 아는 이야기이다. 윤동주는 그 비꼬는 이야기를 하면서 새 것을 배워 아는 척하는 식민지 지식인의 허위를 슬쩍 비꼬는 것이라고 할 수도 있다. 동경, 상해 등 외국 구경을 다녀왔다고 으스대는 후진국 조선 지식인들은 거의 모두 그들 자신의 "남대문 현판" 이야기를 꾸며냈을 법하다. 경성의 종로나 애고개(오늘의 애오개. 아현동) 뒷골목을 보았다면 그토록 경성 칭찬을 하지는 못했을 것이다. 동경이나 상해의 음침한 뒷거리를 본 사람도 아주 드물었을 것이다. 윤동주는 「투르게네프의 언덕」에서 애오개 근처에서 거지 아이들을 만나 당황한 이야기를 하고 있다. 이처럼 아이러니는 사실주의적 인식에 근거한다. 그래서 사실을 덮고 있는 허위의 껍데기를 들쳐 보이는 것이다.

이 글의 서두에서 윤동주는 "종점이 시점이 된다. 다시 종점이 시점이 된다"고 했다. 무의미한 행동의 반복을 그렇게 역설적으로 표현했던 것인데 이제 이 무의미한 반복적 행동이 제 발걸음을 다시 밟아 되돌아갈 때가 된다. "나는 종점을 시점으로 바꾼다. 내가 내린 곳이 나의 종점이요, 내가 타는 곳이 나의 시점이 되는 까닭이다." 경성역에서 내려 전차를 타고 총독부 쪽으로 갔다가 되돌아와 다시 경성역에 우글거리는 군중 틈에 섞이는 모양이다. 경성역은 그의 종점이자 시점이 되는 것이다. 조선 사람은 경성으로 모여들었다가 다시 경성역을 떠나니 경성은 종점이요 시점이요 또한 시점이요 종점인 셈이다.

그렇게 무의미하게 빙빙 도는 "많은 사람 사이에 나를 묻는 것인데" 그 순간 그는 "피상적"이 된다. 앞에서 "횟수가 잦으면 피상적이 된다"는 "교훈"을 스스로 입증하는 셈이다. 많은 사람들 틈에서 그는 자기가 소멸됨을 느낀다. 그는 식민지 청년 중 특권층이라 할 전문학교 학생이지만 "많은 사람"들의 바다에 들어가자 그 이웃들에게 "나의 휴머니티를 발휘해낼 재주가 없다. 이네들의 기쁨과 슬픔과 아픈 데를 측량한다는 수가 없는 까닭이다. 너무 막연하다"고 고백한다. 지식인은 언필칭 사회의 선도자라는 자부심을 가지지만 실제로 군중 속에 들어가면 그런 자부심이 얼마나 헛된지를 알 수 있다는 지식의 허구, 허풍을 비꼬는 말이다. 그래서 윤동주는 젠척하는 지식인들이 자주 입에 올리는 "휴머니티"란 외국어를 일부러 쓴다. 경성역 주위에 몰려있는 조선의 군중에게 그 괴상한 외국어는 전혀 의미가 없다. 지식인도 많은 이름 없는 군중의 하나일 뿐이다. 극히 "피상적"이 될 뿐이다. "그럴수록 자기 하나 간수하기에 분망"하게 된다. 식민지 사회에서 엘리트 지식인이 할 수 있는 일이란 무엇인가? 자기 자신 하나라도 지키기 어렵지 않은가? 거의 모두 앞다투어 친일 발언을 하던 당시였다. 그러나 이것은 "피상적"이 되어버리기 쉬운 지식인에 대한 경고가 아니라 진정으로 군중 사이의 한 분자가 되어야 군중을 알 수 있다는 간접적인 주장이기도 하다.

차창 밖으로 늘 볼 수 있는 광경은 저마다 꾸러미를 안은 젊은 아가씨들이 차를 기다리는 모습이다. 젊은 윤동주의 눈에는 그들은 모두 아름답게 보인다. 꼭 미인대회에 나온 아가씨들 같다. 그는 그들을 "판단을 기다리는 모양"이라고 한다. "미인 심사"라는 용어가 안 쓰이던 시대라 "미인 판단"이라는 말을 썼을까? 당시의 질 나쁜 유리창을 통해 아름다움을 판단하는 것은 옳지 않다고, 그것 역시 일종의 "피상 법칙"을 따르는 것이라고 비판한다. 사람의 외모를 찌그러트리는 "악희를 유리창이 때때로 감행"한다고 그는 비꼬는 말투로 평한다. 비단 유리뿐 아니라 세상의 실제에 대하여 투명하게 바라볼 수 있는 방법이 있을까 하는 의문이 그의 의식 속에 들어 있는 것 같다. 모두 제 눈의 안경으로 스스로는 바로 본다고 자부하지 않는가. 그처럼 틀린 판단을 하는 주체

보다도 그런 틀린 판단을 받는 대상은 부당한 손해를 보는 셈이다. "아무리 투명한 꺼풀일지라도 깨끗이 벗겨버리는 것이 마땅할 것"이라고 윤동주는 그다운 결벽성을 보인다.

경성역을 지나 1 킬로 남짓 달리면 지금의 충정로와 북아현동 사이에 터널이 있다. 그리고 다시 1 킬로쯤 지나면 북아현동과 대현동(이대 앞) 사이에 또 터널이 있다. 두 터널 사이 북아현동에 간이역("가정거장")이 있었다. 경성역과 신촌역 사이 그 짧은 거리에 두 개의 짧지 않은 터널을 지나가면서 윤동주는 "거리 한가운데 지하철도 아닌 터널이 있다는 것이 얼마나 슬픈 일이냐. 이 터널이란 인류역사의 암흑시대요 인생행로의 고민상이다"라고 개탄한다. 암흑 속에서 "바퀴소리만 요란"하고 "악질의 연기가 스며"드는 터널을 통과하는 경험이 즐거울 리는 없지만 지형에 따라 있기 마련인 터널을 "인류역사의 암흑시대요 인생행로의 고민상"이라고 할 만큼 강한 반발을 느끼는 사람은 매우 적을 것이다. 그런데 그는 터널이라는 사물을 무엇과 같다거나 무엇을 나타낸다거나 하는 직유를 쓰지 않고 곧장 "암흑시대"와 "고민상"이라는 정신적 상황과 동일시하고 있다. 그에게 있어 터널은 사람들을 암흑과 소음과 악취 속에 파묻는 일제 암흑기에 대한 강력한 은유가 된다. 그러나 그가 늘 경험하듯이 터널은 곧 끝난다. "미구에 우리에게 광명의 천지가 있다." 이것 역시 단순히 터널을 벗어난 밝은 세상을 뜻하는 것이 아니라 오래지 않아 반드시 찾아올 광복에 대한 강한 믿음을 나타내는 은유이다. 명백한 아이러니가 드러난다.

그 당시 경의선 복선 공사가 진행되었나 보다. 일꾼들이 토석을 실어 나르는 밀차에 "신경행", "북경행" 따위의 이름을 써 놓은 것을 보면서 그들이 비록 "언제 시작하여 언제 그치는 지 나로서는 헤아릴 수 없"이 꼭 같은 일을 무의미하게 반복하고 있으면서도 소문만 들어 알고 있는 먼 나라 먼 곳을 목적지로 삼아 무거운 짐차를 밀고 있음을 보고 자기도 그런 목적지가 필요하지 않은가, 반복할 것이라면 차라리 "세계일주행"이라 또는 "진정한 고향이 있다면 고향행"이라고 하고 싶다 했다가 "다음 도착하여야 할 시대의 정거장이 있다면 더 좋다"고 그는 토로한다. "시대의 정거장"은 역사가 진행되는 과정 중에 생기는 중대한 어떤 계기를 말할 것이다.79 물론 다음 도착할 데는 우선 "광복"일 것이다. 그런데 다음 도착할 역이 북아현동 터널을 지나자 곧 그의 종착역인 신촌역이 되듯 그렇게 빨리 오지 않아서 속이 타는 것이다.

이처럼 수필 「종시」는 거의 모든 문장마다 갖가지 아이러니의 수법을 동원하여 그의 착잡한 고민과 분노를 표현하고 있다. 시에서의 윤동주는 무척 얌전한 사람의 모습을 일관되게 보이지만 산문의 윤동주는 이처럼 자조적이고 풍자적이고 비판적인 모습을 드러낸다. 「종시」는 윤동주를 알기 위하여서는 자세히 읽어보아야 할 글이다.

---

79 윤동주는 "시대"라는 말을 몇 차례에 걸쳐 아주 의미심장하게 썼다. 여기서 "시대의 정거장"이라는 말을 쓰고 있고 조금 앞에서는 "이 터널이란 인류역사의 암흑시대요 인생행로의 고민상이다"라고 썼고, 「바람이 불어」에서는 "한 여자를 사랑한 일도 없다. / 시대를 슬퍼한 일도 없다"고 썼고 그가 남긴 마지막 시 「쉽게 씌어진 시」에서도 그는 "시대처럼 올 아침을 기다리는 최후의 나"라고 썼다.

18 윤동주의 운율

1. 정형시

우리 시에서 정형시란 4.4조 같은 일정한 음절수 단위의 반복을 일컫는다. 상식적으로 말하면 일정한 글자의 수를 단위로 하여 일정한 간격으로 반복하여 그 단위와 반복의 의도가 읽는이나 듣는이에게 전달되는 것이다. 과거에 맞춤법과 띄어쓰기가 정착되지 않았던 때에는 음절수의 일정함을 돋보이기 위해 운율 단위들끼리 모아서 적는 것이 관행이었다. 지금도 종교 단체의 가사는 띄어쓰기를 무시하고 그렇게 적은 것을 쉽게 볼 수 있다. 예컨대 기독교식 혼인 예식에서 자주 부르는 다음 찬송가는 예식 순서지에 대략 맞춤법은 따르되 띄어쓰기는 따르지 않고 문장부호도 안 쓴 채 인쇄된 것을 볼 수 있다.

　　오늘모여 찬송함은 형제자매 즐거움
　　거룩하신 주뜻대로 혼인예식 행하세
　　신랑신부 이두사람 한몸되기 원하며

온집안이 하나되고 한뜻되게 하소서

　인쇄 형식만 보아도 이것이 이른바 4.4.4.3의 일정한 운율을 가짐을 알 수 있다. 기독교 찬송가 곡조 상단 오른 쪽에 7.6.7.6 따위의 숫자가 씌어 있는데 이것은 그 찬송가의 율격이 7.6조(더 나누면 3.4.3.3.조)의 반복으로서 그와 같은 율격을 가진 다른 찬송가의 곡조에 맞추어 부를 수 있다는 표시이다. 몇 가지 주요 찬송가의 곡조를 알기만 하면 같은 율격을 가진 찬송가를 그 곡조에 맞추어 불러도 된다는 뜻이다. 동서양을 막론하고 예전 사람들은 단 몇 가지의 곡조를 알았을 뿐이므로 여러 다른 가사들을 그런 몇 곡조에 따라 불렀던 것이다. 지금도 노인들 중에는 더러 그러는 이가 있으나 많은 교인들이 제법 악보를 읽을 수 있는 오늘날에는 거의 필요 없는 표시이다.

　윤동주는 일부 동요와 동시에서 정형시형을 쓰면서 위의 찬송가처럼 운율 단위로 글자들을 모아 나누어 적었다. 그가 남긴 최초의 작품은 1935년 12월 24일 날짜가 적힌 「초 한 대」, 「삶과 죽음」, 「내일은 없다」, 「조개껍질」 등 4 편으로 그가 18세이던 때에 쓰거나 정리한 것들이다. 이 중 뒤의 두 작품을 정형시라 할 수 있다. 그가 적은 대로 인용한다.

　　내일내일 하기에
　　물었더니.
　　밤을자고 동틀때
　　내일이라고.

　장르를 대라면 윤동주는 "동시"라고 했을 이 1연의 율격은 이른바 7.5조라는 것이다. 우리가 잘 아는 바와 같이 7.5조는 4.3.3.2로(또는 3.4.2.3, 3.4.2.3 따위의 변형이 가능하다) 나뉘는 것이 보통이다. 위의 시구들의 첫 행은 4음절과 3음절을 합하여 7음절임을 보이고 둘째 행은 조금 "유감스럽게" 5음절이 못되고 4음절이고 (파격에 의한 변화를 주기 위한 것이라기보다는 모자라지만 당장 어쩔수 없어 그대로 두었다는 인상이 짙다) 셋째 행, 넷째 행은 모두 정형이다. 이처럼 습작기 정형시는 정형시임을 시각적으로까지 확실하게 보이려고 하였다. 소년 시절에 간절히 기다리는 "내일"은 막상 닥치면 그처럼 기대의 대상이었던 "내일"이 되는 것이 아니라 또다시 "내일"을 기다리게 하는 "오늘"이 되고 만다는, 그래서 "내일은 없다"는 아쉬움이 소년 윤동주의 주제인데 이를 표현하려는 이 동시는 그 생각을 기존의 형식에 어떻게든 담으려고 고심한 듯하다. 2연에서는 정형의 요청이 그를 더욱 옥죈 것 같다.

새날을 찾은나는
잠을자고 돌보니.
그때는 내일이아니라.
오늘이더라.

역시 정형임을 확실히 보이기 위해 음절 단위들을 모아서 썼다. 그러나 둘째 행은 5음절이 아니라 다시 7(4.3)음절이다. 이것은 7.5조가 아니라 약간의 변화가 있는 4.4.조의 반복이라 할 수 있다. 셋째, 넷째 행에서 7.5조로 돌아간다. 다만 셋째 행은 7음절이 아니라 9(3.6)음절이니 파격이되 의도적이기보다는 채 정리되지 못해 그리된 것 같다.
　마지막 연은 더 쓰기를 포기한 듯한 인상을 준다.

무리여! (동무여!)
래일은 없나니
······

"(동무여!)"는 "무리여!"를 수정하려는 뜻으로 괄호 속에 써 놓은 듯하지만 분명하지는 않다. 정형을 따르자면 4행이 필요하나 "……"라는 막연한 생략 부호로 대신하고 말았다. 이것은 여운을 남기려고 한 것이라기보다는 미완성이라는 표시라고 느껴진다.

이렇게 이 시는 그의 시적 관념(시상)이 형식을 바로 취하지 못한 채 미완으로 남았다고 하겠다. 문자 그대로 "습작품"이다. 실상 글자 수를 일정하게 하여 4.4조나 7.5조 같은 정형시로 꾸미는 것은 말재간이 조금 있는 한국인에게는 아주 어려운 일은 아니지만 소년 윤동주를 고심케 한 것은 그런 초보적 "말놀이"가 아니라 자기 속에 떠오르는 시적 관념을 가다듬어 확실하게 뭉치는 것, 다시 말하면 진짜 시적인 고민이었던 것으로 생각된다.

이처럼 소중한 시적 관념을 고스란히 표현할 형식을 찾지 못해 고심한 것이 위의 작품이라면 「조개껍질」은 거의 글자의 수를 맞추어 보는 "말놀이"이고 일관된 시적 관념은 치졸한 채 내버려두었다고 할 수 있다.

  아롱아롱 조개껍대기
  울언니 바다가에서
  주어온 조개껍대기

이처럼 4.5, 3.5, 3.5의 음절 단위를 4 연에 걸쳐 정확히 반복하고 있다. 그 스스로 제목 위에 "(동요)"라고 적었는데 이것은 "놀이"이니 시적 관념(그런 게 있기나 하다면)은 별로 중요하지 않다는 표시이기도 하다.

「병아리」는 앞의 작품보다 10여일 뒤에 쓴 것인데 좀더 동요다운 면을 보이려고 고심한 듯하다.

『뾰, 뾰, 뾰,
엄마젓좀주』
병아리 소리.

『꺽, 꺽, 꺽
오냐, 좀기다려』
엄마닭 소리

좀잇다가
병아리들은
어미품으로
다들어갓지요.

이 작품은 병아리와 어미 닭의 소리를 매우 특징적으로 나타내고 있다. (보통은 "삐악삐악" "꼬꼬"로 표기한다.) 이러한 적극적 음성 모방은 동요의 특징에 속한다. 소년 시인의 소리 실험이었다고 할 수 있다. 내용적으로는 아기와 엄마의 관계를 아이들의 관점에서 나타내려 한 것인데 이는 물론 동요 세계의 기본 주제이다. 앞의 두 연은 음절수를 정확히 맞추려고 한 듯하나 셋째 연에서 시인은 고정된 형식에서 벗어나 보다 자유로워지려는 움직임을 보인다.

소년 시인은 이 작품의 1연과 2연의 3행 앞에 "이것은"을 덧붙여 행을 길게 하고 3연의 끝 2행을 "젖 먹으려는지 / 어미품으로 다들어갓지요"로 바꾸어 「동요 병아리」라는 제목으로 소년 잡지 『카톨릭 소년』 1936년 11월호에 발표하였다. (이것이 그가 세상에 발표한 첫 작품이다.) 발표는 되었지만 그 뒤에 마음에 안 들었던지 덧붙이고 고쳤던 부분들을 다시 지우고 "어미품"을 "엄마품"으로 수정했다. 좀더 능숙해지면서 운율과 뜻을 더 동요답게 하려고 애쓴 것 같다. 확실히 "이것은"은 뜻으로나 소리로나 괜한 덧붙임이었고 "어미품"보다 "엄마품"이 훨씬 동요답다. 게다가 병아리들이 엄마 닭 품속에서 젖을 빤다는 생각은 아기와 엄마의 관계를 지나치게 사람 위주로 설정하여 빚은 서투른 발상이다.

「오줌쏘개디도」는 역시 『카톨릭 소년』에 「동요 오줌 싸개지도」라는 제목으로 발표된 것인데 글자 수를 4.3.3.3으로 일정하게 만들고 말리려고 널어놓은 요에 지도처럼 번진 오줌 자국 이야기를 제재로 삼았으니 무척 아이답고 놀이스럽다. 별나라에 가신 어머니, 만주에 돈 벌러 간 아버지를 언급하여 이산가족이 된 한민족의 현실을 넌지시 말하는 내용이 들어 있으나 독창적이기보다는 무척 상투적인 발상이다.

「무얼먹구사나」는 『카톨릭 소년』 1937년 3월호에 「동요 무얼 먹구사나」라는 제목으로 발표되었다. 동요임을 명시한 것이다. 정통적인 의미의 동요라고 할 수 있다.

　　바닷가 사람,
　　물고기 잡어 먹구살구,

　　산골에 사람
　　감자 구어 먹구살구,

　　별나라 사람
　　무얼 먹구사나.

율동 감각에 잘 어울리는 놀이보다는 아이다운 내용으로 말미암아 동요가 된다. 한국 동요의 어떤 수준에 도달한 작품이라고 할 수 있다. 그가 여러 번 이곳 저곳을 수정하다 만 것 같은 「참새」는 제목 아래에 "(未定)"이라 쓴 것을 보아도 미완성작이다. 이것은 그가 눈 덮인 논바닥에서 참새들이 짹짹거리며 발자국을 남기는 것을 참새들이 흰 종이 위에 글자를 쓰며 "짹"자 공부를 하는 것이라는 무척 아이다운 발상을 하면서도 적절한 형식을 마련하지 못한 채 버려 둔 것이라고 하겠다.

이 밖에 「창구멍」, 「기왓장내외」, 「해ㅅ비」, 「버선본」 등의 동요들은 주로 습작이라는 의의가 있을 뿐이라고 할 수 있다. 전반적으로 말해서 윤동주는 그가 소년 시절에 애독한 『카톨릭 소년』 등의 소년 잡지나 주일학교에서 부른 어린이 찬송가 이외에 동요의 모범을 많이 접하지 못했던 것 같다. 그는 4.4조나 7.5조 같은 정형률을 더 적극적으로 연습하지는 않은 듯하고 아이답게 기발한 발상을 탄탄하게 정리하는 데에 미치지 못하였다. 「개」, 「사과」, 「눈」, 「닭」, 「호주머니」 등은 운율보다 동요다운 발상에 집중하려 했으나 발상이 미정리 상태에 머물고 있다.

동요 말고 동시라는 다소 막연한 장르도 있다. 동시는 "말놀이"의 기본인 정확한 음수율에서 벗어나 다소 자유롭고 그 내용도 아이들에게 어울리는 "놀이"이기보다는 소년의 정서와 어울리는 것이다. 이 장르에도 소년 윤동주는 자연히 노력을 기울인 것 같다.

「동시 고향집」(만주에서 불은)은 그 자신이 "동시"라고 제목 앞에 명시했다. 그러나 운율은 엄격한 음수율(4.3.3.3)을 따르지만 내용은 어른스럽게 상투적이다. 동시의 실험작이라고 할 수 있다. 그런데 「동시 비ㅅ자루」는 "동시"임을 표방했음에도 운율은 대체로 음수율을 따르면서 내용은 아이다운 행동을 다룬 것으로서, 확실히 동시라기보다는 동요이다. (이 작품도 『카톨릭 소년』 1936년 12월호에 발표됐다.) 「동시 비행기」도 동시라기보다는 동요이다. 동요는 확실히 4.4조 같은 엄격한 율격을 지켜 아이들이 저절로 율동을 느끼고 내용이 아이들 자신이 놀이스럽게 받아들일 만한 것이어야 할 것이다.

이처럼 습작기의 그는 동요와 동시의 장르상의 구분에 다소 혼란을 겪은 듯하다. 『나의 습작기의 시 아닌 시』의 목차에서 「고향집」을 "동요"로 표시하고서도 정작 원문에서는 「동시 고향집」이라 적었다. 동시와 동요를 구분할 필요를 느끼면서도 실제로는 혼동하곤 했던 것이다. 그러나 당시까지도 일반적으로 동요와 동시의 구별이 확연하지 않았던 것 같다. 그 구별은 광복 이후, 더 분명하게는 한국 전쟁 이후에 비로소 이론적인 뒷받침을 받은 것으로 생각된다.

2. "정형적" 자유시

그가 남긴 가장 먼저 쓴 네 작품 중에서도 맨 처음에 적혀 있는 작품이 「초 한 대」이다. 우리가 흔히 "자유시"라고 부르는 형식의 시이다. 자유시는 율동적인 산문에 지나지 않는다는 설이 있지만, 이 설은 이른바 자유시가 왜 행과 연을 매우 중요한 요소로 삼는지를 말하지 못한다. 산문은 행 단위의 조직이 없이 낱말과 문장을 죽 이어 쓴다. 이 점에서 "산문시"는 일반 자유시와 다르다. (이 책 232쪽 이하에서 다룬다.) 행과 연은 분명히 자유시의 아주 중요한 조직의 단위들이다. 정형시가 주로 3 또는 4음절의 일정한 음절수의 어절을 운율의 단위로 삼아 적극적으로 반복하는 것이라면 자유시는 간혹 그런 어절을 포함하기도 하는 행을 단위로 하며 그러한 행을 몇 개씩 합하여 한 연을 이룬다. 연은 보다 큰 운율의 단위가 되는 것이다. 그리고 의미의 전개가 행과 연의 운율적 조직과 동시적으로 발생한다. 즉 행은 운율뿐 아니라 의미의 단위도 된다. 그 둘이 자연스럽게 어울린다는 느낌이 저절로 들게 되어야 비로소 "시적"이라는 인상을 준다. 그런 느낌이 들어 시적이라는 인상을 주는 것을 "내재율"이라 할 수 있다. 내재율은 정형시에서도 생길 수 있다. 다만 정형시는 적극적 운율이 독자의 자발적 반응을 억제하는 경향이 있다. 그 경향이 너무 강하여 독자의 자발적 반응이 위축되면 상투적 운율에 대한 상투적 반응이 된다. 애국가, 교가, 찬송가 등이 그렇다. 여기서 "상투적"이라는 말은 폄하의 뜻으로 하는 말이 아님을 밝혀 둔다. 소년 윤동주가 시도한 초기 자유시「초 한 대」를 살핀다.

> 초한대
> 내방에 품긴 향내를 맛는다.
>
> 光明의 祭壇이 문허지기젼,
> 나는 깨끗한 祭物을보았다.

앞서 논급했듯 당시 조선어학회가 마련한 띄어쓰기 규칙80이 널리 보급되지 않아서 사람들이 우리말을 아무데서나 띄고 붙인 것 같지만 반드시 그렇지는 않았다. 대체로 오늘날의 정서법과 같이 토씨와 어미를 붙여 쓴 것은 물론, 오늘의 북한에서처럼 의존명사 따위를 붙여썼고 여기에 더하여 우리말의 자연스런 억양에 따라 낱말이나 어절들을 띄거나 붙이기도 했다(이 역시 오늘날의 관행이기도 하다). 그래서 당시의 인쇄물은 당대의 억양을 상당한 정도 반영한다고 할 수 있다.

윤동주는 우리말의 자연스런 억양에 따라 3, 4 음절로 된 어절들을

---

[80] 우리글의 띄어쓰기 규칙은 다소 까다롭다. 그러나 원칙은 아주 단순하다. 모든 낱말을 띄어 쓰되 토씨와 끝바꿈은 앞의 말에 붙여 쓰기로 하는 것이다. 다만 국민 모두가 보통 낱말(용언, 체언)과 토씨와 끝바꿈을 제격제격 구별해 낼 수 있는 것은 아니다. 실상 매우 어렵다. 그런데 띄어쓰기는 서양에서도 중세에 이르러서야 라틴어 문서 복사에서 처음 시작됐고 그것이 19세기 말에 동양에 전해졌는데 중국문(한문)과 일문에서는 그것을 채택하지 못했고 우리글만이 그에 성공했다. 그들은 일부 문장부호만을 채택하는 데 그쳤다.

단위로 하여 모아쓴 것 같다. "초한대"를 "초 한 대"로 띄지 않고 붙여 쓴 것은 그 세 음절이 한 운율 단위를 이루기 때문이었다고 생각된다. "―"는 적어도 1/2행, 또는 3/4행의 음가를 침묵으로 대신한다고 볼 수 있다. 그 침묵을 독자는 일정한 길이가 있는 운율의 단위로 해석한다. 그래서 "초 한 대"를 읽고 난 다음에 옹근 한 행을 이룰 만큼 꽤 긴 "쉼 pause"을 취한다. 이 순간에 독자는 정서적으로 소리뿐 아니라 의미(다소 막연하지만)에의 반향을 보내는데 이것이 이른바 "내재율"의 중요한 요소가 된다. 여기서 필자는 습작품인 「초 한 대」가 내재율의 모범을 보이고 있다는 말을 하려는 것이 아님을 주의하기 바란다. 다만 습작기의 윤동주가 우리 현대시의 내재율에 민감하게 반응하여 스스로 배우고 있었음을 증명한다고 할 수 있다.

둘째 행 "내방에 품긴 향내를 맛는다"는 상당히 자연스럽게 "내방에/품긴//향내를/맛는다"로, 앞뒤에 2구절씩 4구절로 나뉜다. 대개의 자유시의 한 행은 이처럼 크게 두 부분으로 나뉘고 각 부분은 다시 작은 두 구절로 나뉘는데 이쯤 되면 우리는 이를 완전한 자유시라기 보다는 우리의 전통 가락인 2구4절의 시조("어지버/태평연월이//꿈이런가/하노라")나 가사("이 몸/삼기실 제//님을 좇아/삼기시니" 따위)의 형식의 비교적 자유로운 변형이라고 하는 것이 마땅하다. 이른바 7.5조도 그처럼 4구나 4.4조의 변형으로 볼 수 있다. 7.5조란 3.4와 3.2 따위로 나눌 수 있는 4구 1행의 시행이 되기 때문이다. 위에 인용된 작품의 제3행 "광명의 제단이 문허지기전"에서 "문허지기전"은 전형적인 7.5조의 후반부인 5음절 구에 해당하는데 이 5음절은 자연스러운 우리 가락에 따르자면 "문허-지기전"이라는 2.3의 두 절로 나뉜다.

궁극적으로 우리 현대시의 정형성은 시조의 가락에 기초하는 것이라고 생각된다. 다음 시를 보자.

반쯤 열린 문틈에서 들어오는 햇살을
두꺼운 침묵으로도 밀어내지 못하고
푸석한 낯빛 하나로 거리를 나선다
반만 남은 노을이 감싸 안은 거리는
가슴까지 차 오른 꿈, 푸르게 출렁이고
그 속에 섞이지 못한 삼각파도의 내가 있다

우리의 상식으로는 이것은 일견 "자유시"가 아니겠는가? 그러나 두어 번 소리에 유념하며 읽어보면 낯설지 않은 가락이 느껴진다. 옳다. 바로 "시조"의 가락이다. 한 행은 크게 두 구로, 다시 각 구는 두 절로 나뉜다. 위의 시는 『조선일보』 2003년 신춘문예 시조 부문 당선작인 이송희의 「봄의 계단」의 전반부이다. 그냥 시가 아니라 시조이다. 이처럼 한국적 가락이 느껴지는 운율은 대개 2내지 5음절로 된 작은 절 둘이 한 구를 이루고 (이 음절수의 변화는 매우 크며 거기에 시조 운율의 매력이 크게 존다) 그러한 구 둘이 한 행을 이루는 것, 즉 2구4절의 구조인데 정형 시조는 그런 행 세 개(즉 3장)를 가지며 연시조는 그런 3행 단위가 여러 번 반복된 것이다.[81] 다만 우리 현대시는 그처럼 3행으로 단위를 이루기보다는 앞서 윤동주의 경우처럼 2행을 한 단위로 하는 것이 흔하다. 진짜 자유시는 그러한 2구4절 2행 1련의 정형성을 깨뜨리며 동시에 예기치 않은 부분에서 그 일부를 원용하기도 한다. 요컨대 자유시의 배경에는 우리 시의 기본 가락이 숨어서 어른거린다. 자유시의 "자유"는 바로 그러한 정형성에서의 통제된 자유이다.

---

[81] 시조의 정형성에 결정적으로 기여하는 요건은 2구4절의 기본 율격과 3행 1연이라는 조직적 요건 이외에 제3행의 첫 절이 반드시 3음절로 되어야 하고 그 다음 절은 반드시 5내지 7음절(대개 7음절을 넘지는 않는다)이어야한다는 것이다. 사설시조의 전통을 따라 행수를 크게 늘일 수는 있어도 마지막 행의 요건(3음절+5음절)은 반드시 지키기로 되어 있다. 물론 율격에 따라 의미의 단락도 있어야 한다.

윤동주는 그러한 우리 고유의 운율을 가진 행을 둘씩 묶어 한 연을 이루는 방식을 가장 많이 썼고 물론 넷씩 묶어 한 연을 이루는 방식도 꽤 많이 썼다. 이는 물론 "자유시"로 알려진 많은 한국의 현대시 작품의 형식이기도 하다. 윤동주가 일찍부터 정형시형의 동요, 동시와 더불어 이런 형식의 정형적 "자유시"로 습작기를 보낸 것은 썩 잘한 일이었다고 생각된다.

「초 한 대」의 그 다음 연부터는 조금 또 다른 운율 실험을 보여준다.

염소의 갈비뼈같은 그의몸.
그의 生命인 心志까지
白玉같은 눈물과피를 흘려.
불살려 버린다.

그리고도 책상머리에 아롱거리며.
선녀처럼 초ㅅ불은 춤을춘다.

매를 본꿩이 도망가드시
暗黑이 창구멍으로 도망한,
나의 방에 품긴
祭物의 偉大한 香내를 맛보노라.

2구4절의 전통적 시조 가락은 어쩌면 좀 너무 길다고 느껴질 수 있다. 위에서 "염소의 갈비뼈같은 그의몸"은 "염소의/ 갈비뼈같은//그의/ 몸"으로 2구4절이 되지만 후반 2절은 단지 3음절로 된 짧은 구이다. 이처럼 2구4절을 일차적으로 줄인 것이 이른바 7.5조(3+4/3+2)이고 이를 더 줄이면 위와 같은 구조가 될 수도 있다. 더 줄이면 2구4절이 2구3절로, 더 줄이면 2구로 되어버린다. 2구3절은 결국 3.3.3조 같은 3절1행이 되기도 한다. 더욱더 줄어들면 2절로 되기까지도 한다. 아마도 "그의生命인 心志까지"는 "그의 생명인 / 심지까지"로 2절로 읽으라는 것 같기도 하고 "그의 /생명인 /심지까지"로 3절로 읽을 수도 있겠다. 또는 아주 늘여서 "그의 /생명인 //심지/까지"로 정통적인 2구4절로 읽을 수도 있겠다. 이처럼 그의 운율적 요구를 수용할 만큼 우리 정통 가락은 변용의 폭이 넓다고 할 수 있다.

"갈비뼈같은"을 윤동주가 "갈비뼈 같은"으로 띄어쓰지 않은 것은 맞춤법의 무지 때문이기보다는 이를 한 절로 다루기 위한 운율적 이유였다고 할 수 있다. 마찬가지로 "눈물과피를" 띄어쓰지 않은 것은 이 구절을 한 운율 단위로 다루기 위함이었다고 생각된다. 그러나 "白玉같은 눈물과피를 흘려. /불살려 버린다."라는 2행에서는 운율의 단위를 어떻게 구성할지 다소 고민한 듯하다. 아마도 의미상으로는 "백옥 같은 /눈물과 피를 흘려 //불살라 /버린다"라는 2구4절의 가락을 형성하는 것이 자연스러울 터이지만 이렇게 긴 한 행으로 처리하기에는 너무 길게 느껴져서 뒤의 2절을 따로 내어 1행으로 처리한 듯하다. 그러나 운율상의 무리가 빚어지는 것은 어쩔 수 없다.

다음 2행("그리고도…춤을춘다")은 예사로운 2구4절의 변형으로 비교적 무난하나, 마지막 3행은 역시 운율적으로 고심한 흔적을 보이는 것 같다. 운율적으로는 "暗黑이 /창구멍으로 도망한, //나의 방에 /품긴"이 1행을 이루어야 할 터이나 이를 2행으로 처리하였기 때문에 "나의 방에 품긴"이 실상 앞 행에도, 뒤 행에도 잘 연결되지 않는다. 의미상으로는 "암흑이 도망한 나의 방"인 동시에 "나의 방에 품긴 제물의 위대한 향내"이므로 "방"은 두 의미를 연결시키는 지점이다. 그 두 의미가 다 살아나도록 운율을 배분해야 할 터인데 그렇지 못하다는 말이다. 그만큼 습작의 냄새가 난다. "祭物의 /偉大한 //香내를 /맛보노라."에서는 무리없이 기본 운율로 돌아간다. 실은 바로 이러한 정형적 운율이 근본으로 깔려 있기 때문에 거기서 벗어난 부분들이 껄끄럽게 느껴지는 것이다. 아직 정형의 요건을 능숙하게 다루거나 뛰어넘지 못하고 있다고 하겠다. 앞서 말했듯, 진짜 자유시는 그런 정형성으로부터 통제된 자유를 누리는 형식이다.

「삶과죽음」도 위의 작품과 같은 날짜에 쓴 것으로 되어 있다. 이 작품의 운율에 대해서는 위의 작품에 대하여 한 말을 대체로 반복하겠기에 생략하여도 될 것이다. 습작기에 쓰인 이들 "정형적 자유시"에서 소년 윤동주는 우선 자기의 시적 관념을 확고하게 잡을 수 없어 고심하고 형식의 문제는 일단 뒤로 돌린 듯하나 실은 그의 시적 관념과 형식이 동시 발생적인 유기성을 획득하지 못한 것이라고 하겠다. 관념과 형식은 예술에 있어서는 동시 발생적이어야 하는 까닭이다. 1936년 3월 20일 작으로 되어 있는 「食券」은 그가 무슨 말을 하려고 하는지 스스로도 채 정리하지 못하였음이 역력하다. 따라서 형식도 흩어져 있다.

    식권은 하로세끼를준다.

    식모는 젊은아히들에게
    한때 힌그릇셋을 준다.

    大洞江 물로끄린국,
    平安道 쌀로지은밥,
    朝鮮의 매운고추장,

    식권은 우리배를 부르게.

이 작품은 무엇을 말하려고 하는가? 각 행을 2 또는 3절로 조직하려는 의도가 보이고 특히 3연은 일부러 3.5의 음절수를 맞추려고 하였으나 특별한 율동이 느껴지지 않는다. 관념이 그런 형식에 어울릴 만큼 제대로 전개되지 않은 까닭이다. 아마도 소년 윤동주는 평양 숭실중학교의 기숙사 밥과 밥을 나눠주는 식모에 대한 육체적 불만과 대동강, 평안도, 조선이 가지는 민족적 의미와의 충돌을 시적으로 다루려고 하였으나 18세 소년으로서는 역부족이었던 모양이다. 실상 그것은 여간 다루기 어려운 주제가 아닐 것이다. 그 주제가 온전히 발전하여 이룰 형식이 마련되기도 어려웠다. 그래서 그는 "식권은 우리배를 부르게"라는 불완전문장으로 그치고 마는데, 아마도 그는 "식권은 우리 배를 부르게 못한다"로 쓰고 싶었는지 모른다. 그러나 그 문장이 기껏 기숙사 밥이 부족하다는 불만의 소리로 그치지 않고 민족적 수난으로 말미암아 언제나 정신적으로 굶주려 있다는 의미를 또한 나타낼 수가 없었던 것이라 보여진다.

3. 산문시

이러한 형식에 도달하기 이전에 그는 본격적 "산문시"를 시험하였다. 그는 일어 번역을 통하여 본 투르게네프("츠르게네프")[82] 등의 서구의 산문시에서 직접적 암시를 받았던 것 같다. 그는 「투르게네프의 언덕」이라는 제목 앞에 "散文詩"(산문시)라고 부기했다. 그는 이른바 내재율에 의한 자유시의 암시적 운율과는 다른 방향으로 "산문적" 시에 접근하고자 했던 것으로 보인다.

---

[82] 송우혜의 말대로 「투르게네프의 언덕」은 투르게네프의 「거지」, 또는 그 모방작들에 대한 비판으로 쓴 것이라 생각된다. 『윤동주 평전』 203-206쪽 참조.

나는 고갯길을 넘고 있었다… 그때 세 少年 거지가 나를 지나쳤다.

첫째 아이는 잔등에 바구니를 둘러메고, 바구니 속에는 사이다병, 간즈메통, 쇳조각, 헌 양말짝 等 폐물이 가득하였다.

둘째 아이도 그러하였다.

셋째 아이도 그러하였다.

텁수룩한 머리털, 시커먼 얼굴에 눈물 고인 充血된 눈, 色 잃어 푸르스름한 입술, 너덜너덜한 남루, 찢겨진 맨발,

아 얼마나 무서운 가난이 이 어린 少年들을 삼키었느냐!

나는 惻隱한 마음이 움직이었다.

나는 호주머니를 뒤지었다. 두툼한 지갑, 時計, 손수건… 있을 것은 죄다 있었다.

그러나 무턱대고 이것들을 내줄 勇氣는 없었다. 손으로 만지작 만지작거릴 뿐이었다.

多情스레 이야기나 하리라 하고 "얘들아" 불러 보았다.

첫째 아이가 充血된 눈으로 힐끔 돌아다볼 뿐이었다.

둘째 아이도 그러할 뿐이었다.

셋째 아이도 그러할 뿐이었다.

그리고는 너는 相關없다는 듯이 자기네끼리 소곤소곤 이야기하면서 고개로 넘어갔다.

언덕 위에는 아무도 없었다.

짙어가는 黃昏이 밀려들 뿐

이 작품은 1940년 9월 작품이니까 그가 본격적 시인으로 작업할 당시에 지은 것이지만 하나의 형식적 실험으로 의도하였던 것으로 생각된다. 그는 이 작품을 다소 부족하다고 느낀 작품들의 모음인 『창』에 남겨 두었다. 그는 서구의 일부 산문시처럼 이 작품에서 근대 사회의 객관적 정황을 외면하거나 이상화하지 않고 있는 그대로 그리면서 그 정황 속에 자기의 의도를 숨기려고 애쓰는데 이는 바로 사실주의적 산

문의 방법이기도 하다. 사실주의의 예술적 목적은 이처럼 "객관적 상관물"을 만드는 것이다. 윤동주는 주로 소설 문학에서 볼 수 있는 소재와 취급 방식을 "산문시"라는 장르를 통해 시도해 보았으나 아마도 그의 취향에 어울리지 않음을 알아차렸던 것 같다.

 이러한 "사실주의적" 내지 "소설적" 산문시 대신 그는 「少年」과 「눈 오는 地圖」 등 그의 성향에 맞는 "시적" 산문시를 썼다. 산문시는 행 단위의 진행이라는 자유시의 방식을 따르지 않고 보통 산문처럼 줄을 이어 전개한다. 다시 말하면 외형적으로 운율적 반복이나 내면적으로 호흡의 일정한 통제를 요청하지 않는다. 그밖에는 서정시의 모든 요소들을 다 지닐 수 있다. 다음은 1941년 작인 「눈 오는 地圖」의 전문이다.

> 順伊가 떠난다는 아침에 말못할 마음으로 함박눈이 내려, 슬픈 것처럼 窓밖에 아득히 깔린 地圖 위에 덮인다. 방안을 돌아다보아야 아무도 없다. 벽과 天井이 하얗다. 房안에까지 눈이 내리는 것일까. 정말 너는 잃어버린 歷史처럼 홀홀히 가는 것이냐. 떠나기 前에 일러둘 말이 있던 것을 편지를 써서도 네가 가는 곳을 몰라 어느 거리, 어느 마을, 어느 지붕밑, 너는 내 마음 속에만 남아 있는 것이냐. 네 쪼꼬만 발자욱을 눈이 자꾸 내려 덮여 따라 갈 수도 없다. 눈이 녹으면 남은 발자욱 자리마다 꽃이 피리니 꽃 사이로 발자욱을 찾아 나서면 一年 열두 달 하냥 내 마음에는 눈이 내리리라.

 이 작품은 "산문"이므로 책장의 크기에 따라 더 길게, 또는 더 짧게 인쇄할 수 있다. 행 단위의 전개가 아니므로 독자는 행의 끝에서 호흡 조절을 하지 않고 산문을 읽듯 들쭉날쭉한 길이의 문장의 끝에서 휴지를 취하게 된다. 이 시에는 8개의 문장이 들어 있다. 만일 이 작품을 통상적인 자유시로 썼다면 첫 문장은 아마도 다음과 같은 것이 되었음 직하다.

순이가 떠난다는 아침에
말못할 마음으로 함박눈이 내려,
슬픈 것처럼 창 밖에
아득히 깔린 지도 위에 덮인다.

이렇게 한 문장이 4행으로 되어 있다면 독자는 네 번의 행 끝에서 운율적 및 의미적 단락을 맞게 된다. 시인은 독자의 호흡을 통제한다. 동시에 한 행을 이루는 구절들(3.4조 따위)에도 응분의 주의가 주어진다. 또한 행의 길이에 따라 호흡의 완급이 조절된다. 이렇게 행 단위의 전개는 간접적으로 의미에 대한 반추까지 요청하므로 전체적으로 "사색적", "반추적"이 된다.

그러나 산문시에서는 그러한 호흡의 완급에 대한 통제가 없이 문장의 끝에 이르게 된다. 자연히 산문시는 정형시나 자유시보다 흐름이 빨라지고 어떤 경우에는 문장의 종지도 아랑곳하지 않고 처음에서 끝까지 한 달음에 읽어 내려가게도 한다. 그렇게 한 달음에 읽어내야 하는 글은 그러므로 내용상 느리고 여유 있는 사색적, 반추적으로 되기 어렵다. 또는 「少年」처럼 내용이 사색적, 반추적이더라도 호흡의 조절이 없이 그냥 시작에서 끝에 이르기까지 일정한 속도로 진행되어 어떤 운율적 굴곡이 없이 미끈하게 끝에 도달하기도 한다.

「눈 오는 地圖」에서 시인은 순이와의 이별에 찬찬히 대처하지 못하고 있다가 정작 순이가 떠나는 마당에서 몹시 서두르는 심정을 나타내고 있다. 따라서 독자는 쉴 사이 없이 처음에서 끝까지 한 숨에 달리게 된다. 또는 「少年」에서 독자는 한 달음에 시인의 사색의 자연스런 전개를 따라가게 된다. 그러나 이처럼 호흡 조절에 의한 단락이 없이 내리 달이로 진행되므로 너무 길면 독자의 호흡은 더 이상 참아낼 수 없게 된다. 그래서 대체로 산문시는 아주 짧을 수는 없지만 동시에 보통 한

쪽 이내의 길이를 가진다. 이런 것이 산문시의 요건이며 그 요건을 충족할 때 그 특유의 힘을 발휘하는 것이다. 이 형식에 윤동주는 두 편의 성공작을 남겼다.

그런데 그는 다음과 같은 "산문시적" 작품을 여럿 쓰기도 했다. 다음은 「病院」 전문이다.

> 살구나무 그늘로 얼굴을 가리고, 병원 뒤뜰에 누워, 젊은 女子가 흰옷 아래로 하얀 다리를 드러내 놓고 日光浴을 한다. 한나절이 기울도록 가슴을 앓는다는 이 여자를 찾아오는 이, 나비 한 마리도 없다. 슬프지도 않은 살구나무 가지에는 바람조차 없다.
>
> 나도 모를 아픔을 오래 참다 처음으로 이곳에 찾아왔다. 그러나 나의 늙은 의사는 젊은이의 病을 모른다. 나한테는 病이 없다고 한다. 이 지나친 試鍊, 이 지나친 疲勞. 나는 성내서는 안 된다.
>
> 女子는 자리에서 일어나 옷깃을 여미고 花壇에서 金盞花 한 포기를 따 가슴에 꽂고 病室 안으로 사라진다. 나는 그 여자의 健康이 아니 내 健康도 速히 回復되기를 바라며 그가 누웠던 자리에 누워본다.

3연으로 되어 있는 이 시는 "산문시"인 것 같다. 「慰勞」 역시 그렇다. 「돌아와 보는 밤」도 그처럼 3연으로 되어 있고 「흐르는 거리」는 그러한 3연 다음에 따로 한 행을 더 붙여 끝내고 있다. (이렇게 한 행으로 된 연으로 끝냄은 「序詩」 등 다른 여러 시에서 볼 수 있는 방식이다.) 이처럼 3연으로 되어 있는 상당히 자유로운 형식을 윤동주는 꽤 좋아한 듯하다. 시 전체를 3연으로 나눠 단락을 지었다는 점에서 넓은 의미의 정형성을 유지한다고 할 수 있으며 문장이나 어절을 운율의 단위로 삼아 줄바꾸기를 하지 않은 점에서는 산문시라고도 할 수 있다. 분명한 것은 윤동주가 이들 시에서 독자에게 긴 호흡을 요청한다는 사실이다. 긴 호흡은 사색적, 반성적 시상에 어울린다.

많은 작품에서 윤동주는 그처럼 산문시의 긴 시행을 섞어 넣었다. 「별 헤는 밤」은 그의 특징인 2행의 연으로 시작된다.

> 季節이 지나가는 하늘에는
> 가을로 가득 차있습니다.
>
> 나는 아무 걱정도 없이
> 가을 속의 별들을 다 헬 듯합니다.

이처럼 거침없이 흐르는 듯한 그의 가락은 한 연 뛰어넘어 다음 연에서는 어조가 바뀐다.

> 별하나에 追憶과
> 별하나에 사랑과
> 별하나에 쓸쓸함과
> 별하나에 憧憬과
> 별하나에 詩와
> 별하나에 어머니, 어머니

이 연은 앞의 시행들과는 사뭇 대조적으로 반복성이 강조된 짧은 행들로서 음절수에 있어서도 거의 정형이다. 그리고 여섯 번이나 반복된 "별하나"는 "별 하나"로 띄어쓰기를 하지 않고 붙여 썼다. 다음 연에서 "별 하나"로 띄어 쓴 것을 보면 이 연에서만 그 두 낱말을 의도적으로 붙여 쓴 것이 분명하다. 각 행은 그래서 2절("별하나에 /추억과"의 이른바 4.3조)의 대구의 구조를 가진다. 마지막 행에서 "어머니"를 반복하여 "어머니"를 강조할 뿐 아니라 지금까지의 정형성에서 벗어나기 시작한다는 신호를 보낸다. 그리하여 다음 연의 시작인 "어머님"에 연결된다.

이 연은 우리가 앞에서 본 것과 같은 긴 "산문시적" 연이다. 짧은 행들의 정형시적 연에 대하여 돌연한 이 산문시적 연은 강한 대조를 이룬다.

> 어머님, 나는 별 하나에 아름다운 말 한마디식 불러봅니다. 小學校때 册床을 같이 햇든 아이들의 일홈과, 佩, 鏡, 玉 이런 異國少女들의 일홈과 벌서 애기 어머니 된 게집애들의 일홈과, 가난한 이웃사람들의 일홈, 비둘기, 강아지, 토끼, 노새, 노루, 「푸랑시스· 쟘」 「라이넬·마리아·릴케」 이런 詩人의 일홈을 불러봅니다.

앞의 짧은 행의 연에서는 호흡은 비교적 차분히 반복되었지만 "어머니"가 연호되면서 이 연에서는 소년 시절에 만났던 여자아이들과 늘 사랑스럽게 보았던 짐승들과 감동을 주었던 외국 시인들을 떠올리면서 호흡은 숨가쁘게 추억의 파노라마를 따라 진행된다. 모두 사랑스럽고 순진한 대상들이다. 이런 순진한 대상들의 목록은 아마 더 길게 계속될 수도 있었을 것이다. 그러나 과거에 대한 그리움에 무한정 탐닉할 수는 없다.

그래서 다시금 처음의 2행, 4행 등의 짧은 호흡으로 돌아간다.

> 이네들은 너무나 멀리 있습니다.
> 별이 아슬히 멀듯이.

이처럼 「별 헤는 밤」은 윤동주의 여러 운율적 방법이 한꺼번에 동원된 것으로, 그의 운율 기법의 모든 것을 한 자리에서 느낄 수 있는 작품이다. 그래서 가장 윤동주다운 작품이라고 할 수 있다.

IV

19 영원히 젊은 시인으로 부활하는 윤동주의 '순진'과 '경험'[83]

윤동주는 우리에게 영원히 젊은 시인이다. 그는 겨우 27세[84]에 외국의 감옥에서 죽었다.

내가 아는 가장 젊은 나이에 죽은 시인은 영국의 토마스 채터튼(Thomas Chatterton, 1752-1770)이다. 그는 만 18세를 채우지 못하고 런던의 하숙방에서 쥐약 먹고 자살했다. 그는 교사의 유복자로 태어나 어릴 적부터 교회의 옛 문서들을 읽고 베끼고 옛 민요를 읽는 것이 취미였다. 열댓 살부터는 옛 글투와 글씨뿐 아니라 사전을 통하여 옛말을 익혀 낡

---

[83] 이 글은 "머리말"에서 밝혔듯 2002년 5월 10일 연세대의 윤동주 기념 사업회의 위촉으로 행한 강연을 조금 수정한 것이다. 나의 본격적 윤동주 연구의 시발이 되었지만 또한 이 연구의 맺음으로 삼아도 될 것 같다.

[84] 윤동주가 29세에 죽었다고 하는 것은 그가 29년 동안 살았다는 말이 되니 아주 큰 잘못이다. 1917년 12월 30일에 나서 1945년 2월 16일에 죽었으니 정확히 계산하면 27년 하고 한 달 스무 날 살았다. 그러니까 27세에 진짜 "요절"했다. 이것은 우리가 일제에게 35년이 채 못 되는 기간에 식민지 노릇을 한 것을 36년이나 식민지 노릇했다고 괜히 길게 잡는 것과 같은 계산법에 의한 것이다. 빨리 버려야 할 나쁜 방식이다.

은 종이에 옛 말투로 산문과 시를 흉내내어 짓기 시작했다. 그렇게 지어낸 시를 15세기의 어떤 사람이 지은 것으로 꾸며 평론가와 출판업자에게 보냈으나 퇴짜를 맞았다. 드디어 그는 17세에 집을 떠나 런던으로 가서 문인으로 입신하려고 애썼으나 성공하지 못하고 넉 달 뒤에 자살했던 것이다. 그는 청년도 못 된 소년 시인이었다. 그의 상당한 수준의 작품은 그가 죽은 지 7년 뒤에 수합되어 출판되었다. 정신적으로 방황하던 청년 워즈워스는 그 불쌍한 소년 시인을 기억하고 "저 놀라운 소년, 채터튼이 생각났다. / 오기로 버티다 죽은, 잠들지 않는 그 혼!"이라고 썼다. 이처럼 채터튼은 낭만주의라는 새로운 사조를 타고 주위의 무관심 속에 너무나도 일찍 죽어야 했던 한없이 아까운 천재로서 부활했던 것이다.

우리는 키츠(1775-1821)가 요절하였다는 사실을 잘 안다. 그런데 키츠가 채터튼을 특별히 존경했다는 사실은 그리 널리 알려져 있지 않다. 그는 22세 때 창작한 그의 출세작 장시 『엔디미언 Endymion』(1818)을 채터튼에게 헌정했다. "아름다운 대상은 영원한 기쁨이다. / 그 사랑스러움은 날로 늘어나며 / 결코 허무로 사라지지 아니하고 / 아늑한 밀실을 예비해준다"로 시작되는 이 장시의 서문에서 그는 "소년의 상상은 건강하다"고 하여 너무 일찍 죽은 채터튼과 젊은 자기를 동일시했다. 헬라 신화에 근거하여 키츠는 이 시에서 미소년 엔디미언 왕자가 달님(달의 여신)을 사랑하여 지하계를 깊이 헤매다가 지친 몸과 마음으로 한 지상의 여인을 만나 그녀를 사랑하게 되었는데 실은 그녀가 바로 달님의 변신이고, 여신은 그를 영원한 생명으로 데려간다는 상징적인 이야기를 하였다. 이상과 현실이 놀랍게도 하나가 되기를 희구하는 젊은이의 열렬한 소망을 다룬 작품으로서 2년여 뒤에 요절할 시인의 작품다운 데가 있다. 그는 친구에게 보낸 편지에서도 고고하게 늙어서 죽은 밀턴이나 초서보다 청순한 소년 채터튼을 높이 칭찬했다. 그리고 그의 명백한 천재성을 알아보지 못하고 그를 죽음으로 몰고 간 당시 문단을 통렬히 비판했는데 바로 그의 첫 야심작 『엔디미언』도 보수적 평론계로부터 극심한 악평을 받았다.

키츠가 그 후 약 2년 간 더 창작 활동을 하고는 25세도 되기 전에 폐결핵으로 이탈리아에서 객사하자 그의 친구 셸리는 「애도네이스 Adonais」(1821)라는 그에 대한 긴 엘레지에서 몸과 마음이 한없이 여렸던 그를 죽인 것은 "야만적인" 평론가들이었다고 거세게 공격했다. "나는 애도네이스로 하여 운다 – 그가 죽었다! 오, 애도네이스로 하여 울라"로 시작되는 이 시에서도 셸리는 "미완의 명성을 물려받은 이들이 / 죽음의 사념 저 너머, 아득히 먼 곳에 놓인 보좌들에서 그를 맞으러 일어섰다. 채터튼이 / 창백하게 일어섰다. 그의 엄숙한 고뇌는 아직도 / 그에게서 떠나지 않고 있었다"고, 키츠와 채터튼을 연결지어 읊었다. 채터튼과 키츠는 완악하고 폭력적인 무지에 의하여 죽임을 당했다고 보았던 것이다. (셸리 자신도 고루한 고국 영국을 등지고 유럽을 떠돌다가 불과 30에 지중해에서 풍랑을 맞아 익사했다.)

셸리가 키츠를 애도네이스라 부른 것은 뜻깊다. 애도네이스 또는 아도니스는 고대 신화에서 사냥을 즐기는 미남 청년이었다. 그를 열렬히 사랑한 사랑의 여신 아프로디테(비너스)의 만류에도 불구하고 그는 위험한 사냥을 나섰다가 사나운 멧돼지의 어금니에 찔려 죽는다. 그런데 그가 흘린 핏자국에서 해마다 봄이 되면 붉은 아네모네 꽃이 핀다. 그가 봄철마다 부활하는 것이다. 키츠는 멧돼지 같이 우악스런 사회에 죽임을 당한 아름다운 청년이니 그의 혼이 꽃처럼 아름다운 시로 영원히 피어나리라는 셸리의 열망을 나타낸 것이다.

내가 늘 기억하는 또 하나의 일찍 죽은 시인은 윌프레드 오웬(Wilfred

Owen, 1893-1918)이다. 그는 가난한 집안에 태어났으나 일찍 혼자 시를 쓰며 특히 키츠를 존경하여 그의 글씨까지 흉내냈다고 한다. 1차 대전이 발발하자 일선 소대장으로 지원하여 참호 속에서 무참하게 죽어가는 병사들에 대한 그의 한없이 쓰라린 "연민"을 유례 없이 절실한 언어로 표현하였다. 그러나 오래 끈 휴전회담이 결실을 맺기 바로 열흘 전에 그는 아깝게 전사했다. 그의 나이 겨우 25세였다.

이들 젊어서 죽은 시인들은 오래 오래 살아 민족적 현자로서의 추앙을 받으며 살 만큼 살다가 간 한국의 미당이나 독일의 괴테나 영국의 워즈워스와는 매우 다르게 한없는 아쉬움을 자아낸다. 그들은 대개 그냥 죽은 것이 아니라 죽임을 당하였거나 죽임을 당한 것이나 진배없다고 느껴진다. 한 사람은 자살하였으나 후세의 사람들은 기성 사회의 무지한 냉대가 그를 죽인 것이라고 느낀다. 또 한 사람은 병사했으나 역시 기존 사회의 고루한 편견이 그를 절망케 하여 죽음을 앞당겼다고 느낀다. 또 한 사람은 침략자와 맞서 싸우던 현장에서 전사했다. 우리의 윤동주는 영원히 잔학한 군상으로 남아 있을 듯한 저 일본 제국주의 경찰에게 죄 없이 잡혀 아마도 생체 실험 대상이 되어 살해당했다. 우리는 그들을 죽음으로 몰고간 암흑한 세력에 대하여 분노한다. 그들은 그렇게 죽임을 당하였지만 그들의 가장 귀한 것이 생생하게 살아 있다고, 살아 있어야 한다고 믿는다.

젊어서 죽은 시인의 순진을 우리는 귀하게 여긴다. 그의 유년과 소년 시절은 그의 짧은 생애의 대부분을 차지하는 기간이기도 하지만 그런 이유를 떠나서도 매우 귀중하게 기억된다. 우리는 예컨대 미당이 소년 시절을 어떻게 보냈는지에 대하여 별로 관심이 없으며 혹시 알려진다 해도 ("애비는 종이었다"고 했던가?) 별로 기억하고 싶지 않을 터이지만, 윤동주가 어떤 내력의 집안에서 났으며 어디에서 성장하여 어느 학교를 다녔는지, 무슨 글을 읽고 썼는지에 대하여 큰 관심을 가진다. 그의 "순진"은 그의 신화의 기본 요소, 이른바 신화소mytheme의 하나가 되는 것이다. 그래서 다음과 같은 그의 순진의 노래가 애틋이 기억에 남는다.

> 가을 지난 마당은 하이얀 종이
> 참새들이 글씨를 공부하지요.
>
> 째액째액 입으로 받아 읽으며
> 두 발로는 글씨를 연습하지요.
>
> 하루 종일 글씨를 공부하여도
> 쨱 자 한 자밖에는 더 못 쓰는 걸. (1936.1.2)

이것은 그가 18세, 제법 나이가 들었을 때, 평양에서 공부하다가 겨울 방학 중에 고향에 돌아와 지은 것이다. 나는 박목월이나 김요섭이나 영국의 블레익처럼 동시를 남긴 시인을 특별히 사랑한다. 청소년 시절에 지은 동시를 습작기의 부끄러운 물건으로 치부하여 없애버리는 시인보다 나이가 들어서도 자기의 순진한 시절이나 순진한 면을 부끄러워하지 않는 시인은 별달리 존경할 만한 데가 있다. 늙어서 무슨 대단한 인격을 이뤘다고 자기의 어린 시절을 부끄러워하는가! 동시는 시인이 어린 시절부터 시를 지었다는 증거이며 나이가 들어서도 어린 시절의 순진성을 얼마쯤 간직하고 그것을 귀중히 여긴다는 뜻이다. 워즈워스는 "아이는 어른의 아버지"라는 유명한 말을 했지만 동시는 평생 쓰지 못했고, 지금 남은 것은 20여 세 이후에 지은 진짜 습작품들뿐이다. 그는 나이가 들어서 아이의 순진함을 잃은 것을, 단적으로 말해 동시를 쓰지 못하는 것을, 평생 슬퍼했다. 나는 동양의 한시가 거의 모두 나이 지긋한, 또는 나이 들어 달관한 척하는 선비들의 글인 까닭에 소년다운 순진을 전혀 느낄 수 없어 언제나 유감이다[85]. 동시는 윤동주의 습작품이 아니었다. 그것은 그가 27년 동안 간직한 순진한 마음의 증표였다.

물론 윤동주는 많은 습작품을 남겼다. 연희전문에 오기 전에 지은 그의 시는 동시가 아니면 모두 습작품이다. 예컨대 그의 「초 한 대」는 17세 때의 작품이다.

> 염소의 갈비뼈 같은 그의 몸,
> 그의 생명인 심지까지
> 백옥 같은 눈물과 피를 흘려
> 불살라 버린다.
>
> 그리고도 책상머리에 아롱거리며
> 선녀처럼 촛불은 춤을 춘다.
>
> 매를 본 꿩이 도망하듯이
> 암흑이 창구멍으로 도망한
> 나의 방에 품긴
> 제물의 위대한 향내를 맛보노라.

흰 양초가 타들어가는 모양을 바라보며 17세의 문학 소년은 당시의 닳아빠진 모더니스트 시인들 흉내를 내보았다. 이런 습작품만을 썼다

---

[85] 그러나 허경진은 내 이 말에 이의를 제기하고 그가 선비들이 어렸을 때 지은 한시를 모아 엮은 『넓고 아득한 우주에 큰 사람이 산다』(웅진북스, 2002) 한 권을 내게 주었다. 내가 한참 무식했다. 그런데 점잖은 선비가 한문으로 동요나 동시를 지은 것 같지는 않다. 서양에서도 어른이 짓는 동시, 동요는 19세기 낭만주의 시대에 생겼고 우리나라에는 20세기초에 서양 문물의 하나로 도입된 것이라 생각된다.

면 우리는 윤동주를 특별히 기억하지 않을 것이다.

습작품은 문자 그대로 연습으로 지은 것이다. 시의 연습에는 선배 시인들의 모방이 언제나 가장 중요하다. 이들 습작품들은 그의 시적 발전의 궤적을 알아보기 위한 학술적 작업에 아주 중요한 증거들이 될 터이지만 윤동주의 우수한 작품의 반열에 올릴 만하지는 못하다. 청소년이 남의 시를 많이 자세히 읽고 그들을 흉내내어 어른스러운 시를 지어보는 과정은 이미 "순진"에서 멀어진 것이다. 우리는 그의 습작품에서 순진을 느끼기 어렵다. 그것은 자기가 좋다고 여기는 것의 흉내라는 뜻의 "경험"으로서 시인의 성장에 필요한 경험이긴 하되 많은 사람들의 다양한 인생에 통할 만한 경험은 채 되지 못한다. 시인은 그러한 습작의 경험과 아울러 자기와 세상에 대한 관찰과 성찰이라는 경험에 의하여 성장한다.

1938년 봄, 연희전문 문과 학생이 되면서 그는 자기 목소리를 확실히 낼 수 있게 된, 다시 말하면 습작의 과정을 벗어나 많은 이웃들과 나눌 만한 자기 정신을 구축하였다는 것을 우리는 발견한다.「새로운 길」이 바로 그 증거이다[86].

> 내를 건너서 숲으로
> 고개를 넘어서 마을로
>
> 어제도 가고 오늘도 갈
> 나의 길 새로운 길
>
> 민들레가 피고 까치가 날고

---

[86] 여기서부터 앞에서 이미 자세히 다룬 작품들 중의 몇을 다시 언급한다. 이것은 괜한 반복이 아니라 그것들이 어떤 이야기를 만들고 있는지를 암시하기 위한 것이다.

아가씨가 지나고 바람이 일고

나의 길은 언제나 새로운 길
오늘도… 내일도…

내를 건너서 숲으로
고개를 넘어서 마을로

　이 시는 1938년 5월 10일에 지은 것이니 20세의 윤동주가 봄에 연희전문학교에 입학하여 지은 첫 작품이다. 나는 이 시가 바로 예전의 연희궁, 창내, 또는 신촌(새터)의 지형을 나타낸다고 본다는 말을 앞에서 했다[87]. 사각모를 쓴 연희전문의 신입생이 되어 윤동주는 이처럼 활짝 열린 새로운 세상으로 거침없이 걸어나가는 또 다른 "순진"의 시 세계에 들어섰던 것이다. 그러나 그는 다시는 이처럼 내와 숲을 지나 마을로 가는 틀림없는 길을 씩씩하게 활보하지 못한 듯하다. 그가 소년 시절에 「내일은 없다」고 하더니 과연 그에게 "내일"은 없었다. 그는 곧 비우호적인 세상에 대응하는 자기 의식 속에 침전하며 괴로워하는 "경험"의 시인이 되었던 것이다. 다음의 「이적異蹟」을 보자[88].

발에 터분한 것을 다 빼어버리고
황혼이 호수 위로 걸어오듯이
나도 사뿐사뿐 걸어보리이까?

내사 이 호숫가로

---

[87] 「1. 윤동주의 연희전문학교」에서 말했다. 이 책 27-28쪽을 볼 것.
[88] 124-132쪽에서 더 자세히 다뤘다. 여기서 다시금 윤동주의 연희전문 시절을 되풀이하여 추적한다.

부르는 이 없이
불리워 온 것은
참말 이적이외다.

오늘 따라 연정, 자홀自惚, 시기, 이런 것들이
자꾸 금메달처럼 만져지는구려.

하나, 내 모든 것을 여념 없이
물결에 씻어 보내려니
당신은 호면湖面으로 나를 불러내소서.

 연정, 자홀自惚, 시기 같은 부담스러운 감정의 짐들마저 번쩍거리는 무거운 금메달처럼 벗어 던질 수 있는 것 같다. 그런데 윤동주는 무의식중에 발걸음이 호숫가에 미친 것 자체를 "이적"이라고 하고 싶었다. 하나의 큰 깨달음을 주었기 때문이다. 갈릴리 호숫가에서 예수는 베드로를 비롯한 제자들의 대부분을 구했다. 그들은 예수가 부르자 일하던 고깃배를 버리고 빈 마음, 가벼운 마음으로 예수를 따랐다. 그런데 바로 그 호수 위로 베드로는 걸으려다가 무서워서 물에 빠지는데 윤동주는 몸뿐 아니라 마음의 무서움과 의심마저 씻어버리고 진정 가벼운 존재가 되어 물위를 걸을 것 같은 것이다. 그것은 진정한 이적이 되리라. 그는 겁에 질린 인간 베드로보다도 모든 것을 초월한 예수를 닮고 싶었다. 그것은 가장 순수하게 가볍게 되는 길, 이적의 길이었다. 순수의 회복에 대한 그런 희구 자체가 이적이라 할 수 있다는 것이 그의 발견이었던 것이다.
 그러나 그 이후 그는 세상에서의 경험이 주는 부끄러움, 괴로움, "피로롭음"의 의식 속에 깊이 "침전"하였다. 예수의 산상수훈 8복은 "마음이 가난한 자"와 "마음이 깨끗한 자"와 "온유한 자", 즉 "순진한 자"가

받을 복(천국 소유, 하나님 만남)과 착한 사람이 세상에 살면서 겪는 괴로움에 대한 위로의 복을 말씀한 것이지만 1940년 연희전문 3학년에 다니던 윤동주는 매일 반복되는 채플에도 불구하고 전혀 위로를 받을 수 없을 만큼 오로지 괴로울 뿐이었던 것 같다. 그래서 그는 "애통하는 자는 복이 있나니 저희가 위로를 받을 것임이요"를 절반 잘라 "슬퍼하는 자는 복이 있나니"를 여덟 번 반복하고는 "저희가 영원히 슬플 것이요"라 말하고 말았다89. 어떤 위로도 가능하지 않은 절대적 슬픔을 그는 경험하고 있었던 것이다. 그것은 기독교의 기본인 8복에 대한 패러디임에 틀림없으나 우리에게는 그것이 기독교에 대한 비판이나 반발이나 더욱이 조롱으로 느껴지지 않는다. 오히려 윤동주의 골수에 사무치는, 위로가 없는 슬픔의 진솔한 표현으로 보게 된다. 그것이야말로 심각한 의미의 종교성이라 하겠다.

　비슷한 시기에 지은 「위로」에서 그는 "나이보담 무수한 고생 끝에 때를 잃고 병을 얻은 이 사나이를 위로할 말이 – 거미줄을 헝클어버리는 것밖에 위로의 말이 없었다"고 말하고 있다. 병원 뒤뜰 꽃밭에 거미가 그물을 치고 예쁜 나비를 잡아먹는 꼴을 보고, 낫지 않을 병을 앓는 사나이에게 위로가 되는 것은 단지 그 거미줄을 걷어버리는 것밖에 없었다. 다시 말하면 진짜 위로는 없다는 말이다. 거미줄은 순진한 나비를 잡아먹기 위해 쳐놓는 것이다. 그러나 거미줄을 걷어버리는 행위는 극히 비유적인 행위일 뿐, 결코 낫지 않을 병을 앓는 젊은이에게 위로가 되지 못한다. 23세밖에 안 된 젊은 윤동주의 병을 노련한 의사도 진단할 수 없다고 「병원」에서 그는 말한다. 그의 병은 그가 심취했다는 키에르케고르의 『죽음의 이르는 병』이 말하는 "절망"이라는 병이었을까? 절망은 어떤 약도, 위로도 가능하지 않은, 영혼 자체가 죽을 병이라

---

[89] 「팔복」에 대해서는 140-148쪽에서 자세히 논했다.

는 것이 키에르케고르의 무서운 진단이었다. 그렇다. 젊은 윤동주는 의식의 가장 낮은 "사망의 음침한 골짜기", 절망에까지 "침전"할 만큼 괴롭고 슬펐던 것이다.

그의 「십자가」도 기독교에 대한 조롱이나 비판이나 반항으로 읽으면 뜻이 통하지 않는다.[90]

> 괴로웠던 사나이,
> 행복한 예수 그리스도에게
> 처럼
> 십자가가 허락된다면
>
> 모가지를 드리우고
> 꽃처럼 피어나는 피를
> 어두워가는 하늘 밑에
> 조용히 흘리겠습니다.

예수는 사랑하는 제자에게도 버림받고 고립무원의 진짜 "괴로웠던 사나이" 33세의 청년이었다. 그가 마지막으로 한 말은 "엘리, 엘리, 라마사박다니' 즉, '나의 하나님, 나의 하나님, 어찌하여 나를 버리셨나이까?"였다. (이것은 고립무원의 다윗이 지은 시편 22장의 첫머리로 절망하여 르짖은 뒤에 하나님의 구원이 그에게 내릴 것에 대한 찬양이 뒤따른다.) 그런 부르짖음만이 가능한 괴로움이었다. 십자가는 그 괴로움의 절정이었다. 그 괴로움의 절정이 옛 선지자들이 예언했고 그가 이미 예견했던 대로 십자가였다. 그런 만큼 그는 괴로움의 끝에 도달한, 그래서 "다 이루었다"(요한 19:30)고 선언할 수 있었던 "행복한 예수 그리스

---

[90] 169-177쪽에서 자세히 다뤘다.

도"인 것이다. 심히 괴로웠던 윤동주는 진짜 괴로웠던 사나이 예수와 자기를 동일시하려 한다. 그는 예수처럼 그리스도가 되려는 것이 아니고 단지 십자가에 달려 "꽃처럼 피어나는 피를" 조용히 흘리고자 한다. 그것이 그가 절망의 끝에 평화에 도달하는 길이다.

그런데 우리는 "꽃처럼 피어나는 피"를 예사롭게 읽어버려서는 안 된다. 흘린 피는 말라서 검어진다. 그러나 그는 그의 피가 꽃처럼 "피어나기"를 희구한다. 여기서 우리는 놀랍게도 다시 아도니스의 전설로 돌아가게 된다. 아름다운 청년 아도니스는 폭력에 희생되어 피를 흘리며 죽으나 그가 흘린 핏자국에서 해마다 봄이 되면 아네모네의 붉은 꽃이 피어난다. 다시 말하면 윤동주는 스스로 그리스도는 아니나 영원히 젊은 아름다운 청년으로 되살아나기를 염원하는 것이다. 괴로운 절망 너머에 있는 영원한 행복의 부활을 염원하는 것이다. 이것은 다른 말로 하면 근본적 순진을 되찾는다는 말이다.

이처럼 순진으로의 부활에 대한 소망은 우리가 익히 알듯 그의 여러 시편에 드러난다. "눈이 녹으면 남은 발자욱 자리마다 꽃이 피리니 꽃 사이로 발자욱을 찾아" 나서겠다는 「눈 오는 지도」의 한 구절에서도 우리는 아도니스의 신화를 읽을 수 있다. 순이의 참아 떨어지지 않고 옮기는 발자국은 아도니스가 흘린 핏자국처럼 봄을 맞아 꽃으로 솟아날 것이라는 것이다.

너무도 젊어서 죽은 키츠를 슬퍼한 셸리가 가을 바람이 불어 칠 때 "겨울이 닥쳐왔으니 어찌 봄이 멀리오?"라 부르짖은 것처럼 윤동주는 산문 「화원에 꽃이 핀다」의 말미에서 "우리는 서릿발에 끼친 낙엽을 밟으면서 멀리 봄이 올 것을 믿습니다"고 열렬히 염원하였다. 봄이 오면 죽었던 풀은 다시 피어나기 마련이다.

그러나 겨울이 지나고 나의 별에도 봄이 오면
무덤 위에 파란 잔디가 피어나듯이
내 이름자 묻힌 언덕 위에도
자랑처럼 풀이 무성할 게외다.

놀랍게도, 그리고 당연하게도, 우리의 아도니스 윤동주의 염원과 예언은 그대로 실현되었다. 그는 영원히 젊은, 다시 말하면 순진 속에 살아 있는 시인으로 부활하였다. 그가 염원한 대로 그에게는 그 나름의 십자가가 허락되어 일제의 감옥에서 죽었지만 빨간 꽃처럼, 파란 싹처럼 피어나는 아름다운 윤동주의 시편의 마디마디에서 우리는 젊어서 죽은 시인의 괴로움과 아픔과, 그리고 궁극적인 부활의 염원을 언뜻언뜻 감지할 수 있다. 이것이 순진과 아울러 경험의 시의 절정이 아니고 무엇이랴!

인용 문헌

윤동주.『하늘과 바람과 별과 詩 - 尹東柱 詩集』. 서울, 正音社, 1955.
윤동주.『윤동주 자필 시고 전집』, 왕신영, 심원섭, 오오무라 마스오, 윤인석 엮음. 증보판. 서울, 민음사, 2002.
권영민 엮음.『윤동주 연구』. 서울, 문학사상사, 1995.
『성경』. 개역 한글판. 서울, 대한 성서 공회, 1989.
『성경』. 표준 새 번역. 서울, 대한 성서 공회, 1993.
송우혜.『윤동주 평전』. 개정판. 서울, 세계사, 1998.
오오무라 마스오.『윤동주와 한국 문학』. 서울, 소명출판, 2001.
이경훈 편.『춘원 이광수 친일 문학 전집 2』, 서울, 평민사, 1995.
이상섭.『윤동주의 어휘 활용 구조: 용례색인』. 미간행.
이선영 편.『尹東柱 詩論集』. 서울, 바른글방, 1989
키에르케고르, 쇠얀.『죽음에 이르는 병』. 임춘갑 옮김. 서울, 창림사, 1959.

작품 이름 찾아보기

ㄱ

가로수 ·················· 89, 91, 172주
간 ················· 8, 9, 103, 186-195
간판 없는 거리 ······················ 90
개 ···································· 224
고향집 ··················· 36, 224, 225
곡간 ···················· 95, 100, 101
공상 ································· 129
그 여자 ························· 129-130
기왓장 내외 ················· 36, 224
길 ·················· 37, 39, 59, 71-72
꿈은 깨어지고 ························ 54

ㄴ

나무 ···························· 41, 42
『나의 습작기의 시 아닌 시』 ··· 51, 118, 225
남쪽 하늘 ······················ 35, 37
내일은 없다 ················· 219-220
눈 ···································· 224
눈 감고 간다 ························ 49
눈 오는 지도 ·········· 78, 79, 81, 101, 102, 234-235, 254

ㄷ

달같이 ···················· 95, 98, 102
달을 쏘다 ········· 17, 18-20, 30, 37, 38, 42, 43, 77, 79, 82, 99, 100, 127, 172주
닭 ···································· 224
돌아와 보는 밤 ······· 23-24, 77, 78, 79, 83, 84, 90, 97, 236
둘 다 ······························ 36, 37
또 다른 고향 ······ 9, 37, 40, 42, 45, 68, 77, 85, 101, 102, 177-183
또 태초의 아침 ········· 59, 67-69, 163, 169, 180-181

ㅁ

명상 ············ 89, 91, 102, 127-128
모란봉에서 ··························· 42
무서운 시간 ·········· 6, 36, 38, 40, 148, 157-162, 168
무얼 먹고 사나 ················ 49, 223

ㅂ

바다 ···················· 43, 54, 104
바람이 불어 ············· 42, 43, 45,

찾아보기 | 257

46, 217주
버선본 ·· 224
별똥 떨어진 데 ······· 22, 30, 37, 49,
　　　50, 51, 53, 54, 56, 96, 98, 99,
　　　102, 103, 173, 183, 204
별 헤는 밤 ··············· 37, 48, 49, 50,
　　　51, 52, 59, 60, 62주, 96, 97, 99,
　　　102, 160, 175, 237-239, 255
병아리 ······································· 221-223
병원 ···························· 9, 24, 43, 46, 140,
　　　148, 150-156, 162주, 236, 252
봄 ························· 36, 37, 42, 101, 103
비둘기 ·· 35, 97
비 뒤 ··· 88
비애 ······························· 96, 98, 99, 103
비 오는 밤 ······················ 19, 89, 100
비행기 ··· 37, 101

ㅅ

사과 ·· 224
사랑스런 추억 ·············· 24, 25, 58,
　　　65-66, 78, 100, 148
사랑의 전당 ·········· 42, 45, 78, 101,
　　　128, 130
산골물 ···································· 53, 96-97
산림 ······················ 41, 42, 44, 45, 49,
　　　77, 80
산상 ················· 38, 90, 91, 93, 100
산협의 오후 ······································· 54
삶과 죽음 ········· 35, 39, 53, 54, 55,
　　　95, 98, 99, 219, 231
새로운 길 ············ 27-28, 42, 44, 72,
　　　249-250
새벽이 올 때까지 ········ 12, 163-167
서시 ·············· 9, 35, 37, 39, 41, 45,
　　　46, 47주, 49, 54, 56, 59, 74, 75,
　　　109-123, 148, 156, 161, 184-195,
　　　238
소낙비 ········ 36, 37, 39, 40, 42, 89,
　　　91, 95, 101, 103
소년 ············ 37, 38, 89, 92-93, 101,
　　　235-236
쉽게 씌어진 시 ······· 52, 54, 57, 59,
　　　63, 64, 76, 78, 85, 101, 104, 105,
　　　152-153, 166주, 194주, 217주
슬픈 족속 ······································· 152
식권 ···································· 232-233
십자가 ··········· 8, 9, 12, 36, 40, 100,
　　　102, 163, 168-176, 253-254

ㅇ

아침 ··· 101
애기의 새벽 ································· 165
야행 ············ 52, 53, 54, 55, 56, 100
양지쪽 ·································· 43, 100
오줌싸개 지도 ···················· 50, 223
위로 ············· 9, 24, 37, 95, 140,
　　　148-150, 151, 155, 172주, 236,
　　　252
유언 ··· 77

이별 ·· 37
이적 ···················· 9, 31, 97, 98, 100,
　124-132, 158, 250-251
자상화 ······················· 133-134, 138
자화상 ················ 38, 40, 42, 44,
　51, 102, 133-139, 171, 172주
조개껍질 ···················· 100, 220, 222
종달새 ························ 36, 54, 89, 91
종시 ············· 23, 24주, 36, 38, 62주,
　72-73, 77, 79, 80, 88, 89, 90, 95,
　96, 97, 98, 99, 100, 101, 102,
　206-217

ㅊ

참새 ······························· 223-224, 247
참회록 ···················· 9, 50, 52, 59, 61,
　69-70, 71주, 138, 184, 196-205
창 ··· 76, 79, 80
『창』 ····································· 134, 234
창공 ······································ 35, 39, 90
창구멍 ··························· 41, 43, 81, 224
초 한 대 ············· 77, 80, 81, 85, 88,
　89, 91, 92, 93, 95, 101, 105, 219,
　225-227, 229-231, 248

ㅋ

코스모스 ············· 17, 59, 73-74, 102

ㅌ

태초의 아침 ······························· 163
투르게네프의 언덕 ············ 29, 97,
　214, 232

ㅍ

팔복 ············ 8, 9, 51, 140-148, 150,
　155, 252,
풍경 ······················· 36, 43, 96, 97, 102

ㅎ

『하늘과 바람과 별과 시』 ········ 6,
　36, 41, 49, 52, 109, 110, 111,
　118, 127주, 134, 155, 161주,
　185,
한란계 ········ 37, 72, 81, 89, 91, 101
햇비 ························· 36, 54, 94, 101,
　102, 224
햇빛·바람 ································ 41, 42
호주머니 ·· 224
화원에 꽃이 핀다 ········· 20-23, 36,
　38, 41, 43, 44, 59, 62주, 66, 81,
　99, 100, 164주, 254
황혼 ··· 36, 37
흐르는 거리 ······················ 100, 148,
　150주, 236
흰 그림자 ············· 24, 77, 84, 102,
　103, 104, 105, 191주